국제주의 전통 자료집

I-3. 마르크스주의의 기초와 그 고전적 전통

알렉스 캘리니코스, 크리스 하먼 외 지음

이정구 엮음

국립중앙도서관 출판예정도서목록(CIP)

마르크스주의의 기초와 그 고전적 전통 / 지은이: 알렉스 캘리니코스, 크리스 하먼 외 ; 엮은이: 이정구. -- 서울 : 책갈피, 2018
    p. ;   cm. -- (국제주의 전통 자료집 ; 1-3)

원저자명: Alex Callinicos, Chris Harman
ISBN 978-89-7966-141-5 04300 : ₩13000
ISBN 978-89-7966-155-2 (세트) 04300

노동자 계급[勞動者階級]
마르크스 주의[一主義]

332.64-KDC6
305.5620941-DDC23   CIP2018026139

국제주의 전통 자료집

I-3. 마르크스주의의 기초와 그 고전적 전통

알렉스 캘리니코스, 크리스 하먼 외 지음

이정구 엮음

책갈피

차례

I. 마르크스주의의 기초와 그 고전적 전통 전체 목차

I-1. 마르크스주의의 기초와 그 고전적 전통

엮은이 머리말

　이 자료집에 실린 글들은 노동자연대와 그 유관단체들이 발간한 신문과 잡지 등에서 일반성이 비교적 높은 글들을 추려 내어 주제별로 묶은 것이다.

　자료집이 지닌 장점은 시간이 흘러도 그 진가가 사라지지 않을 좋은 글들을 선별하여 묶어 놓았다는 것인데, 이 자료집에 실린 글들도 그런 것이기를 바란다. 독자들은 이 자료집을 참고 자료나 교육 자료 등으로 유용하게 활용할 수 있을 것이다.

　이 자료집은 이런 장점 외에, 독자들이 염두에 둬야 할 약점도 있다. 첫째, 자료집에 실린 글들이 발표된 때의 맥락을 설명하지 못했다. 물론 글을 읽어 보면 글이 작성된 취지를 대체로 파악하거나 짐작할 수 있을 것이다.

　둘째, 많은 글들을 자료집으로 묶다 보니 용어의 통일, 맞춤법, 띄어쓰기 등에서 오류가 많을 수도 있다. 예를 들어, 예전에는 동성애자라는 표현을 많이 사용했지만 지금은 동성애자보다는 성소수자라는 용어를 쓴다. 특정 시기에 사용된 용어는 그 나름의 역사성을 지니고 있으므로 이 자료집에서는 오늘날 사용하는 용어로 일괄적으로 바꾸지 않았다. 또, 맞춤법이나 띄어쓰기도 세월이 지나면서 바뀌었다. 그래서 현재의 것으로 교정돼야 할 어구들이 많다. 그러나 바로잡지 못하고 놓친 부분이 많을 것이다. 독자들의 너그러운 양해를 부탁드린다.

셋째, 같은 주제의 글들을 모았기 때문에 여러 글의 내용이 중복되는 경우도 적지 않다. 이런 중복의 문제에 대해서는 엥겔스의 방식을 따랐다. 엥겔스는 마르크스의 초고를 모아 《자본론》 3권으로 편집하면서 이렇게 밝혔다. "반복도 주제를 다른 각도에서 파악하든지 다른 방법으로 표현한 경우에는 그 반복을 버리지 않았다."(《자본론》 3권 개역판 서문)

넷째, 혁명가들이 혹심한 탄압을 받던 시기에 작성된 글 중에서 필자를 확인하지 못해 필자를 명시하지 못한 경우가 있다. 이것은 엮은이가 의도한 것이 결코 아니라는 점을 밝혀 둔다.

그 외에도 다른 오류들이 편집 과정에서 있을 수 있는데, 이것들은 엮은이의 잘못이다.

이 자료집이 나오기까지 몇몇 동지들이 도움을 줬다. 인쇄된 문서를 타이핑해 파일로 만들어 준 박충범 동지와 책을 디자인해 준 장한빛 동지에게 감사드린다. 방대한 양의 원고를 나와 함께 검토해 준 책갈피 출판사 편집부에도 감사드린다.

2018년 7월 10일
엮은이 이정구

제8부
교육과 학생 그리고 학생운동

누구의 교육인가?

남한의 교육적 열성은 12월 대학입시를 전후해서 절정에 달한다. 무려 95만 명에 달하는 학생들이 20만 명의 정원 안에 들어가기 위해 필사적인 경쟁에 돌입한다.

그 95만 명의 구호 역시 살벌하다. "대학입시 앞으로 ○○일!" "대학만이 살 길이다!" "필승!"과 같은 온갖 군대식 용어가 책상 앞을 장식하고 있다.

부르주아지는 형식적으로 젊은이들의 건강을 걱정하며 우리의 미래가 이들의 어깨 위에 있다고 가슴 벅차 한다. 그러나 이들의 어깨 위에 있는 미래란 과연 어떠한 것인가? 95만의 젊은이들은 대학에 들어가서 상층 계급으로 사회적 지위를 이동시키겠다는 환상을 실현하기 위한 경쟁에 모든 힘을 쏟아 붓는다. 그들에게 친구는 경쟁

이 글은 국제사회주의자들(IS)이 발간한 소책자 《자본주의와 교육》(1993년)에 실린 것이다.

자일 뿐이다. 학창 시절 친구들과 밤샘을 해가며 시험공부를 하면서도, 이번 시험에서 저 녀석보다 더 높은 점수를 받아야지 하는 생각을 하곤 했던 기억이 아직도 눈에 선한 사람들이 있을 것이다. 학생들의 머리 속에는 객관식 문제를 적절히 풀 수 있는 '지식'을 위한 '지식'만이 들어 있다. 그런 지식은 책에서 읽고 외운 것에 지나지 않을 뿐, 실제 생활에 적용되는 살아 있는 지식이 아니라 죽어 있는 지식에 불과하다. 오히려 젊은이들에게 실제 생활과 밀접한 관련이 있는 살아 있는 교육은 사치일 뿐이다. 아니 진정한 의미의 교육은 완전히 부정해야 한다. 그래야만 살아남을 수 있다.

그렇다면 일찌감치 대학을 포기하고 실업계 고등학교에 입학한 학생들은 진정한 교육을 받고 있나? 유감스럽게도, 아니다. 이들은 남들보다 먼저 경쟁을 포기했을 뿐이다. 이들의 사고 속에 깔려 있는 것은 패배한 자신이며, 이것은 곧 체념과 순종을 정당화해 주며 반항하지 않는 노동계급을 길러 내는 역할을 한다. 이들 역시 '참교육'과는 너무나 거리가 멀다.

이처럼 '참교육'에서 소외된 젊은이들의 모습에서 우리가 볼 수 있는 것은 무엇인가? 너무나 분명할 것이다.

경쟁에서 승리한 자본가들의 이성을 상실한 축적 경쟁, 경쟁에서 패배한 노동자 계급의 체념화된 억압적 생활, 증조 할아버지 때 혈통에 따라 계급이 결정되던 바와 같이 지금은 교육이 계급을 결정한다는 지배적인 사회의식 … 이것이 부르주아들이 찬양하는 청소년들의 미래이다.

교육적 소외에 대한 저항

그러나, 또한 많은 학생들이 저항하고 있다. 그들의 자생적이고 무의식적인 저항은 또 다른 진정한 미래의 상징을 보여주고 있다. 얼마 전 춘천·원주·천안·이리 등지에서 수많은 학생들이 경쟁의 궤도를 이탈하여 벌인 시위에서 나타난 구호들은 우리에게 많은 것을 시사해 준다. "고교입시제도 반대", "평준화를 지지한다." 이러한 구호들이 이미 고등학교에 입학한 시위 학생들의 본질적인 요구일 리는 없었다. 문교부 관계자들이 지적했듯이, 직접적 요인은 "데모의 배후에 사립학교에 대한 불만이 작용하고 있다"는 것이었다. 실제로 평준화에 대한 시위 학생과 당국간의 협상이 어느 정도 일단락 될 쯤 춘천의 한 고등학생은 투신자살이라는 극단적 저항의식을 보여주었다.

평준화에서 시작된 고교생들의 시위가 점점 정치적 성격을 띠어가기 시작했다. 학교 교육의 억압적 상징이었던 야간자습 철폐, 써클 활동에 대한 규제 철폐, 교장·교감·학생주임 등 교육관료에 대한 공격, 그리고 전교조 활동 중에 해고당한 교사들의 복직 등 비약적인 의식 성장 과정을 보였다. 시위의 양상도 좀더 명확해지기 시작했다. 단순히 학교 안에서 불만에 찬 목소리들의 모임이 발전하여 마침내 교육관료의 상징인 교육청을 시위 무대로 사용했으며, 9월 4일에는 3개 사립고교생 4천여 명이 9시간 동안 도로를 점거하고 시위를 벌였다.

물론, 이들의 시위가 조직적인 정치투쟁은 아니었다. 그러나 학생들의 시위가 표현하고자 한 것은 분명했다. 그것은 바로 억압적 경쟁

질서에 대한 저항이었다. 다시 말해 평준화 지지라는 구호 속에는 교육의 경쟁적인 질서에 대한 분노가 숨어 있었으며, 야간자습 철폐와 교육관료에 대한 공격 속에는 억압적인 질서에 대한 저항이 깔려 있었던 것이다. 마치 노동자들이 자본가에 맞서 임금인상과 불평등하고 경쟁적인 보수제도 그리고 노동조건을 중심으로 투쟁하여 계급의식을 키우듯이, 이들 고교생들의 시위는 모든 교육적 소외에 대한 자생적 투쟁의 상징이었다.

또 한 가지 주목할 만한 것은, 이번 시위에서 가장 적극적으로 참여했고 교육관료에 대해 극단적인 적대 의식을 표출했던 학생들은 다름아닌 경쟁에서 패배한 소위 열등생들이었다는 것이다. 춘천의 한 교육관료는 이렇게 말한다. "학교 안의 문제 학생들의 극단적인 행동이 전체의 순수한 요구를 걱정스럽게 만들고 있다." 그러나 이것은 오히려 당연한 귀결이 아닌가. 업적주의적이고 차등적인 자본주의 교육제도 안에서 이들은 모든 것에서 소외당하고 있다. 경쟁에서 승리한 엘리트 위주의 학교 교육에서 이들이 할 수 있는 것이라고는 반항과 이른바 탈선 행동일 뿐이다. 우리는 현대의 계급투쟁에서 가장 핵심적 역할을 차지하는 계급이 소위 똑똑하다는 지식인이나 프티부르주아들이 아닌 가장 소외당하고 억압 속에 살아가는 노동계급이라는 사실을 분명히 알고 있다. 마찬가지로 이들 "문제 학생들"의 적극적인 투쟁이야말로 이번 시위의 가장 본질적인 모습이다.

현상으로만 보면 이번의 시위는 실패로 끝난 듯이 보인다. 이들의 의식 속에는 아직 경쟁질서가 당연시되어 있으며, 대학입시라는 허구적 목표는 언제나 교육관료와 학생들의 타협점을 제시해 주었다. 다시금 학생들은 경쟁질서에 편입되었고, 분출되었던 갈등은 일시적으로 가라앉은 듯이 보인다. 그러나 아직 끝나지 않았다. 교육적 소외는 언제나 모든 학생들의 잠재된 투쟁 가능성이다. 계급 상승이라는 허구적 환상이 무너질 때 교육에서 소외당했던 모든 것은 사회의 계급투쟁과 함께 폭발할 것이다. "고교입시제도 부활 반대"라는 구호를 앞세우며 투쟁했던 춘천의 고교생들은 이번 시위의 경험들을 간직한 채 진정으로 자신들이 해야 하는 투쟁은 무엇인가를 생각할 것이다.

그들이 투쟁으로 얻어야 할 것은 단순히 몇몇의 개혁으로 이루어질 수 있는 것이 아니다. 그것은 경쟁질서를 통해 모든 교육을 소외시키고 자본주의적 착취질서를 정당화하고 교육 이데올로기와 교육의 위계적인 관료질서를 통해 이 모든 것을 강제하고 있는 자본주의 체제와의 투쟁이어야 한다. 그러므로 이것은 단순히 춘천의 문제만도 교육의 문제만도 아니다. 투쟁은 사회의 계급투쟁이어야 하며, 본질적 변화이어야 한다. 그것은 혁명의 시작을 의미한다.

노동자는 무식해야 하며 순종해야 한다?

모든 사회는 그것을 구성하는 계급과 계급의식이 사회적 상관관계와 조화를 이룰 때만 안정성을 갖는다. 지배계급이 단지 총과 칼로만 지배하는 것은 아니다. 무엇보다도 전사회적 지배 이데올로기를 자신들이 획득함으로써 착취관계를 정당화하고 안정화시킨다. 따라서 교육은 생산수단을 통제하는 자본가 계급에 의해 좌우되며 착취 이데올로기의 안정화 작용에서 가장 핵심적인 역할을 한다.

자본주의적 계급구조는 무엇보다도 노동분업에서 생겨난다. 마르크스가 말했듯이 "분업에 기초한 협업은 … 곧 자본주의적 생산양식의 의식적·계획적·조직적 형태가 된다." 노동은 정신노동과 육체노동으로 분리되고 육체 노동자는 모든 지식과 이해력을 상실한 채 착취당하게 된다. 육체노동이 정신노동과 분리된 상황에서 육체 노동자가 지식을 갖고 있다는 것은 대단히 위험한 일이다. 왜냐하면, 노동자에게 지식이 있다는 사실은 자신이 착취당하고 있는 상황을 명확히 인식하고 있다는 것이며, 이것은 곧 저항을 뜻하기 때문이다. 그렇기 때문에 자본주의가 한창이었을 때 자본가들은 이렇게 말했다. "국민교육은 분업의 제1원칙에 어긋나는 것이므로 그런 일을 하면 우리의 모든 사회제도는 엉망이 된다." 교육은 오로지 이후 사회를 지배하게 될 미래의 자본가와 정신 노동자(당시에는 엘리트)에게만 한정된 것이어야 했다. 지식이 이들에게 배타적으로 독점될 때만 계급질서는 정당화되고 안정화되었다.

이러한 상황은 소위 말하는 의무교육제가 실시되고 대부분의 노동자가 기초교육을 받고 있는 현대에도 그 본질에서는 마찬가지이다. 물론, 기술 수준이 경쟁적으로 발전하자 노동자들의 동물적 무지는 오히려 축적에 방해가 되었다. 또한 자유주의적 교육가들의 계속적인 개혁 시도는 교육에 대한 형식적 평등을 가져왔다. 그러나, 교육은 노동에서와 같은 분리를 그대로 반영하고 있다. 순종하고 높은 생산성을 유지할 수 있는 미래의 노동자 계급을 양성하기 위한 교육프로그램과 좀더 효율적이고 능률적인 축적을 위한 엘리트적 교육

프로그램의 분리가 그것이다.

분리는 또한 강압적이라기보다는 더욱 교묘한 자유경쟁이라는 방식에 의해서 진행된다. 노력하면 될 수 있다는 논리 아래 수많은 젊은이들이 자신의 모든 것을 투자하게끔 한다. 그러나 현실은 노력해도 될 수 없는 것이 더욱 많다는 사실을 뼈저리게 느끼도록 할 뿐이다. 남한의 대학교육은 그 대표적인 예이다. 대부분의 학생은 자신이 노력한 바와는 무관하게 — 그것도 높은 실업률을 헤치고 — 결국 사무직 노동자가 된다. 모든 사람에게 자유가 있다면 그것은 노동자 계급이 될 자유뿐이다.

자본주의 교육에서 강조되는 덕목은 인내성·신뢰성·일관성·학교와의 동일시·질서의 강조·정확성·겸손함·빠른 적응능력 등이다. 이러한 덕목은 불변의 진리로 포장되어 있지만, 전체적으로 노리는 바는 복종하는 노동자, 자본가에게 충성하는 노동자, 높은 생산성을 위한 능력 등이다. 반면에 지나친 창조성과 독립성, 그리고 모든 공격성과 비판의식은 통제되며 심한 경우 체벌이 가해진다. 이러한 의식을 결정적으로 가능하게 하는 것은 위계적인 교육질서이다. 교사는 모든 것을 통제해야 한다. 교사는 막강한 권위를 바탕으로 상과 벌을 부여한다. 당연히 학생들은 교사에 대한 완벽한 복종심을 체득하게 된다. 이것이 이후 노동자 계급에게 자본가가 요구하는 최고의 덕목임은 두말할 나위가 없다. 그리고 교사는 우수한 학생에게 통제의 일부를 맡김으로써 궁극적으로 엘리트적 성격을 부여한다.

또한 모든 교육기관은 세분화되고 등급이 매겨진다. 상대적으로 학비가 싸며 계속 확장되고 있는 전문기술 교육기관과 비싼 학비와 정원이 제한되어 있는 고등교육기관, 그리고 자연스럽게 형성되고 결정적인 것이 되어가는 일류 학교와 삼류 학교 등이 그것이다. 이 모든 분리와 등급이 개인의 적성과 능력에 의해서 결정되는 것은 물론 아니다. 오히려 세습적인 집안 환경과 배경에 의해 결정되는 경우가 더욱 많은 것이 현실이다. 그리하여 모든 사람은 교육에 의해 종합적인 지성을 갖춘 인간이 아닌 전문적으로 기형화된 인간으로 성장한다. 그리고 표면적으로 자유경쟁인 시험이라는 과정을 통해 자신의 억압적 상황을 자신의 능력 탓으로 돌리고 체념하게 만든다.

결국 자본주의는 교육을 통해 경제적 불평등을 정당화하며 인문계와 실업계라는 식의 분리를 통해 소외된 노동을 조장한다. 교육제도는 산업사회의 노동분업을 재생산하는데, 이는 부분적으로 교육 내적 사회관계가 작업장의 사회관계와 대응하기 때문이다. 계급구조를 유지하기 위해 위계적인 질서를 갖춘 교육제도는 자본주의 재생산 메커니즘의 하나로 사용되고 있다.

국가자본주의 하의 교육

초기 자본주의의 소규모적 생산방식 아래서는 오늘날과 같은 이른바 대중적 학교 교육은 필요하지 않았다. 노동자들의 기술훈련은 가족제도나 도제와 같은 형식으로 비공식적인 즉자적 훈련으로 충분했다. 그러나 자본은 집적과 집중이라는 과정을 거치고 확대되기 시작했으며, 경쟁은 일국적 범위를 벗어나 더욱 치열해지기 시작했다. 자본주의는 이제 다른 모습으로 발전하기 시작했다. 국민국가는 점차 조직화되었으며 경쟁은 세계적 범위로 확대되었다. 생산양식 역시 이전의 수공업적 방식에서 벗어나 대규모적 생산방식이 압도적으로 되었다. 자본주의는 국가자본주의로 변화되었다.

자본이 국민국가에 의해 조직되자 노동자 계급 역시 국가에 의해 통제되고 조직될 필요가 있었다. 이전의 즉자적이고 무계획적인 노동 훈련으로는 대규모적이고 조직적인 국가자본주의적 생산에 적절히 대응할 수 없었다. 그리고 집합적 자본가인 국민국가 사이의 치열한 경쟁에서 승리할 수 있기 위해서는 무엇보다 충성스럽고 국가와 자신을 일체화시킬 수 있는 숙련된 노동자 계급이 대규모로 확보되어야 했다. 이른바 대중교육이 출현했던 것이다. 국가가 교육을 통제함으로써 수많은 미래의 노동자 계급에게 대중교육은 애국심을 불어넣는 훈련을 강제할 수 있었다.

남한의 교육은 경제개발계획의 시작과 함께 의무교육제로 실시되었다. 여기서 모든 학생들은 애국심과 복종 그리고 미래의 노동훈련을 위한 기초 지식을 교육받는다. 6년이라는 의무교육 과정을 마친 뒤 계속되는 시험을 통해 학생들의 계급적 지위는 확정되어 간다. 국가가 모든 교육행정을 전담함으로써 교육은 철저히 국가의 요구에 종속될 수 있었다.

최근에 확대되고 있는 실업계 고등학교의 확충과 전문인력 양성이라는 명분으로 실시된 전문대학 증설 조치, 그리고 직업훈련소의 정책적 육성 등은 국가가 주도하는 극단적 분업화 현상들이다. 이로 인해 기형적으로 전문화된 직업기술 교육을 받고 있는 미래의 노동자 계급은 전체 생산과정의 부속으로 전락한다. 이후 계속적인 노동의 소외 현상으로 억압당하지만 이전의 국가 통제 하에 교육받았던 애국심과 순종적 직업 윤리로 인해 체념하게 된다.

억압적인 파시스트 정권 아래서 대중교육이 강조된 사실은 참으로 시사하는 바가 크다. 애국적 대중교육을 통해 독일의 히틀러를 열광적으로 지지하게끔 만들고, 또한 그들을 동원하여 억압적 통치를 정당화시킨 것은 너무나 유명한 사실이다. 동방 국가자본주의 국가들의 교육은 대표적인 사례이다. 언제나 집단성 — 사실은 획일성 — 이라는 명분 아래 개인의 창조성은 억압당하며 오직 관료적 통제만이 고무된다. 스탈린의 "사회주의적 애국심"을 고취시키는 교육이나 북한의 소위 주체교육은 이를 증명하고 있다. 모든 반공시위나 관제 데모에 집단적으로 동원되고, 군사훈련이 실시되고 있는 남한의 교육 역시 똑같다.

이제 교육은 국가의 중요한 정책으로 자리잡게 되었다. 점차 많은 학교가 국영화되었고, 그런 학교의 관료적 위계질서는 국가의 이해를 정확히 반영했다. 국가는 자본의 이익에 따라 교육정책을 수시로 변경했고, 개인의 모든 교육 평점은 국가로 집중되어 그의 계급적 지위를 결정하는 근거가 되었다.

그러나 이처럼 국가가 조직하는 교육은 역설적으로 국가권력과의 집단적인 투쟁을 낳는다. 모든 교육적 모순과 소외에 대한 저항의식은 곧바로 교육을 통제하고 있는 국가권력을 향해 나아간다. 이제 교육에 대한 저항은 한 학교 단위에 머무르지 않고 국가와의 투쟁을 시도하게 된다.

전교조 운동

전교조 운동은 남한의 교육사에서 일획을 긋는 사건이었다. 교사들의 경제적 요구와 '민족·민주·인간화 교육'이라는 자유 교육의 이념 — 물론, 여기에는 남한 국가자본주의의 지배 이데올로기에 대한 투쟁이 포함되어 있다 — 이 결합되어 전개된 전교조 운동은 국가가 통제하는 교육에 맞선 최초의 집단적 투쟁이었다. 전교조는 무엇보다도 관료적 위계질서에 대한 부정에서 출발했다. 전교조 가입 교사들은 일방적인 상명하달식의 교육행정을 거부하기 시작했고, 정부의 일방적인 홍보를 거부했다. 억압당하지 않는 자유로운 교육을 위해 이들은 학생들의 자율적 행동을 권장했다. 그리고 지배계급의 억압적 이데올로기를 극복하고 지배 이데올로기의 핵심이었던 교과서를 비판하기 시작했다. 무엇보다 주목할 만한 활동으로는 살인적 경쟁을 완화시키기 위해 노력함으로써 학생들이 부분적으로나마 교육적 소외에서 해방되게 했던 것이다.

물론, 전교조 운동은 혁명적 변화를 지향하지 않았다. 단지 현재의 사회체제 안에서 부분적인 개혁을 지향했을 뿐이다. 그러나 국가권력의 입장에서 이러한 전교조 운동은 대단히 위험스러운 것이었다. "전교조는 어린 학생들을 이용해서 체제 전복을 획책하고 있다"는 문교부 장관의 발언은 이를 단적으로 드러내 주고 있다. 국가는 즉각적 행동에 나섰다. 전교조는 불법화되었고, 가입 교사는 해고되었다. 그러나 전교조의 영향력은 급속히 확대되기 시작했다. 전국에서는 이에 항의하는 교사들의 시위가 국민대회로 계속되었고, 순종만을 배워 온 학생들이 저항하기 시작했다. 국가의 탄압이 심해지자 전교조 운동은 사회운동으로 발전하여 많은 계층과 연대했다. 수많은 허구적 지배 이데올로기가 폭로되었다. 전교조 운동이 우리에게 보여 준 바는 이것이 단순한 교육의 문제가 아니라 자본주의적 메커니즘을 재생산하는 본질적 문제임을 밝혀 주었다.

그러나 전교조 운동은 그야말로 급진적 개혁 운동에 불과했다. 그들의 투쟁은 사회구조의 문제로서의 교육이 아닌 교육 그 자체에 매몰되었으며, 교육의 계급적 본질을 폭로함으로써 계급운동으로 전환되기보다는 민족주의·민중주의 이데올로기의 고취와 무계급적 인간화를 주장하며 시민운동과의 결합을 모색했다. 전교조의 교육적 대안은 자본주의적 교육의 본질에 대한 근본적 변혁이 아니라, 단지 국가의 간섭을 배제한 교육자들만의 자유로운 교육이었다. 그러나, 사회적 변혁이 이루어지지 않는 교육의 개혁은 급진주의자들의 순진함을 표현한 것에 불과하다. 입학시험이라는 경쟁적 구조가 사라지지 않는 자본주의적 구조 내에서 교육에서의 경쟁의 지양이란 공상에 지나지 않는다. 마찬가지로 노동의 소외가 사라지지 않는 자본주의 구조 내에서 교육의 소외란 어떠한 개혁에도 불구하고 존재할 수밖에 없다.

교육은 계급사회 재생산 과정의 하나로서 계급질서의 메커니즘이다. 그러므로 진정한 교육적 대안은 계급적 대안이다. 전교조는 많은 성과물을 획득했다. 교육구조에 대한 저항의 경험과 억압적 지배 이데올로기를 부분적으로 극복했다. 이것은 이후 사회의 계급투쟁과 함께 혁명적 교육을 예고하는 것이었다. 그러나 전교조 운동 자체는 많은 성과물을 갖고 있음에도, 우리의 진정한 대안에는 못 미친다.

스탈린주의 교육이 대안일까?

세계 최초의 유인 인공위성 '스푸트니크'를 소련에서 발사했다는 사실은 많은 서방 자본주의 국가들의 교육자들에게 엄청난 충격을 주었다. 교육자들은 소련의 교육제도가 이것을 가능케 했다고 믿었기 때문이다. 그러나 환상은 곧 깨졌다. '스프투니크호'의 성공은 사회주의적 교육의 산물이 아니라 철저히 통제된 상황에서 극소수의 엘리트 교육으로 가능했던 것이다. 서방을 따라잡기 위한 소련의 몸부림은 교육에서 업적주의를 낳았지만, 이러한 교육은 기형적 발전으로 이내 침체되었다.

이른바 "사회주의"라 불리우던 동방 국가자본주의 국가들의 교육은 서방 세계의 그것과 별반 다를 게 없다. 오히려 더욱 철저한 국가자본주의적 교육일 뿐이다. 전인민에 대한 의무교육이라는 화려한 수식어로 포장된 스탈린의 소위 "사회주의적 교육"은 국가가 전인민을 적절히 훈련시켜 작업장에 배치해 높은 축적률을 달성하겠다는 계획에 불과한 것이었다.

러시아혁명 이후 의욕적으로 실시되던 교육해방은 스탈린의 반혁명과 함께 제거되기 시작했다. 1931년 소련공산당 중앙위원회의 결정에 따라, 전인적 교육을 지향하던 종합기술교육은 축적에 필요한 과학기술 분야의 학습과 직업훈련으로 대체되었고, 짜여진 형식이 아닌 자유롭고 다양한 복합적 교육방식 대신 규율을 강화했으며, 학습과정에서 교사의 권위가 강조되고 학교는 관료에 의해 통제되었다. 32년에는 수업이 미리 짜여진 틀에 고정되었고 교과서만의 학습이 진행되었으며 연례적인 시험이 다시 치러졌다. 마침내 30년대말에는 교복이 등장하고 관료의 자녀들이 다니는 특별학교가 생겼으며, 마침내 중·고등학교에 수업료가 징수되었다. 교육에서의 반혁명이 성공한 것이다. 이후에 다시 한 번 살펴보겠지만, 이러한 교육의 또 다른 억압이 마르크스, 레닌, 크룹스카야, 루나차르스키 같은 혁명적 사회주의자와 교육가들의 프로그램은 결코 아니었다. 스탈린 시대의 교육은 스탈린이 어떻게 혁명을 배신했는가를 보여주는 극단적인 예일 뿐이다.

스탈린의 교육이 의미했던 바는 "일국사회주의"라는 헛된 망상의 달성을 위한 축적의 요구에 교육이 종속되어야 한다는 것이었다. 스탈린은 국가자본의 성공적 축적을 위해 교육에 세 가지를 요구했다. 첫째, 무조건적인 순종을 위한 훈련. 둘째, 많은 수의 기술자·전문가·경영자, 그리고 그 외 축적에 필요한 기간요원을 양성하는 것. 셋째, 농업과 공업에 잘 훈련된 노동자를 투입할 수 있는 대중교육의 적극적 추진 등이다. 그리하여 이러한 교육 아래 성장한 모든 사람은 소련 국가자본의 축적을 위한 모든 노동강제와 필요한 생산기술을 그대로 수용하며 묵묵히 일하는 하나의 상품으로 전락하고 말았다.

소련의 공식 출판물에서 공산주의 교육가로서 추앙받는 마카렌코의 교육사상은 스탈린의 요구를 완전히 충족시켰다. 그것은 잘 훈련되고, 규율이 몸에 배이고, 권위를 받아들이며, 당과 국가에 충성을 다하는 사람이었다. 마카렌코가 말하는 사회주의적 집단교육은 학생들의 자유스러운 교육을 의미하는 것이 아니라, 당국의 권위를 무조건 수용하는 것을 의미했다. 엄격한 자본주의적 분업을 배제하려는 시도는 전혀 없었다. 군대식 조직과 훈련 그리고 제복은 전능한 당중앙에 대한 개인의 복종을 보장하는 장치였다.

우리는 스탈린의 교육 대안에 대해서 전혀 환상을 품지 않는다. 모든 자본주의에서 나타나는 교육적 억압과 소외 그리고 지배 이데올로기의 재생산 같은 형태는 스탈린의 대안에서 오히려 더욱 강화되고 확대되었을 뿐이다. 어쩌면 스탈린 이후 비롯된 반혁명의 과정과 국가자본주의의 정착은 바로 이상과 같은 교육질서에 의해 가능한 것이었다. 소련에서도 역시 교육은 인간을 해방시키기 위한 것이 아닌 인간을 소외시키고 지배계급의 이익에 봉사하는 것일 뿐이다.

교육은 해방의 출발이다

그렇다면 지금도 저항하고 있는 전국의 수많은 학생들과 전교조 교사들이 쟁취해야 할 교육적 대안은 없는가? 아니다. 우리는 해방된 인간, 즉 새로운 형태의 사회인 '자유인의 연합' 속에서 합리적인 생산과정과 분배를 지배할 수 있는 '전면적으로 발달한 인간'을 위한 교육을 주장한다. 이것은 전교조와 같은 급진주의적 개혁이 아닌, 사회주의 혁명과 변증법적으로 결합될 때만 가능하다.

노동은 본질적으로 욕망을 만족시키기 위해 자연과 맞서 싸우는 인간의 자기실현의 필수적인 활동이다. 그러나 소외된 자본주의적 노동으로 인해 노동자는 억압당하며 몸과 마음에 상처를 입고, 다른 모든 잠재력을 상실하며, 제한된 능력의 기형적 발달만을 강요당한다. 그러므로 인간해방의 선결요건은 노동자가 권력을 장악하고 스스로 모든 것을 관리하며 계획하는 사회주의이다. 교육은 이러한 인간해방의 출발점이다.

교육은 이제 이전의 낡은 교육에서처럼 기형적이고 경쟁에 찌들은 노예와 같은 인간을 요구받지 않으며, 대신에 해방된 노동계급으로부터 전면적으로 발전되고 자유로운 적극적인 인간을 요구받는다. 관료적인 위계질서에 의해 운영되는 이전의 학교가 아니라, 창조적인 노동과정을 통해 주변 세계의 생활과 밀접하게 그리고 조직적으로 연결된 학교 공동체이다. 따라서 책으로만 배우는 학교, 교사에 의해 일방적으로 주입되는 학교, 육체와 정신을 분리시켜 기형적으로 만드는 학교가 아니라, 실제적이고 창조적인 노동과 결합된 교육, 모든 학생이 적극적으로 참여하는 교육, 인간의 전면적 발달을 꾀하는 교육으로 발전해야만 한다. 이것이 혁명적 사회주의자의 대안이다. 생각해 보라. 대중의 지배와 통치를 의미하는 사회주의가 필요로 하는 인간은 이러한 교육에 의해 전면적으로 발달되고 자유로운 노동을 하는 인간이 아닌가!

좀더 구체적으로, 우리는 모든 교육에서 창조적이고 자율적인 정신교육, 신체교육, 기술교육의 전면적 결합을 주장한다. 사회주의는 인간의 기형적인 발달을 부정하며 효율 증대라는 목적 아래 이루어지는 자본주의적 전문화를 거부한다. 노동과 결합된 교육의 유일한 목적은 인간이 모든 측면에서 전면적으로 발달하도록 봉사하는 것이어야 한다. 이것은 단순히 명령을 수행하기만 하거나 기계적으로 움직이는 노동자를 키우는 것이어서는 안 되며, 노동자가 생산의 주인이 되는 것이어야 한다. "먹고 사는 일에는 정치적·사회적 지식이 필요하지 않다"는 식으로 노동자에게 기계가 될 것을 명령하는 교육을 우리는 거부한다는 것이다.

따라서 이러한 교육이 보장되기 위해 모든 교육과정은 학생들의 적극적이고 실질적인 참여가 이루어져야 한다. 자본주의에서처럼 학생들의 참여가 규칙에 따라 이루어지는 놀이가 아니라 실질적 생활이어야 한다.

이상과 같은 교육적 대안은 전교조와 같은 탈계급적 급진 개혁이나, 일국사회주의 건설이라는 국가자본주의 축적을 위한 교육으로는 결코 설명될 수 없다. 이것은 계급적 대안이기 때문이다. 사회를 장악한 계급의 이해를 반영하는 교육은 오직 해방된 계급인 노동자 계급의 교육으로만 가능하다. 또한 노동자 권력은 이러한 교육이 전제되어야만 가능하다. 노동자 권력은 진정한 교육을 통해 혁명을 심화시키고 발전시킬 수 있으며 마침내 자유의 왕국으로 가게 된다.

교육투쟁에서 계급투쟁으로

그러나 우리는 모든 해방은 사회주의에서만 가능하므로 자본주의 아래서 교육운동은 필요 없다는 식의 이상주의적 논리를 경멸한다. 혁명적 사회주의자는 무엇보다 유물론적 사고를 요구한다. 자본주의에서도 역시 발전하는 공업과 기술로 인해 노동계급에 대한 교육의 확대가 불가피하다. 그리고 교육의 확대는 자본주의 체제 아래서 혁명의 맹아로 작용한다. 왜냐하면, 생산과정의 기술과 사회구조를 이해하는 노동자를 지배하고 착취하기는 더욱 힘이 들기 때문이다. 독일의 혁명적 사회주의자 리프크네히트는 "지식은 힘이다"고 말했다.

전교조 운동이 본질적으로 계급에서 벗어난, 추상적인 '민족'·'민중' 개혁운동이었음에도 불구하고 가지는 의의는 바로 여기에 있다. 추상화되어 버린 "민족·민주·인간화 교육" 또는 "참교육"이라는 구호는 그 자체로서는 우리에게 말해 주는 것이 별로 없지만, 이로 인해 많은 학생들이 더 이상 무조건적 순종이 아니라 억압에 대한 투쟁을 경험하게 되었다. "전교조 세대"라고 불리는 학생들은 비판과 저항이라는 새로운 경험을 체득했다. 이것은 미래의 노동자 계급이 될 그들이 자본주의에 대항할 한 강력한 무기를 획득했음을 의미한다.

앞으로 더욱 치열해지는 경쟁적 구조에 대항하여 "고교입시 부활 반대"라는 구호를 내걸고 싸운 고교생들은 자본간 경쟁의 사회적 복사판인 대입학력고사를 거부하자고 투쟁할지도 모른다. 이러한 투쟁의 경험들을 통해서 그들은 앞으로 작업장에서 모든 노동의 소외를 극복하기 위한 자본가 계급 타도를 위해 투쟁할 것이다. 그러면 순종만을 배우고 억압당했던 고교생들은 이제 거대한 계급투쟁의 문을 두드리는 셈이다.

사회주의 혁명은 노동계급과 모든 피억압 인민의 마음 속에 지식과 교육에의 엄청난 갈망을 불어넣을 것이다. 우리는 이것을 과거의 경험으로부터 미루어 알 수 있다. 러시아혁명 직후 노동자들은 그리스 비극에 대한 강연을 듣고자 대운동장에 운집했다. 1974년 포르투갈 혁명 당시에는 베스트셀러 제 1위가 레닌의 《국가와 혁명》이었다.

한두 세대에 걸쳐 남한의 수천만 인민은 '그래봐야 별볼일없을 테니까', '세상은 안 바뀌어' 하면서 세계에 관한 과학적 지식이 별볼일없는 것이라고 여겨왔다. 하지만 대중은 혁명 때 갑자기 돌변하여 사회의 모든 것을 통제하고 모든 것에 대해 명령을 내리려 한다. 그들에게는 모든 것이 가능한 것으로 보인다. 그리고 모든 것을 알고 싶어 한다.

노동자 국가의 과업은 이러한 배우고자 하는 욕구를 부추기고 계발하는 교육제도를 마련하는 것이다. 그러한 제도는 현재의 자본주의 교육제도와 정반대가 될 것이리라. 자본주의 교육제도는 호기심 많고 배우고자 하는 열의에 가득 찬 대여섯 살박이들을 삼켰다가, 12년 후 쓰라린 마음과 냉소주의밖에 남은 것이 없는 심난하기 짝이 없는 청소년들을 게워낸다.

요즘의 교육을 정말로 파괴하고 왜곡하는 것은 교육재원의 부족만이 아니라, 입시지향 경쟁위주 교육과 이것에서 비롯된 교사와 학생 사이의 거의 준전시 상태의 갈등이다. 이것은 따지고 보면 사회계급구조를 재생산하는 자본주의 아래 학교의 역할에서 비롯된 것이다. 학교는 마치 체로 쳐서 걸러내듯 중간계급과 지배계급의 지위에 올라앉을 아이들을 골라내고 그 나머지는 착취와 소외된 노동을 위해 준비시킨다. 다수를 낙오자로 내모는 구조를 가진 체제는 그 체제의 희생양들의 열의와 협조를 자아낼 수 없다.(개개 교사들의 선한 의도에도 불구하고 말이다.) 그러므로 그 체제의 운영방식은 권위주의적 강제일 수밖에 없다.

이와는 반대로, 사회주의 교육은 선택된 소수가 아니라 모든 사람들이 적극적·계획적·운영적 역할을 하도록 준비시킨다. 사회주의 교육의 목표는 인간 개성의 전반적으로 균형 잡힌 발전이리라. 학교는 협동적으로 될 것이지, 경쟁적인 채로 남아 있지는 않으리라. 한 학생이 다른 학생을 도와주는 것이 더 이상 "컨닝"으로 취급되지 않으리라. 또한 학교는 전제를 탈피해 민주화될 것이다. 즉, 교장의 독재적 지배는 학생과 교사 그리고 노동자평의회의 대표자들로부터 선출된 학교평의회에 자리를 내줄 것이다. 교사는 학생의 조력자일 것이며, 어떤 의미에서는 학생의 종(從)일 것이다. 규율은 강제되는 것이 아니라 집단화되는 것일 것이다.

노동자 국가 하에서 교육은 참으로 평생교육이 될 것이며, 그것도 새 사회가 던져 준 새로운 문제와 새로운 과업의 해결에 훨씬 더 긴밀히 연결된 평생교육일 것이다.

교육 문제가 문화 일반의 문제와 별개의 것일 리가 없다. 혁명 이후의 사회에서는 새롭고 영감으로 가득 찬 주제들이 충만할 것이므로 예술은 활짝 꽃필 것이며, 예술가의 상상력도 고갈을 모를 것이다. 노동자 계급이 무대의 측면에서 무대의 전면에 주인공으로 등장함에 따라 개성의 전반적인 각성이 확산·심화될 것인데, 이 과정의 일부로서 예술에 대한 진지한 관심이 증폭될 것이다.

말할 나위 없이 음악·미술·문학·연극·영화 등은 혁명투쟁 자체에서 뿐 아니라 사회주의 건설에서 일정한 역할을 담당할 것이다. 하지만 노동자 국가도 혁명정당도 예술창작 활동에 명령을 내리려 하거나 통제를 가하려 해서는 안 될 것이다. 특정한 예술 형태들을 박해하고 특정한 예술양식 — 사회주의 리얼리즘 — 만이 합법적이라고 규정한 스탈린주의 정책의 우매함과 그것이 낳은 재앙에 대해 이 자리에서 반복할 필요는 없겠다. 직접적인 반혁명 선전을 금지할 권리만 제외하고는, 노동자 혁명 정부는 예술 분야에서 최대한의 자유를 증진시킬 것이다. 활기 있는 비판과 토론, 다양한 실험들 그리고 상이한 조류간의 경쟁이 없다면 예술은 발전할 수 없다.

정신노동과 육체노동의 분리, 파편화와 소외로 점철된 자본주의 사회에서는 예술과 예술가가 인민 대중으로부터 유리되고 생산활동에서 괴리된다.(이 두 가지 분리는 서로를 강화한다.) 예술은 다수가 기계적이고 비창조적이며 무미건조하고 별 뜻 없는 노동을 해야 하는 반면에 소수는 자신을 창조적으로 표현하는 특권적인 분야가 되어 버렸다. 예술은 사회의 계급분화를 반영하여 "고급 예술"과 "저질 예술"로 나뉘게 되었다. "고급" 예술가는 엘리트가 되고 엘리트에게 봉사한다.

사회주의는 예술가에게 "대중적"이 될 것을 강요함으로써가 아니라, 또 단순히 다수의 문화 수준을 향상시킴으로써가 아니라 — 물론, 결국은 이렇게 되겠지만 — 모든 일을 창조적 활동으로 만듦으로써, 그리하여 모든 생산자가 어떤 의미에서 예술가가 됨으로써 이러한 괴리를 극복할 것이다. 마찬가지로 회화 기능, 디자인 재능, 건축 기술 등등의 모든 예술 형태들도 인간이 환경을 형성해 나가는 집단 활동에서 필수불가결한 요소가 될 것이다. 생산자가 예술가가 되는 것과 꼭 마찬가지로 예술가도 생산자가 될 것이다.

자본주의 하의 교육 문제

교육의 기본 기능은 전(前) 세대가 축적해 온 그 사회의 생산양식을 후(後) 세대에 전승하는 것이다. 따라서 교육의 존재형태는 사회의 지배적 생산양식에 의해서 결정된다. 전자본주의적 생산양식의 기초는 경제외적 강제, 곧 신분적 위계에 의해 피지배 계급의 생산력을 지배계급이 수탈하는 구조를 갖는다. 이 당시의 교육은 이와 같은 지배계급 위주의 신분질서와 그것이 뒷받침해 주고 있는 경제적 수탈 관계를 정당화시키는 기능을 수행하였다.

이러한 전통적 교육양식이 본격적인 자본주의 발전의 단계를 맞아 변화되는 것은 당연했다. 자본주의 생산력이 증가함에 따라 보다 체계적이고 확대된 노동자 교육, 즉 노동력 재생산이 필요하게 되었다. 애덤 스미스도 그의 《국부론》에서 하층계급의 교육이 국가의 부(富), 다시 말해서 자본의 계속적 축적을 위해 중요하다는 점을 강조한 바

이 글은 국제사회주의자들(IS)이 발간한 《자본주의와 교육》(1993년)에 실린 것이다.

있다. 초창기 산업 자본주의 시대의 자본가들은 이러한 노동자 교육이 이윤의 침해를 가져온다 하여 반대를 표명하였으나 국민교육이라는 이름으로 교육 문제를 국가에 맡김으로써 실제로 그들 자신이 부담해야 할 노동력 재생산 비용을 절약할 수 있게 되었다.(지금의 교육세는 노동력 재생산 비용의 일부로서 임금 속에 포함되어 자본가 계급의 호주머니에서 지불되는 것이 원칙이나, 국가는 이를 세금에 포함시켜 사회 모든 계층들에게 전가시키고 있다.) 이 과정에서 자본은 국가를 통해 교육을 장악하고 국가는 총자본의 이익을 관철하기 위한 교육체제를 확립하기에 이른다. 뿐만 아니라 자본가들은 통일되고 획일화된 교육을 통해 자본주의 생산질서를 정당화시킬 수 있다는 점까지 깨닫게 되었다. 교육내용에서의 자본주의 미화와 권위주의적인 학교생활은 미래의 순종하고 인내하는 노동자를 양성할 수 있는 것이다.

결국 국가자본주의 하의 국민교육제도는 노동력 재생산과 자본주의적 생산관계 재생산, 그리고 노동자 계급에 대한 통제라는 효과를 위해 정착된 것이다. 또한 교육받은 노동자 계급의 대량생산과 함께 노동자 계급과 자본가 계급으로의 계급관계 재생산 기능까지 함께 수행하게 된다. 자본주의 사회에서 이러한 기능은 바로 '학력'이라는 것이 하게 된다. 중세의 귀속적 신분을 이제 학력이 대체하게 된 것이다.

바로 여기서 국민교육제도가 사회의 평등화를 실현한다는 이데올로기의 허구성이 폭로된다. 교육제도 자체가 이미 초등에서 고등 단계에 이르기까지 위계구조를 갖는다는 점 자체가 그 제도 안에 불평등 구조를 포함하고 있음을 나타낸다. 또한 각 단계 안에서도 지배계급의 자녀들을 위한 특수 교육기관이 존재함으로써 교육 내용과 환경의 차별화를 낳는다. 사립 국민학교, 예술 중고등·대학교 등, 공립학교 교육에 드는 비용보다 많게는 10여배나 더 비싼 이들 특수 교육기관에 속한 학생들은 공립 교육기관의 학생들에 비해 좀더 특권적인 분위기 속에서 미래의 사회적 지위에 걸맞는 지식을 획득하게 된다.

고등 교육기관으로 올라갈수록 학비의 개인 부담은 더욱 커지게 되고 이를 감당하지 못하는 집안의 자녀들은 일찍부터 저임금 노동자로서 자본주의 생산관계에 결합하게 된다. 피비린내 나는 전투 끝에 수백 수천의 친구들의 시체를 밟고 감격스러운 대학졸업장을 획득한 사람들조차도 대입경쟁을 능가하는 취직경쟁 속에서 대부분은 사무직 노동자로 만족할 수밖에 없게 된다.

이렇듯 현재의 학교교육은 단순한 노동력 재생산만이 아닌 학력이라는 눈금을 사용하여 노동력의 계층화와 분업을 유지·온존 시키는 기능을 동시에 수행한다.

또한 이데올로기 측면에서 보자면, 학교는 겉으로 드러나는 '능력주의'라는 메카니즘을 통해 노동력의 차등화 및 산업예비군 창출을 정당화시킨다. 그러므로 개인은 자신의 경제적·사회적 지위나 보상의 책임을 전적으로 자신이 져야 한다.(해마다 발생하는 입시 낙방생들의 자살 사건은 바로 이와 같은 자본가들의 '내 탓이오' 이데올로기에 속은 한 예일 뿐이다.) 자본주의 사회의 학교교육체제는 이러한 기능을 효과적으로 수행하기 위해 입시제도와 그 합리화 근거로서 교육평가제도를 발전시켜 왔다.

입시제도는 사회적인 선발제도이다. 누구를, 어떤 기준에 의해, 언제 선발하는가 하는 것은 그것이 이루어지는 사회의 특성에 의해 결정된다. 선발의 결과 노동자는 여러 계층으로 나뉘고, 또 그것은 순전히 각 개인의 개인적 책임 차원으로 떨어짐으로써 자본주의적 질서는 온존된다. 그리고 이 입시제도는 학교에서는 평가와 성적 매김의 방법으로 관철된다. 시험은 각 개인을 문제풀이 기계로 대상화시키며, 결국 학교는 이 시험제도를 통해 학생들을 우등생과 열등생, '좋은'학생과 '나쁜'학생으로 구별한다. 물론 여기에 적당한 상과 벌이 덧붙여진다. 이렇게 일찍부터 학교의 눈에서 벗어나 내팽개쳐지는 아이들이 선택할 수 있는 것은 본드 흡입이나 폭력, 그렇지 않으면 바라던 대로의 온순한 단순 노동자가 되는 것, 이 두 가지뿐이다.

이러한 시험제도에 전적으로 의존하고 있는 훈련과 교육의 결과 개인들은 획일화되면서 또한 분류되고 전문화된다. 요컨대 교육평가, 즉 시험이란 학생을 감시하고 종국에는 입시제도라는 체로 걸러내는 감시체계이자 권위체제인 것이다. 대부분의 학생들은 자신들의 위치가 선택받은 소수 학생들의 들러리밖에 되지 못함을 체념적으로 받아들이게 되고 평가자에 의해 일방적으로 주어진 평가기준에 대해 문제를 제기하지 않는다. 단지 끊임없는 노력을 통해 자신을 거기에 맞추려고 할 뿐이다.

이제 지식은 점차 지식의 주체로부터 소외된다. 지식과 주체가 분리되는 순간 이미 모든 창조적 능력 또한 사라지게 된다. 마찬가지로 자본주의 사회의 교육을 통해 생산되는 학력은 하나의 상품으로서 개인으로부터 소외되어 버린다. 그러나 동시에 이 '학력'이라는 상품은 그것을 소유한 사람들에게 그것을 가지고 일정한 사회적·경제적 지위와 교환할 수 있다는 환상을 갖게 한다. 그리하여 대중은 점점 더 보다 많은 학력을 소유하기를 원하고 이러한 욕구경쟁을 통해 고등 교육기관은 계속 확대 과정을 밟는다. 이로부터 비롯되는 고학력 실업문제, 즉 과잉교육 현상은 자본주의적 질서를 합리화하는 지식을 갖추고 순종의 미덕을 아는 노동자를 생산해 내는 한편 충분한 산업예비군을 확보함으로써 저임금에 의한 노동착취를 강화시킨다.

자본주의 사회에서 인간은 노동력이라는 상품에 딸린 부속품에 불과하다. 그러므로 인간의 가치는 노동능력의 개발에 투입된 생산비용에 의해, 즉 학력에 의해 결정된다. 어떤 사람이 소위 일류대학을 나와 좋은 직장에 취직하게 되면 그에겐 사회적 지위와 충분한 보수가 주어진다. 그리고 그가 '미모'를 갖춘 여자라면 대부르주아 집안 아들과의 결혼을 통한 신분상승의 기회를 잡을 수도 있다. 그리고 그들이 취득한 이 명예와 영광, 그리고 자긍심을 다시 자식들에게 물려줄 수 있게 된다. 그들의 자녀는 훌륭한 교육환경에서 우수한 과외선생의 지도와 적당한 촌지에 의해서 지도자로서의 자질 함양과 엘리트로서의 자신의 길을 순탄하게 밟아 나가게 될 것이다. 혹시나 이런 좋은 조건에서도 공부를 못해 대학진학이 어렵다 해도 그들은 전혀 걱정할 필요가 없다. 예능계 대학에 입학하든지 또는 골프 특기로 입학하든지 아니면 몇 년 외국에 나갔다 오면 만사는 잘 해결될 것이다.

이렇듯 자본주의 하의 교육이란 오직 자본주의 생산관계의 재생산이라는 목표를 위해 존재한다는 사실을 소수의 대중은 깨달아 가고 있다. 그리고 이러한 자생적인 자각은 전교조의 투쟁 및 작년 춘천 고교생들의 시위 등을 통해 분출된 바 있다.

총자본의 이익을 위해 교육을 통제하게 되면서 마치 계급 화해의 도구인 양 위장하여 나타나는 국가처럼 교육 또한 계급투쟁으로부터 은폐되어 가치중립적인 모습을 띠어 왔으나 이러한 가면은 점차로 벗겨지고 있다. 더욱이 이젠 교육 모순이 사회모순으로 나타나게 되고 더 나아가 그 모순의 총체적 담지자인 국가의 본질마저 폭로시킨다. 이러한 국가가 94년부터 대학입시를 각 대학의 자율에 맡김으로써 교육의 정상화를 기하겠다고 얼르고 있지만 이 말에 속는 사회주의자는 아무도 없다. 국가가 형식적으로 대학입시로부터 손을 떼겠다고 해도 초중고등학교 교육에 대한 직접적 통제를 통해서는 물론 각종 교육관계 법령의 제정과 시행을 통해서도 여전히 교육에 대한 통제권을 잃지 않을 것이 분명하기 때문이다.

자본주의는 그 시작부터 노동하는 사람들에게서 생산수단을 빼앗고 나아가 극도의 노동분업을 통해 노동자들의 창조성을 빼앗는 악순환의 고리를 만들어 왔다. 그리고 이것을 효과적으로 수행하기 위해 만든 것이 바로 교육이라는 국가 제도이다. 인간을 일면적으로만 발달시키는 노동분업은 자본주의가 발전할수록 더욱 고도화되고 이 속에서 노동자들은 점점 더 노동으로부터 소외되고 만다. 그리고 자본가 국가는 교육이라는 제도를 교묘히 활용하여 자본 축적을 추구하고 보장한다.

결국 이러한 모순을 해결하는 방법은 한 가지밖에 없다. 바로 자본주의를 타도하고 부르주아 국가를 폐지하는 것이다. 국가 교육에 의해 확대재생산되는 소외의 극복은 자본축적의 싹을 완전히 잘라 냄으로써 성취될 수 있는 것이다.

사회주의 하에서의 인간은 '종합기술교육'을 통해 전면적인 발달과 정을 겪게 되며, 이는 마르크스가 예견했듯이 한 인간이 아침에는 사냥하고 오후에는 낚시하고 저녁때는 소를 몰며 저녁식사 후에는 비평을 하면서도 사냥꾼도 어부도 목동도 비평가도 되지 않는 일이 가능하게 될 첫 걸음일 것이다.

시험과 자본주의

지난 1991년 10월 30~31일과 11월 4일에 춘천과 원주에서 고등학생들이 고교입시 부활 철회를 요구하며 시위를 벌였다. 대학입시라는 '지옥'에 시달리는 고등학생들이 자기들보다 나이가 어린 중학생들까지 (고등학교) 입시 지옥에 시달리게 할 수는 없다는 것이 투쟁의 이유였다. 사실, 대부분의 중·고등학생들은 시험이라는 말만 들어도 몸서리를 친다. 자유롭게 생각하는 습관과 능력을 길러야 하는 나이에 그들은 시험이라는 경쟁에 뛰어들어야만 하는 것이다. 그리고 이러한 경쟁에서 탈락한 사람들은 사회적으로 멸시당하고 천대받는다. 시험이라는 경쟁에서 남들보다 뒤쳐질지도 모른다는 두려움은 많은 학생들을 자살·범죄·정신병원 입원 등의 소외 현상으로 몰고 간다. 이러한 문제들은 해결될 수 없나? 시험은 없어질 수 있나?

이 글은 국제사회주의자들(IS)이 발간한 소책자 《자본주의와 교육》(1993년)에 실린 글에서 발췌한 것이다.

이러한 질문들에 답하려면, 우리는 자본주의 하에서 교육이 어떤 기능을 수행하는가를 알아보아야 한다.

자본주의 하에서 교육은 우리가 살고 있는 사회가 계급사회라는 사실을 은폐하거나 또는 (그 존재를 인정할 경우에는) 합리화하며 미화한다. 학생들은 학교에서 계급사회의 부재(不在) 또는 정당성을 끊임없이 배운다. 또한 학생들은 경쟁에서 이긴 자만이 살아남을 수 있는 자본주의 질서의 '정당성'을 배운다. 그리하여 시험은 자본주의에서 살아남기 위한 경쟁으로 여겨진다. 지배계급은 학생들이 경쟁에서 이기면 자신들처럼 될 수 있다는 생각을 교육을 통해서 그들에게 주입시킨다. 자본주의 하에서 교육은 경쟁질서의 정당성을 주입시키는 지배계급의 지배 수단들 가운데 하나이다.

자본주의 교육은 노동시장과 밀접한 관계를 맺고 있다. 그래서 노동시장의 필요에 따라, 그리고 경제가 호황이냐 불황이냐에 따라 교육의 기회가 확대되기도 하고 감소되기도 하는 것이다.

1950년대와 1960년대에 호황을 겪은 서방 자본주의에서는 교육에 대한 투자가 확대되었다. 자본주의가 발전함에 따라 숙련 노동력이 많이 필요해졌고 경제가 날로 성장해서 거의 완전고용을 달성했기 때문이다. 그런데, 1980년대 들어와서 서방의 교육 투자는 불황으로 말미암아 엄청나게 줄어들었다.

남한의 경우에도 이러한 사정은 마찬가지이다. 1983~88년의 호황기가 지난 뒤 경제가 불황을 맞이함에 따라 노태우 정부는 첨단 산업에 대한 과감한 진출과 성장 산업의 계속적 진흥, 사양 산업과 한계 업종의 폐기와 업종 전환을 내용으로 하는 소위 산업구조 조정정책을 실시하지 않으면 안 되게 되었다. 구체적으로, 노태우 정부는 꾸준한 기술 혁신과 생산성 향상을 위해 1996년까지 기술개발 투자를 GNP의 4% 수준까지 끌어올리고, 첨단부문 설비 투자에 대한 세제상의 지원 강화, 첨단 산업기술 혁신자금의 설치와 운영, 연구·산업·교육 기능을 함께 갖춘 첨단 종합단지의 건설, 전문대와 이공계 대학의 정원 확대, 기초과학 연구재원의 획기적인 확대, 정보화·신소재 기술 등 특정 연구개발 사업비의 대폭 확대 등 첨단화와 기술개발을 중심으로 구조조정에 대한 지원 계획에 집중하고 있다. 남한 자본주의의 국제경쟁력을 높이기 위한 이러한 산업구조 조정정책은 그에 알맞은 교육정책을 요구하기 마련이다.

(중략)

학생들이 학교에서 치르는 시험들과 특히 입학시험은 학생들의 인생을 결정한다. 시험 성적이 부진한 학생들은 대학을 진학하는 학생들보다 일찍 노동계급이 되어 평생을 그렇게 살아야 한다. 그리하여, 노동자 계급을 착취하는 자본주의 체제 안에서 착취당하고 억압당하면서 살아야 하는 것이다.

또한, 가정형편이 어려운 노동계급 가정의 자녀들은 돈이 많은 지배계급의 자녀들처럼 과외도 제대로 받지 못하고 좋은 조건 속에서 교육을 받지도 못한다. 그래서 노동계급 가정의 자녀들 역시 시험에서 좋은 결과를 얻지 못한다. 그들도 역시 대를 이어 노동계급이 되어야 한다.

자본주의 학교 교육은 학생들을 체제가 요구하는 사람들로 만들기 위한 것에 지나지 않는다. 그리고 시험은 자본주의 체제가 요구하는 다양한 종류의 인간들, 즉 지배계급과 피지배계급(노동계급)을 골라내기 위한 장치에 불과하다. 따라서 자본주의 교육은 인간 개성을 발전시키는 것이 아니라 그것을 파괴시킨다. 자본주의가 계속 존재하는 한, 교육은 여전히 자본주의가 필요로 하는 바에 종속될 것이다.

그러나, 혁명을 통해 교육제도가 근본적으로 변화될 수 있는 가능성을 보여준 때가 있었다. 1917년 10월 러시아의 사회주의 혁명은 자본주의 교육제도를 송두리째 없애고 인격의 발전을 최우선 순위로 삼는 교육을 실시할 수 있게 했다.

10월혁명을 통해서 완전히 새로운 교육제도가 창출되었다. 러시아의 소비에트 노동자 정부가 1918년에 마련한 교육법은 그 목표를 다음과 같이 정했다.

인격은 사회주의 문화에서 최상의 가치를 차지하는 것으로 남을 것이다. 그러나 이러한 인격은 평등하고 조화로운 사회 속에서 되도록 모든 즐거움을 누리려는 자신의 성향을 발전시킬 수 있다. 우리는 개인이 자신을 발전시킬 권리를 부정하지 않는다. 우리가 인격의 발전을 가로막고 인격을 무시하고 인격을 고정된 것으로 만들 필요는 없다. 왜냐하면, 사회주의 공동체의 안정은 군대의 막사 같은 획일성, 인공적 기술, 종교적·윤리적 속임수들에 바탕을 두고 있는 것이 아니라 현실의 이익들의 총합에 바탕을 두고 있는 것이기 때문이다.

그리하여 모든 시험이 폐지되었고, 숙제, 학위, 체벌, 종교적 훈시 등이 없어졌다. 모든 학교들은 교사·학생 그리고 그 밖의 다른 노동 자들로 구성된 학교 단체(collective)에 의해 자율적으로 운영되었 다. 학교 단체(collective)는 다수가 만족스럽지 않다고 생각할 경우 에 언제나 소환할 수 있는 '의장'을 뽑았다. 교과과정은 학교 소비에 트(평의회)에 의해 결정되었다. 또한 모든 학생들에게 따뜻한 음식이 무료로 배급되었다. 교사는 상급 장교가 아니라 스승이자 조직자이 며 나이 많은 동지의 역할을 했다.

1918년에 열린 교사협의회는 다음과 같이 선언했다. "학교는 삶에 반대해서는 안 된다. 오히려 삶에 일치해서 조화롭게 발전된 인간을 창조하려고 노력해야 한다."

사회주의는 교육을 사회 통제의 도구로 사용하지 않고 인간 개성 의 해방을 가져다 줄 수 있게 할 것이다. 진정한 비극은 교육이 자본 주의 체제의 일부로 남아 자본주의의 요구에 종속되어 인간 개성의 발전이 저지되고 왜곡되는 것이다. 사회주의만이 이러한 비극을 없애 고 학생들을 시험의 노예에서 해방된 인격체로 만들 수 있다. 따라서 문제는 중·고등학생들도 자본주의 체제를 타도하고 사회주의를 쟁취 하기 위해 사회주의자들과 함께 투쟁하는 것이다.

대학, 대학생 그리고 학생운동

본론으로 들어가기 전에, 먼저 학생운동의 위기에 대해 언급하겠다. 흔히 대학내 자본의 영향력이 확대되면서 '신자유주의가 학원을 점령'했고, 그 결과 학생운동이 위기를 맞고 있다고 말한다. 그 때문에 학생들의 원자화와 정치적 무관심이 대학에서 유력한 경향이 됐다는 것이다.

대중 투쟁을 통해 급진화 효과가 확연히 나타나기 전까지 학생들은 정치적으로 무관심할 수도 있다. 이것은 기성 정치로부터의 소외, 어떤 대안에 대해서도 확신이 없는 것, 그리고 쓰라린 반감을 반영하는 것이다. 그러나 정치적 무관심이라는 개념은 정태적인 것이 아니다. 어떤 상황에서 정치적 무관심은 그와 정반대인 폭발적인 투쟁으로 순식간에 바뀔 수 있다. 이것이 1968년 5월 프랑스에서 일어났던 일이다.

김인식. 출처 미상.

한때 김대중 정부의 '개혁'에 기대를 걸었던 학생들은 이제 쓰라린 환멸을 느끼고 있다. 경제 위기는 학생들의 미래를 불투명하게 만들었다. 그로 인해 학생들은 불만에 차 있다. 구체적 계기를 꼬집어 말할 수는 없어도, 이 불만은 머지 않아 분노와 행동으로 바뀔 가능성이 상당히 크다.

그러나 조직된 기성 '운동권'은 명료한 정치적 태도로써 학생들의 불만을 대변하지 못하고 있고 확고한 정치적 대안을 제시하지도 못하고 있다.

기존 학생운동의 평소 조직력은 50퍼센트를 넘기기 어려운 총학생회 투표율, 전체 학생들의 겨우 10~20퍼센트의 지지를 받고 당선되는 총학생회 등의 현상들에서 반영되는데, 그 이유는 학생운동의 정치적 지도력의 위기 때문이다.

그러나 학생운동에 대해 위기만을 얘기하는 것은 절반만 맞는 주장이다. 왜냐하면 학생운동은 여전히 강력하기 때문이다.

1997년 1월 노동법 파업 때 수천 명의 학생들이 파업에 연대했다. 그 해 5월에는 김영삼 정권 퇴진 투쟁을 벌였다. 1998년 메이데이, 6~7월의 노동자 투쟁, 8월의 현대차 파업 때 학생들은 그 투쟁을 적극 지지했다. 1999년 4월 지하철 노동자들의 서울대 농성과 파업 때도 학생들은 강력한 연대를 보냈다. 올해 3월은 등록금 인상으로 불거진 불만과 분노의 물결이 다시 한번 대학을 휩쓸지도 모른다.

이런 학생들의 투쟁은 훨씬 더 거대한 사회 세력을 투쟁에 나서도록 고무하는 데 중요한 역할을 할 수 있다. 그 이유를 이해하기 위해서는 지난 시기 고등 교육에서 일어났던 주요한 변화를 살펴볼 필요가 있다.

학생의 사회적 지위

애초 대학 교육은 자본가 계급의 지적·이데올로기적인 필요에 직접적으로 봉사하는, 그들과 일부 제한된 중간계급(변호사, 일부 성직자 등)을 위한 전통적인 훈련의 장이었다. 따라서 고등교육의 혜택은 인구의 극소수인 사회 최고 특권층의 자녀들에게 돌아갔다. 1900년 베를린의 전체 대학생 수는 고작 2만 명이었다. 당시만 하더라도 교육은 직접 생산에 종사하는 사람들보다는 타인의 노동에 의존해 살아가는 사람들을 대상으로 한 것이었다.

하지만 20세기 들어 자본주의의 발전은 상이한 종류의 대학 제도를 요구했다. 성공적으로 자본을 축적하려면 과학과 기술을 지속적이고 체계적으로 산업에 응용해야 했다. 동시에, 관료적 통제 기구를 담당하고 이데올로기 지배를 유지하도록 할 거대한 인적 자원이 필요했다. 이런 필요들을 충족시키려면 대학을 확대해야 했다.

처음에 대학의 확대는 상대적으로 더뎠다. 2차대전 발발 당시 베를린의 대학생 수는 69,000명이었다. 하지만 전후 장기 호황기에 대학은 급속하게 확대되기 시작했다. 1954년 학생 수는 거의 두 배가 늘었다. 1964년에는 294,000명으로 늘었다. 1972년에 이 수치는 두 배 이상 증가했다. 1900년에 학생은 또래 집단의 1퍼센트였고, 1950년에도 겨우 1.5퍼센트였다. 하지만 1972년에는 15퍼센트를 차지했다. 우리 나라도 1960년대 공업화 이래로 30년 넘게 대학생 수가 급증했다.

변화는 양적 차원에서뿐 아니라 질적 차원에서도 이뤄졌다. 사회에 대한 대학의 태도가 변했다. 대학은 단지 이 사회의 기성 권력권과 이데올로그들을 양산하는 데 머물 수 없었다. 이제 대학은 대규모의 전문 기술자들을 양산해 낼 것을 요구받았다.

그러나, 학생들은 노동자가 아니다. 학생들은 젊은이들 가운데 최종적인 계급 지위가 아직 결정되지 않은 일시적 집단인 것이다.

소외와 억압

그럼에도 대학생들은 어떤 공통점을 갖고 있다. 그들은 거대한 규모로 집중돼 있고, 똑같은 시험과 평가 제도에 시달린다. 대부분은 비슷한 경제적 압력에 직면하고, 그 때문에 정부의 교육 재정 정책은 학생들에게 큰 영향을 미친다.

그러나, 동시에, 어떤 학생들은 이 사회의 특권층으로 상승할 것이며, 또 다른 어떤 학생들은 어쩌면 육체 노동자보다도 못한 일자리를 얻게 될 것이다. 사실, 학생들에게 가장 커다란 압력인 시험 제도는 그들의 미래를 결정하는 메커니즘 가운데 가장 중요한 것이다.

학생들은 생산 조건들과 아무 관계도 맺지 않고 있다. 학생들의 미래 운명은 미리 결정돼 있지 않다. 그들의 운명은 노동시장 상태나 시험 성적 같은 것들에 의해 결정된다. 시험 제도는 학생들을 응집력 있는 집단으로 단결시키는 것이 아니라 원자화시킨다. 각각의 학생의 운명은 다른 학생과 분리된 개인의 성적에 따라 결정된다.

미래에 대한 불확실성은 대학 생활의 억압에 의해 더욱 강화된다.

비록 고등학교 때보다 대학의 규율이 덜 엄격할지라도, 수강 과목, 교육 시설, 수업료 인상 등은 여전히 학생들의 의사와 무관하게 결정된다.

그래서 학생들의 공통점은 일반적인 소외다. 이것은 평소에 수동성과 현실 도피를 낳는다 ─ 술, 오락, 당구, 컴퓨터 게임 등에 대한 탐닉. 그러나 이것은 대학과 기성 권력권에 반대해 순식간에 거대한 저항 운동으로 폭발할 수도 있다.

그리고 이 과정에서 학생과 여타 사회 계급들 간의 전통적 관계도 중요하게 작용할 수 있다. 대개 사회의 이데올로기적 혼란은 학생들 사이에서 민감하게 표현된다. 이 사회의 지배자들은 모든 학생 집단이 지배 이데올로기를 수용하기를 원한다. 그러나, 만약 그 이데올로기가 경험을 통해 현실과 명백하게 모순을 빚는다는 것이 드러난다면, 학생들은 이데올로기적 혼란에 빠질 것이고 도덕적 분개를 느끼게 될 수 있다.

예컨대, 1960년대 후반과 1970년대 초반 서구의 학생들은 대학을 운영하는 세력들이 '자유주의' 이데올로기가 아니라 기성 사회를 정당화하려는 것을 봤다. '자유와 민주'는커녕, 대학들은 지배층의 확고한 통제 아래 있었고, 대학 권력에 대한 모든 도전에 맞서 제적·경찰·법을 동원해 대응했다. 대학 당국은 '비정치적'이어야 한다고 말했지만, 그들은 정부의 베트남 전쟁 노력에 협력했고, 인종주와 제3세계 독재 정권에 관대했다. 그 결과, 자유주의 쟁점에서 출발한 학생들의 저항은 전면적 대결로 발전했다.

버클리 대학의 주요한 투쟁 쟁점은 학교 밖 정치 쟁점 ─ 특히, 그 지역의 인종주의적 분리에 맞선 캠페인 — 에 관한 집회를 학내에서 열 수 있는 자유를 요구하는 것이었다.

1964년 베를린 자유대학의 투쟁은 총장이 반체제 저자의 강의를 금지한 데서 시작됐다. 1966~67년 총장이 베트남 전쟁 반대 운동의 지도자들을 징계했을 때 그 운동은 더욱 성장했다.

미국 컬럼비아 대학에서는 대학이 국방부와 계약을 맺고 체육관을 확장하기 위해 지역 흑인들을 그들의 거주지에서 강제로 추방하는 것에 반대해 운동이 시작됐다. 프랑스 낭떼르 대학의 운동은 남학생들의 여학생 기숙사 방문을 금지한 데서 시작됐다. 이 운동들은 대학 당국과 경찰의 탄압 때문에 급속하게 일반화되고 정치화됐다.

우리 나라에서도 정치적 민주화 투쟁이 격렬하게 벌어졌던 1980년 '5월의 봄' 바로 직전인 3월에 각 대학을 휩쓸었던 주된 요구들은 '비정치적인' 학내 문제이었다.

이렇듯 '비정치적' 쟁점에서 출발한 투쟁은 종종 거대한 정치 투쟁으로 발전할 수 있다. 1968년의 서구 학생운동이 정확히 그랬다. 1968년 학생운동 초기에 학생들은 '비정치적'이었다. 그러나 사회의 권력자들이 거짓말을 하고 자신들을 탄압할 때 기존의 권력 구조에 대해 맹렬하게 반대했다.

당시 학생운동의 "비이데올로기적" 성격은 "68년 학생 반란의 폭발성을 설명해 준다. 이것은 가늠할 수 없는 분노의 폭발이었지, 계획된 반란이 천천히 끓어오른 것이 아니었다. [이것은] 사회의 중심 세력들간의 이데올로기 수사와 권력에 대한 냉소주의 사이의 균열이 최초로 발견된 것이었다."(핼 드레이퍼)

당시 1968년 학생 반란들의 초기 국면에서 지배적인 이데올로기는 마르크스주의나 기존 좌파와 매우 달랐다. 학생들은 계급투쟁보다 반권위주의를 강조했다. 또, 자신들이 권력에 도전하는 특권적 역할을 수행하는 것으로 이해하는 경향이 있었다.

그래서 드레이퍼는 "새롭게 급진화된 사람들은 스스로 이데올로기를 거부한다는 점에서, 또 사상과 입장을 일반화시키는 것을 내켜하지 않는다는 점에서 '비이데올로기적'이다."고 말했다.

그러나 최초의 '비이데올로기적' 국면은 오래 지속될 수 없었다. 학생운동은 생산에 묶여 있지 않기 때문에 급속하게 성장할 수 있었다. 그들은 하루 8시간 동안 기계에 얽매여 있지 않았다. 그래서 일반적으로 학생들은 노동자들보다 접촉과 동원이 훨씬 쉽다. 최초로 분노한 소수의 학생들은 다수 학생들의 무관심 심지어 적대에도 주저하지 않고 학내에서 행동을 할 수 있었다. 이것은 공장이나 사무실의 노동자들에게는 거의 불가능한 특징들이다. 학생들은 대학 생활이 공장의 군사적 규율과 다르다는 착각을 하고 있다. 그래서 당국이 자신들의 대표자들을 탄압할 때 급속하게 분노를 느꼈다.

이렇게 폭발한 학생운동은 ― 그 자체로는 착취에 맞선 투쟁이 될 수 없지만 ― 자주 노동자 대중 투쟁의 방아쇠 구실을 하곤 했다. 예컨대, 학생들이 주도했던 1987년 6월의 정치적 민주화 운동은 뒤이어 7~9월의 노동자 대투쟁을 자극했다. 1968년 5월 프랑스 학생들의 거대한 반란은 6월에 1천만 명이 참여한 인류 역사상 최대 규모의 노동자 총파업으로 이어졌다.

학생들이 생산에 토대를 두고 있지 않다는 점은 동시에 학생운동의 최대 약점이다. 학생들은 노동자들의 파업 같은 사회적 힘을 갖고 있지 않기 때문에 체제의 심장인 이윤을 공격할 수 없다. 그래서 학생운동은 노동자 운동에 비해 상대적으로 빨리 달아오를 수 있지만, 그 운동이 정점에 달했을 때에는 급속하게 사그라질 수 있다. 따라서 학생들의 급진적 투쟁은 노동자 투쟁과 연결될 때 비로소 의미 있는 사회 변화를 가져올 수 있다.

어떤 운동이 필요한가?

우리 민주노동당 학생위원회는 이제 막 건설하기 시작했다. 우리의 계획이 성공을 거두기 위해서는 목표와 지향이 분명해야 한다.

우리는 그 동안 기존 좌파들과는 다른 "새로운 학생운동"을 건설하겠다고 말해 왔다. 물론, 우리가 기존 좌파들을 비판한다고 해서 그들과 우리 사이에 아무런 공통점이 존재하지 않는 것은 아니다.

NL 동지들은 국가보안법 철폐 운동, 정부의 정치적 박해 반대 운동, 반제 반미 투쟁 등을 주요하게 조직한다. 우리는 이런 투쟁에서 NL 동지들과 좋은 관계를 유지할 수 있으며 유지해야 한다.

반면, 학생운동내 상대적 소수파라 할 수 있는 PD 동지들은 반미 반전 운동이나 정부의 탄압 반대 운동 등과 같은 중요한 정치 쟁점들을 'NL적'이라며 기권한다. 이것은 일종의 분파주의다. 그러나 그들은 노동자들의 노동 쟁의에 대해서는 NL보다 상대적으로 열의를 갖고 있다. 이런 쟁점에서 우리는 그들과 함께 할 수 있을 것이다.

하지만 우리는 그들과 같이하면서도 동시에 그들과 차이를 드러낼 필요가 있다. 나는 "새로운 학생운동"의 내용이 다음과 같다고 생각한다.

첫째, 우리 당 운동은 노동자와 학생의 정치 운동이다. 이것은 한국 역사에서 최초의 경험이다. 과거에도 학생운동은 이러저러하게 노동자 운동의 정치 조직과 연관을 맺기는 했지만, 민주노총의 지지를 받는 노동자 대중 정당 속에서 학생과 노동자 들이 함께 활동하는 것은 초유의 경험이다. 우리는 학생들의 구체적 불만을 — 주로 교육 조건과 연관 있는 — 정확하게 포착하고 개선을 위해 함께 싸워야 한다. 그와 동시에 왜 학생들이 정치 활동을 해야 하는지를 설득할 수 있어야 한다. 학생들의 교육 조건 문제는 정부의 교육 및 재정 정책 등 더 넓은 정치적·사회적 쟁점들과 연관돼 있으므로, 학교에서 재단과 맞서 싸우는 것뿐 아니라 정부와 맞서 싸워야 한다. 이것은 결국 정치의 문제를 제기하게 될 것이다.

둘째, 계급 문제에 관한 것이다. 우리 주변에는 이 사회의 근본적인 분단이 민족이나 정체성(성이나 인종 등)이라고 말하는 사람들이 많다. 그러나 자본주의 사회의 근본 분리는 계급에 따라 이뤄진다. 따라서 계급이냐 민족이냐 하는 대립 구도에서 우리는 이 사회의 근본적 구분은 계급 분리임을 주장할 필요가 있다. 태어날 때부터 죽을 때까지 삶의 모든 측면들, 예컨대 교육, 직업, 주거지, 물질적 재화의 소유, 건강, 돈과 권력, 주요 사건들과 정치적 문제에 대한 태도 등이 계급에 따라 다르다. 문제는 계급이다.

셋째, 노동계급의 중심성이다. 노동계급은 건재하다. 에릭 홉스봄은 노동계급이 정치적으로 사망했다고 말한다. 또, 이 나라의 많은 논자들은 노동계급이 정치적으로뿐 아니라 경제적·사회적으로도 죽었다고 말한다. 이 주장의 결론은 노동계급의 중심성을 포기하고 계급 협력으로 나아가는 것이다. 그렇게 되면, 사회 변화의 가장 핵심적 동력을 부정하는 것이다.

넷째, 기존 좌파들과는 다른 조직 방식을 채택해야 한다. 그들은 엘리트주의와 분파주의를 의식적으로든 무의식적으로든 여전히 버리지 못하고 있다. 이 때문에 그들은 기층의 학생들과 멀어지기 시작했다. 그래서 학생들은 "학생회는 학생들이 무엇을 원하는지 모른다."고 비판한다. 우리는 학생들 속에서 — 밖(분리)이 아니라 — 함께 활동해야 한다. 이 점은 아주 중요하다.

우리 사회뿐 아니라 세계적으로 반자본주의적 분위기가 존재한다. 최근의 가장 대표적인 예는 이른바 미국의 '시애틀의 잠 못 이루는 밤'이었다. 반WTO 시위대들은 스스로를 '반자본주의 시위대'(anti-capitalist demonstrators)라고 불렀고, CNN 리포터도 이들을 '반자본주의 시위대'라고 소개했다. 반자본주의 정서는 투쟁으로도 드러나지만, 이데올로기 차원에서도 발견된다. 예를 들어, 영국 BBC 방송은 '새 천 년의 사나이'(millennium man)로 마르크스를 선정했다. 또, 여러 여론 조사에서 마르크스는 20세기 최대의 영향력 있는 인물 1위로 꼽혔다.

그러나 이런 대중의 급진화는 우리 당 안에서가 아니라 당 밖에서 일어나고 있다. 이유는 간단하다. 아직 우리 당의 규모가 수십 만을 포괄하는 거대한 규모의 대중 정당이 아니기 때문이다. 따라서 우리

는 당 밖에서 일어나는 급진화의 물결을 우리 당 운동으로 연결시켜
야 한다. 그러기 위해서는 우리 자신이 대중적 급진화의 물결 한복
판에 있어야 한다.

학생과 사회주의

자본주의는 스스로 끊임없이 혁신하지 않으면 안 되는 체제이다. 자본주의가 고도화됨에 따라 노동을 조직하는 방식도 꾸준히 변했다. 그리고 이것은 노동자 계급의 구성을 변화시켰다. 전통적 산업 노동자뿐 아니라 그들이 생산하는 잉여가치를 계산·관리·판매하는 데 기여하는 새로운 노동자들이 출현했다.

서방에서는 2차세계대전 이후 대호황을 거치면서 이러한 변화가 두드러졌다. 이 시기에 가장 큰 특징은 여성 노동자들의 고용이 급격하게 늘어난 점이다. 동시에, 사무직 노동자들의 대부분을 차지하는 대학 졸업자들이 엄청나게 증가했다. 이러한 변화는 전후 대학 교육의 성격과 밀접한 관련이 있다. 대부분의 대학이 개별 기업의 '자선'에 의지했던 그 이전과는 달리 2차대전 이후부터는 정부와 기업들이 종합대학에 더 체계적이고 조직적으로 개입해 왔다.

이 글은 《사회주의 평론》 4호(1995년 7~8월)에 실린 글에서 발췌한 것이다.

이에 비해, 남한에서는 자본주의의 발전과 학교 교육이 처음부터 국가와 긴밀히 결합되어 있었다. 정부가 생산에 필요한 노동력의 재생산을 강력하게 통제했기 때문이다. 남한이 서방 선진 국가들에 비해서 부족한 자원과 기술 수준 그리고 자본을 메울 수 있는 유일한 힘은 강력한 국가권력과 이에 의한 엄격한 노동력 통제밖에 없었다.

국민(의무) 교육이 확대되면서 비로소 누구에게나 '출세'의 기회가 제공된 것처럼 보였다. 그러나 국민학교에 입학하기 전부터 출신에 따라 계급적 지위가 결정되는 자본주의 사회에서, 교육은 기존의 관계를 바꾸지는 못한다. 그래서 노동자의 자녀들은 설사 고등 교육의 혜택을 받더라도 대부분은 노동자가 될 수밖에 없다. 따라서 자본주의 하에서 교육이 대다수의 사람들에게 주는 의미는 '세 끼의 밥'을 해결해 주는 수단, 즉 직업을 얻기 위한 과정일 뿐이다.

그런데도 이 사회는 경쟁에서 이기지 못하면 마치 개인들이 열심히 공부(일)하지 않았거나 타고난 머리가 나쁘기 때문인 것처럼 몰아세운다. 계급적 불평등을 은폐하고 지배자들의 특권을 정당화하기 위해서이다.

그러나 자본주의는 기회가 균등하여 "누구나 자기 하기 나름"인 사회는 결코 아니다. 자본주의가 만약 그런 사회라면 굳이 학교에서 경쟁과 복종을 가르치지는 않을 것이다. 그리고 양질의 노동력을 추려내는 과정에서 도태되는 다수의 사람들에게 절망감을 안겨주는 일도 없을 것이다.

자본주의에서 학교 교육의 목표는 미래의 노동자들을 훈련시키는 것이다. 이것은 대학과 같은 고등교육기관도 마찬가지이다. 대부분의 학생들이 자본주의 사회의 교육이 억압적으로 느끼는 이유도 바로 교육의 계급적 성격 때문이다. 이 때문에 학생들은 자본주의 체제에 대한 반란의 씨앗이 될 수 있다.

자본주의의 발전과 학교 교육

자본주의가 성장함에 따라 국가는 자본의 통제자이자 생산과정의 필수적인 일부가 되었다. 따라서 정부와 종합대학은 서로 긴밀한 관계를 가질 수밖에 없었다.

종합대학은 "그들의 주요한 사회적 산물(대학교육을 받은 노동자들과 새로운 지식)이 새로운 상황 속에서 자본주의의 계속적인 안정과 진보를 이루려는 지배계급의 도구로서 그 체제에 중요한 역할"*을 담당하게 되었다. 생산에서 과학의 중요성이 커지면서 이 점은 더욱 명확해졌다. 과학기술과 판매, 그리고 국가적 요구(방위 산업)에 따른 조사연구와 실습 등이 대학에 맡겨졌다.

대학은 "현대의 전쟁 지향적인 자본주의가 요구하는 복잡한 행정과 조사연구에 대처할 수 있는 교육받은 노동력의 필요"와 "자본주의를 확대하고 안정시키고 활력있게 유지하는 데 필요한 새로운 기

---

* 데이비드 N 스미스 외, '미국의 대학과 노동계급', 《미국의 대학과 노동계급》, 창작과 비평, 118쪽.

술·사회적 지식의 필요"를 성취하는 데 이상적인 기관이었다.*

만약 기업과 산업이 고등교육을 받은 인력의 큰 저장고에 의지할 수 없다
면 영업의 모든 단계에서 지장을 받을 것이다. 미국의 교육은 기업과 산업
을 위해 하나의 직무를 수행한다.**

오늘날의 기업체는 단과대학이나 종합대학이 제조하는 생산품, 즉 훈련
된 정신(노동력 — 인용자)의 주요한 수혜자이다.***

때문에 대학은 점점 더 정부와 기업들의 연구기관이 되어 갔다.****
예컨대 최근 이 나라의 대재벌 럭키금성은 서울대 반도체·정보통신
소재·유전공학 관련 연구소에 3백억 원을 기부했다. 그 목적은 "서울
대와 공동으로 정보통신·전자·첨단 소재 등과 관련된 기초연구를 수
행키로 하"는 데 있었다. 아울러 "대학의 우수인력을 지원받아 산학

---

*   같은 글, 같은 책, 52쪽.

**   제너럴 모터스 회장 프랭크 에이브럼스, 같은 글, 같은 책 129쪽에서 재인용.

***   아메리카 은행 회장 루이 런드버그, 같은 글, 같은 책 129쪽에서 재인용.

****《싸이언티픽 아메리칸》의 편집인 제라드 필은 현재 대학의 조사연구 체제의 역사적
뿌리를 이렇게 설명한다. "제2차세계대전 동안에 종합대학은 자신을 거대한
무기개발 센터로 변형시켰다. MIT와 하버드는 레이더와 대(對)레이더에 관한
전략과 전술을 창조하는 일을 맡았다. 존스 홉킨스로부터는 재래식의 고성능
포탄이 최고의 파괴력을 발휘하게 하는 근접전파신관이 나왔고, 컬럼비아, 시카고,
그리고 캘리포니아 대학교는 가장 치명적인 무기를 성공적으로 설계·제조하는 데
가담했다." 같은 글, 같은 책, 144쪽.

협동에 의한 연구활동을 할" 계획도 갖고 있다.*

요컨대, 기업이 대학에 투자하는 것은 단순한 '자선'이 아니다. 자본가들은 분명한 이익을 확신할 때만 사업계획의 비용을 부담하려고 한다. 종합대학에 조사·연구를 집중시키는 것은 이런 조사·연구에 뒤따를 수밖에 없는 기업의 부담을 사회화하여 최소화하려는 의도이다.

종합대학은 이런 식으로 새로운 과학 지식을 흡수한 양질의 노동력을 생산해 냈다. 그것은 대학이 자본주의의 생산과정에 깊이 통합되는 과정이기도 했다.

남한 자본주의의 발전과 대학의 변화

남한 자본주의는 강력한 국가 통제 하에서 저임금과 장시간 노동을 기반으로 성장했기 때문에 말 잘 듣는 양순한 노동력을 공급하는 것이 자본가에게 사활적인 문제였다.

자본 축적은 값싼 노동력을 유일한 기초로 하는 바, 이데올로기적으로 순치되고 훈련받은 노동력을 공급하는 교육은 대단히 중요한 전략적 수단이었다.**

---

* 〈한겨레 신문〉, 1995, 6, 2.
** 이종태, '국가주도 교육의 역사적 전개', 《한국교육사》, 풀빛, 381쪽.

자본주의의 발전에 따라 산업의 중심축은 단순 경공업에서 화학, 자동차, 전자·전기, 컴퓨터, 조선, 우주 항공 등 중화학과 첨단 산업으로 바뀌었다. 이것은 과학기술의 변화를 촉진하였고, 공장 체계를 현대화했다. 과학기술의 급속한 변화는 기업 조직을 갈수록 복잡하게 만들었다. 사무실은 하늘 높은 줄 모르고 치솟고, 그 규모와 숫자는 점점 확대되었다.

그러나 기업이 농촌으로부터 유입되는 잠재적 과잉인구에 바탕을 두고서는 숙련 노동력을 양성하는 데에는 한계가 있었다. 따라서 자본가들은 노동자들이 더욱 복잡해지고 현대화된 공정에 적응할 수 있도록 하기 위해 그들을 재교육해야 했다. 그러나 자본가들은 재교육에 드는 비용을 줄이기 위해 이 일을 학교가 맡아주길 바랐다.

대학은 이러한 필요에 발맞추어 급속히 성장했다. 해방 당시 남한에서 대학생 수는 남녀를 합해서 5천 명도 채 되지 않았다. 그러나 지금 대학생들은 전국적으로 150만 명이 훨씬 넘는다. 그 가운데 여학생은 약 50만 명에 이르고 있다.* 그리고 이처럼 급격하게 증가한 대학 졸업자는 대부분 사무직 노동자가 되고 있다.

사무직 노동자의 급증

1987년 무렵 전체 사무직 노동자는 약 350만 명이었다. 사무직

------

* 문교부, 《교육 통계 연보》, 1991.

노동자들을 직종별로 구별해 볼 때, 대학 졸업자 가운데 전문·기술직 노동자는 57만 4천 명이었다. 이 수치는 전체 전문·기술직 노동자 가운데 70%가 대학졸업자임을 보여 주었다. 또 이것은 1963년의 16만 명에 비해 5배나 증가한 수치였다. 대학졸업자의 수치는 무려 2백 배 가량 증가했다.

또한 같은 시기에 관리·사무직 노동자는 58만 9천 명이었는데, 이미 1982년 통계상으로 보면 전체 사무·관리직 노동자들 가운데 60% 가량이 대학 졸업자들이다.* 이것을 60년대와 비교해 보면 대학졸업자의 증가율은 1백 배 정도이다. 판매직에 종사하는 노동자 가운데서 6만 7천 명 가량이 대학 졸업자였다. 그 밖의 대졸 취업자까지 합해 보면 대략 2백만에서 3백만 명 가량의 대졸 사무직 노동자들이 존재한다.

이것은 전체 취업자(1600만 명) 가운데 산업 노동자 계급이 27.6%(450만 명)를 차지한 가운데 절반 가량(26.4%)인 4백30만 명 정도가 사무·전문기술·판매·서비스 업에 종사하고 있으며 이 가운데 약 5분의 3이 대졸 노동자라는 것을 보여준다.**

---

* 박덕제, '한국의 연공임금에 관한 연구', 서울대박사학위논문, 1985. 서관모, '한국 화이트칼라 노동자의 구성', 《현단계 한국 사무직 노동운동》, 태암, 19쪽에서 재인용.

** 경제기획원 자료, '1963년에서부터 1987년까지 취업자의 직업적 사회적 구성(실업자와 취업준비자 제외)', 1987. 같은 글, 같은 책, 10쪽에서 재인용. 물론 현재는 사무·전문기술·판매·서비스에 종사하는 노동자들이 이 수치보다 늘어났으며 그 가운데 대학졸업자의 비율도 크게 늘어났다고 보아야 할 것이다. 단 여기서 사용한 수치들은 대략적으로만 맞다. 왜냐하면 부분적으로는 정부

대학 졸업자 취업 현황을 연도별로 비교해 보면 다음과 같다.

<표 1>*

	전문·기술	행정·관리	사무	판매	서비스	기타	전체
1985	36.2	7.5	31.3	11.9	4.8	8.5	100%
1990	36.5	6.0	31.5	12.2	4.3	9.6	100%
1992	36.0	5.9	32.4	12.4	3.8	9.6	100%

위의 표에서 전문기술직은 변호사와 의사 같은 신중간계급을 의미하지 않고 교사나 연구원 같은 직종을 의미한다. 따라서 위의 도표에서 판매와 서비스업의 일부를 제외하면 모두 사무직 노동을 하고 있다고 말할 수 있다.

중요한 것은 이런 직종에 종사하는 대졸 사무직 노동자들이 생산에 대해 어떠한 결정권도 갖고 있지 않다는 점이다. 그들은 오직 이윤의 확대를 위해서 소수 결정권자의 지시에 따라 노동 — 생산직 노동자들과 꼭 마찬가지로 — 해야만 하는 처지이다.

즉, 자본주의 초기와 달리 2차대전 이후의 사무직 종사자는 대부분 노동자들이다.

또한 산업의 급속한 발전으로 서비스업 — 공공부문과 민간부문 모두에서 — 노동자들이 대폭 확대되었는데, 대학 졸업자의 진출이

통계나 학자들의 통계에서 '관리직'이라는 것이 분명하지 않기 때문이다. 따라서 현재 대학생 수 150만 명을 고려하여 65년 당시 대학생의 숫자 12만 5천 명에서 1965년 취업자 가운데서 대학졸업자가 차지하는 비율을 계산하였다.

* 이주호, '인력 수급 전망과 고등교육 개혁과제', 한국개발연구원, 1994, 겨울호. 통계청 《경제활동연구연보》에서 재인용.

증가하고 있는 부문이기도 하다.(한국통신이 5년 전만 해도 대학생들에게 가장 인기 있는 직장이었다는 점을 떠올려 보라.)

요컨대, 대학 졸업자들은 직종의 차이들은 있을지언정, 사실상 거의 대부분이 노동자가 되고 있다.

1991년도 서울대학교와 93년도 고려대학교 졸업생의 취업 현황은 이러한 사실을 더욱 분명하게 뒷받침해 준다.

서울대학교 91년도 졸업생 4274 명 가운데 1735 명이 취업함으로써 순수취업률*은 41%이다. 1735 명 가운데 의사와 법조인, 회계사 등은 1백 명도 되지 않는다.(이것은 다른 대학에 비하면 압도적으로 높은 수치이다.) 이들을 제외한 나머지 졸업생들은 교육기관(사범대를 중심으로 144 명), 기업체(가장 많은 586 명), 금융기관(주로 은행과 보험회사이며 사회대와 경영대가 중심으로, 104 명)에 취업한 사무직 노동자들이 되었다.** 그나마 이 수치는 실업이나 시간제 고용을 포함하지 않았다는 사실을 고려하면 실제로는 그보다 훨씬 더 많다.

94년도 고려대학교 통계는 이것을 더욱 구체적으로 보여 준다.

전체 3736 명 졸업자 가운데 취업자는 2321 명이고 이 가운데

---

* 여기서 말하는 순수취업률은 정부가 말하는 취업률과 크게 다르다. 정부가 계산하는 방식에 따르면, 유학생, 군입대자, 대학원 진학자 등이 모두 취업률에 포함된다. 그러나 순수취업률은 전체 졸업자 가운데 이 부분을 뺀 것의 백분율이다. 그래서 서울대의 경우 실제의 취업률은 41%(91년 기준)이다.

** 서울대학교 본부, 서울대학교 교지, '흔들리는 사회진출, 비틀거리는 관악', 《관악》, 1993, 가을, 일곱번째에서 재인용.

1261 명이 일반기업에 취직했다. 사무직 노동자의 대부분을 차지하는 사무·전문·기술직 노동자는 1796 명으로 전체 취업자 가운데 77%를 차지했다.[*]

자본주의가 고도화되고 복잡해지면서 새로운 고급 노동력에 대한 요구는 증대되었다. 이러한 요구가 고등교육 전반에 영향을 미쳤다. 산업의 요구에 따라 대학에서는 과학·기술 계열의 학과들이 우후죽순으로 생겨났을 뿐 아니라, 기업 이윤을 극대화하는 연구에 종사하는 경영학이 최고 인기학과가 되었다. 그 밖에, 이데올로기의 재생산을 위해 사회과학 분야도 꾸준히 증가했다.

정부와 사장들은 고등교육이 생산현장에 더욱 적합하도록 조직해 나아가고 있다. 대학졸업자 인턴사원제와 현장실습 위주의 교육, 그리고 이공계열 학과와의 협력이 갈수록 늘어가고 있다.[**]

종합대학이 이처럼 자본주의의 생산과정에 깊이 통합되어 있다는 것은 자본주의의 순환에 따라서 대학 졸업자들의 취업이 변동하는 것을 보아도 알 수 있다. 짧은 호황과 긴 불황이 반복되는 양상에 들어간 70년대 중반 이후 고학력자들은 광범한 실업군을 형성할 정도가 되었다.

---

[*] 고려대학교 취업정보실, '1994학년도 전기졸업자 직종별 취업현황 총괄', 1995, 2.

[**] 6·1 교육개혁이 발표된 이후 동국대학교는 6학기 졸업제를 도입하려고 한다. 산업현장으로 보낼 노동력이 대학교에 너무 오랫동안 머물러 있는 것은 좋지 않다는 이유이다.

새로운 계급의 출현?

자본주의가 종합대학에 가장 요구하는 것은 노동계급 안에서 새로운 세력, 즉 대학교육을 받은 노동자들을 창출하고 사회화하는 일이다. 새로운 종류의 노동자들을 필요로 하는 자본가 계급은 지난 30년 동안에 지배계급의 자녀들을 교육하는 작은 학교들을 젊고, 고학력의 노동자들을 훈련하고 사회화하는 거대한 공장으로 변형시키도록 했다.*

산업이 발전함에 따라 급격히 증가한 대학생들은 대부분 자신들을 중간계급 지식인 혹은 그저 모호한 특권 계층 정도로 생각했다. 그리고 대학을 졸업한 학생들은 최소한 산업 노동자, 즉 '블루칼라'보다는 특권을 누리게 된다고 생각했다. 이러한 판단 때문에 일부 학생들이 노동자 계급의 투쟁과 자신의 문제를 밀접하게 연결시키지 못했다. 87년 대투쟁 이후에도 대학 졸업자들의 사무직 진출을 두고 '새로운 계급'의 출현, '지식인 중간계급', '인텔리 노동운동의 부상'이라고도 했다.

이러한 생각이 형성된 가장 큰 이유는 지배계급의 분열지배 전략 때문이다. 지배자들은 노동자들을 남성과 여성, 백인과 흑인, 내국인과 외국인, 대학졸업자와 고졸자, 대학원 졸업자와 대학 졸업자 등으로 나누어, 서로 단결하지 못하게 만든다.

그 때문에 노동조건·임금·승진기회가 고졸자보다 유리하다는 이유로

---

* 데이비드 N 스미스, 같은 글, 같은 책, 8쪽.

대졸 취업자들은 노동자 계급이 아니라고 주장하는 사람들이 있다. 대표적으로 서관모 씨는 학생들을 중간계급으로 규정하며, 나아가 대학 졸업자 출신 '화이트칼라' 노동자를 프티부르주아라고 말한다.[*]

그러나 이것은 잘못된 계급 규정이다. 노동조건이나 보수는 계급을 나누는 기준이 되지 못한다. 계급은 사회적 생산에서 차지하는 지위를 의미하는 것으로, 생산수단의 소유·통제 여부에 따라 나뉘어진다. 따라서 노동자 계급은 생산수단을 소유하고 있지 않기 때문에 자본가에게 고용되어 임금을 받고 노동력을 팔아야만 하는 집단을 가리킨다. 그래서 사무직 노동자들을 중간계급으로 보는 것은 적절하지 않다.[**]

---

[*] 서관모, 앞의 글, 앞의 책, 14~30쪽. 대표적으로 그가 생각하는 노동자 계급에 대한 그릇된 시각을 보면 다음과 같다. "교원, 연구원, 기술자 등이 노동자라 지칭된다 해서 이들이 곧 노동자 계급=프롤레타리아인 것은 아니다." 그의 책에서도 나와 있듯이, 대졸 전문기술직의 피고용자는 그 절반 이상이 교원인데 이들이 노동자 계급이 아니라면 무엇이겠는가? 그는 "화이트칼라 노동자 전체를 노동자 계급에 귀속시킬 수 없"으며 "이는 명백히 우익적인 입장"이라고 지적한다. 그러나 그가 말하는 교사 노동자들과 공공부문 노동자들을 노동자 계급이 아니라고 하는 것은 우익적인 입장이다. 가장 주목할 만한 것은 "편의상 평사무원 중 대학졸업자는 중간계층에 고졸자는 노동자계급에 귀속시켜도 무방할 것이다."와 "화이트칼라 노동자를 구성하는 또 하나의 중요한 집단인 인텔리집단은 말할 것도 없이 소부르주아지에 귀속되어야 한다." 그리고 "현단계 중간층 운동의 주체는 사실상 인텔리층(학생)이라고 할 수 있다."는 말이다. 분명한 것은, 학생과 학생들의 미래인 화이트칼라 노동자들을 노동자 계급이 아니라고 여긴 데에는 이와 같은 학자들의 그릇된 생각도 한몫 했다.

[**] 크리스 하먼, 《오늘날의 노동자 계급》, 갈무리, 52쪽. 크리스 하먼에 의하면 "실제로 화이트칼라 고용은 세가지의 서로 구별되는 계급 위치들을 포함한다. 한쪽 극단에는 상급 경영자들과 관리자들이 있다. 이들은 높은 봉급을 받는

4·19혁명 당시 교원노조를 비롯한 사무·언론직 노동자들의 투쟁을 프티부르주아 투쟁이라고 할 수는 없다. 80년 광주 혁명 당시 시민·학생대책위에 참여한 노동자들은 그 직종이 서비스와 사무, 전문·기술직이었다. 이들을 중간계급으로 볼 수는 없다. 87년 투쟁에 동참한 거리의 '넥타이 부대'를 중간계급으로 볼 수는 더더욱 없다.

사무직 노동자들의 임금과 노동조건도 열악하기는 마찬가지이다. 더욱이 사무직 노동자들이 1975년을 기점으로 해서, 연도에 따라 기복은 있지만, 산업노동자의 증가 속도보다 훨씬 빠르게 증가했지만 그들의 노동조건은 80년 이후로 나아지지 않았다.[*] 심지어 일부의 경우에는 공장노동자들과 다를 바가 없거나 더 못하다. 오늘날 사무실은 이윤의 실현과 극대화를 위해 엄청나게 많은 칸막이로 나뉘어져 있는 하나의 거대한 공장일 뿐이다.[**]

———

자본가계급의 구성원들이다. 그리고 다른 쪽 극단에는 사실상 노동자 계급의 구성원인 화이트칼라 피고용자들이 있다. 이들은 학교 교사, 간호원, 설계가, 연구 기술자, 사회복지 노동자 등이다. 그리고 이 사이에 전문직, 경영직 그리고 관리직 피고용자들이 부르주아와 프롤레타리아 사이에서 양극화되어 있다. 이들이 바로 신중간계급이다." 그러나 이 글에서 말하고자 하는 바는 대학졸업자들이 고용사장이나, 회사의 임원 혹은 회사의 제반 문제에 대해 결정권을 갖고 있다는 의미도 아니고 신중간계급이라고 주장하는 것도 아니다. 다만 화이트칼라 가운데는 다수는 임금 노동자들이고 그 반대편에 소수의 자본가들이 있다는 것이며, 그 사이에 부장과 같은 동요하는 층이 있다는 의미이다.

[*] 그렇다고 산업노동자들의 중요성이 감소했다는 것은 아니다. 오히려 그 중요성은 여전히 유의미하다. 사무직 노동자들이 급격하게 성장하였기 때문에 다른 어느 때보다도 노동자들이 사회를 통제하고 또 사회의 물질적 부를 통제할 수 있는 가능성이 높아졌다.

[**] '애국적 사회진출 운동의 활성화를 위하여', 《전대협》 150쪽. "실제로 50, 60년대

이처럼 학생들이 장차 노동계급의 일부가 된다는 점은 사회주의 운동에서 매우 중요한 의미를 갖는다. 그것은 우리편의 힘이 그만큼 증가하였다는 것을 의미하기 때문이다. 또한 학생들이 노동자 투쟁에 연대할 수 있는 가능성이 더 증대했고 또 필요하다는 사실이다. 달리 말하면 학생운동이 학생들의 일상적 이해뿐 아니라 노동계급의 일상적 문제에 대해 지금보다도 훨씬 많은 관심과 노력을 경주할 수 있는 가능성이 존재하게 되었다.

'애국적 사회진출'과 '진보적 사회진출'이 학생들 사이에서 논의되고 있는 것만 보더라도 학생들에게 노동자 계급의 정치를 주장하는 것이 얼마나 중요한가를 알 수 있다.

(중략)

학생과 사회주의를 위한 투쟁

(중략)

학생들의 투쟁은 그 어느 때보다도 노동자 투쟁과 밀접한 관련을 맺고 있다. 이 나라 학생들은 노동자 운동의 일부가 되어서 노동자

생산직과 사무·전문·기술직 임금 비율이 100 대 270이었으나 70년대에는 100 대 220, 80년에는 100 대 170, 90년에는 100 대 140으로 계속 축소되고 있습니다." 이것은 평균치를 나타내는 것이기 때문에 실제로는 더욱 비슷해졌다. 10년 근속 사무직 노동자의 임금은 숙련노동자의 평균임금보다 조금 낮을 것이다.

투쟁을 지지하며 함께 싸워왔다. 서방에서 68년 투쟁과 "최저임금 삭감"에 반대하는 학생들의 투쟁은 노동자 투쟁을 촉발하고 그들과 함께 연대하는 데 중요한 역할을 했다. 작년 지하철 투쟁 때 함께 싸 웠던 학생들과 올해 한국통신 투쟁에 연대하려는 움직임은 너무도 모범적인 것이다.

학생들의 투쟁이 이처럼 노동계급의 투쟁을 지지·지원하는 방향으로 나아갈 때, 착취 체제를 무너뜨릴 수 있는 가능성은 더 커진다. 그러나 학생들만의 투쟁으로 이것은 불가능하다. 투쟁체 건설을 통해서 일시적으로 연대하는 것도 중요하지만, 노동계급에 대한 연대 방향이 더 중요하다. 또한 학생들과 노동자들이 동등하게 연합한다는 생각도 현실에서는 전혀 합당하지 않다. 87년 7~9월의 투쟁은 학생들의 투쟁과 노동계급의 투쟁이 사회적 위력면에서뿐 아니라 집단(계급)의식 변화와 계급세력 관계의 변화에서 다르다는 것을 보여 주었다.

지배자들이 노동자와 학생을 전체로 보면서 대응하기 때문에 우리도 전체적인 관점을 갖지 않는 한 대응하는 데 한계를 가지게 된다. 학생들이 노동자 운동에 대한 지지·지원을 해도 그만 안해도 그만인 것으로 생각하는 것에 대한 하나의 경종이 있었다. 작년 전기협·전지협 파업이 벌어졌을 때, 김영삼 정부는 공권력을 투입하는 것 이외에 다른 방법이 없었다. 공권력 침탈이 있었고, 전국의 다른 사업장에서 철도노동자들의 파업에 온신경을 기울이고 있었던 그 때에 한총련은 농활을 결정했다. 매우 소수의 학생들만이 노동자 투쟁과 함께 하는 모범을 보여주었다. 그 결과는 너무도 명백했다. 노동자 운동의 군사적 패배는 학생운동에 대한 공격을 준비하고 있었다. 지하철 노동자들이 군사적으로 패배하자, 저들은 한총련에 대한 주사파 마녀사냥을 시작하였다. 우리는 종종 저들이 노동자들의 투쟁을 가로막기 위해서 학생들을 탄압하는 전국적인 관점을 보고는 놀라기도 한다.

자본주의 사회에서 살고 있는 모든 억압당하는 모든 사람들은 모두 하나의 전쟁을 통해서만 해방될 수 있다. 자본주의에 대항한 노동계급의 투쟁만이 노동자 계급을 해방시킴과 동시에 억압당하는 사람들은 해방시킬 수 있는 가능성을 열어 놓는다.

비록 학생들이 노동자들에 비해서 사회비판적 의식을 빠르게 흡수할 수 있는 장점이 있고 빠르게 행동할 수 있다고 하더라도 그것이 자본주의, 즉 이윤체제를 멈추게 하거나 끝장내는 것은 아니다.

학생 투사들이 다음과 같은 두 가지를 염두에 두면, 혁명적 사회주의로 다가서는 것은 훨씬 가능한 일이 된다. 첫째, 학생들만의 사회주의는 없다. 따라서 학생들은 노동자 계급의 사회주의를 향한 투쟁에 지지·지원하는 것이 자신의 임무이다. 이러한 가능성은 지금도 풍부하며, 앞으로 더욱 확대되어야 한다. 둘째, 사회주의를 향한 투쟁은 중앙집권화된 조직을 필요로 한다. 따라서 나이와 성별, 직업과 학력을 떠나서 사회주의 운동에 동의하는 모든 사람들이 지금 당장 결합해야 한다. 그리고 그러한 노력을 확대하는 것만이 다가오는 혁명의 순간에 진정한 승자가 될 수 있다.

대학생 회원이 활동하는 환경에 관해

시장경제를 비판한 경제학 책치고 경이적인 베스트셀러가 된 《그들이 말하지 않는 23가지》에서 지은이 장하준은 신자유주의자들이 마치 상식인 양 단언하는 말, 곧 "지식이 부의 주요 원천이 되는 이른바 '지식 경제'가 출현하면서 교육, 특히 고등 교육은 번영으로 가는 열쇠가 되었다"는 주장이 실제로는 참이 아니라고 비판한다(237~251쪽). 교육은 경제 성장과 밀접한 관계가 없다는 것이다.

이 상식 파괴적 주장은 기계화가 고도로 진행된 경제에는 들어맞는 듯하다. 하지만 그러기 전까지는 교육은 자본주의 경제에 중요했다.

최일붕. 2011년 3월 당시 최일붕 노동자연대 운영위원이자 임시·공동 학생조직자가 학생 회원들을 대상으로 한 강연 내용이다.

자본주의 하 대학의 성격

자본주의 사회에서 교육 제도는 생산에 필요하다고 지배계급이 간주하는 기능들을 교육하기 위해 필요하다. 그리고 교육 제도의 변화는 특정 시점의 그러한 경제적 필요를 충족시키기 위해 일어난다.

대규모 산업과 기술 혁신이 일어나자 노동자들도 일정 수준의 계산 능력과 문자 해독 능력이 필요해져 교육 기관은 이를 가르쳐야 했다. 1960년대쯤에는 고등 교육 과정에서 과학, 기술공학, 컴퓨터 프로그래밍 등도 가르쳐야 했다. 이제 대학은 더는 전처럼 지배계급과 상층 중간계급의 자녀들만 다니는 곳이 아니고 중·하층 중간계급의 자녀들과 심지어 일부 노동계급의 자녀들도 다닐 수 있게 됐다. 그러나 마르크스주의 고전의 반열에 오른 해리 브레이버먼의 《노동과 독점자본》(원저: 1974년)이 입증했듯이, 기계화가 상당 정도 진척되자 기계가 지식과 기술을 상당 정도 대체하게 돼, 이전까지 숙련 노동자가 하던 일을 이제는 비숙련 노동자가 할 수 있게 된다. 장하준이 드는 사례처럼, 덧셈을 못 하는 점원도 바코드 기계가 그 일을 대신 해준다. 사실, 일찍이 1백50년 전에 마르크스는 《자본론》에서 자본 축적이 진척될수록 구체적 노동이 소외되고 추상적 노동(단순하고 순수한 노동 그 자체)이 득세한다고 지적한 바 있다. 그래서 기술적으로 발달한 경제일수록 교육받은 사람이 덜 필요해지는 것이다.

이처럼 선진 자본주의 경제에 그토록 많은 고학력자가 필요하지 않은데도 대학 진학 희망자가 느는 이유는 장하준이 지적하듯이

"피교육자들이 얼마나 고용에 적합한지 순위를 매기는"(247쪽) 또 하나의 중요한 기능이 교육에 있기 때문이다. 고용주들은 대졸자가 고졸자보다 더 똑똑하다는 생각을 갖고 있다. 그래서 너도나도 대학에 진학하려 하는데, 이는 마치 영화관에서 화면을 더 잘 보려고 "한 사람이 서기 시작하면 그 뒷사람도 따라서 서게 되고, 그러다가 일정 비율 이상의 사람들이 서면 결국 모두가 서서 영화를 보지 않으면 안 되는 상황"과 흡사하다(248~249쪽).

그러나 '학력 인플레' 운운하며 너무 많은 사람들이 대학에 가려해 문제라거나 대학 교육이 쓸모 없다고 주장해서는 안 된다. 그런 주장은 순전한 경제 논리(사실상 자본주의 경제의 필요라는 관점)에서 도출된 주장이다. 그러한 조야한 실용주의적 견해와 달리 사람들은 교육에서 힘들고 단조로운 삶으로부터의 해방과 인간 잠재력 실현을 기대한다. 이 점에서 교육은 권리다. 그것도 한평생 추구할 수 있어야 하는 권리다. 그러므로 교육은 무상이어야 한다.

무상 교육을 지지한다 해서 등록금 인상 반대 투쟁이 하찮거나 무의미한 건 아니다. 결코 그렇지 않다. 궁극적으로 등록금을 없애고자 하는 입장에서 볼 때 등록금 인상은 그와 정반대 방향의 변화이거니와, 등록금 폐지에 훨씬 못 미치더라도 평범한 가정 배경의 대학생들의 불만과 고충을 해결하려 애써야 한다. 등록금이 몇 년 간 누적적으로 오르면 노동계급과 서민의 자녀들은 대학에 가지 못하거나 재학 중 휴학을 하며 입대 또는 알바를 해야 할 수 있다.

교육 비용과 관련한 다른 당면 요구들은 다음과 같다. 곧,

- 교육 재정 삭감 반대: 부자 감세를 철회하거나 스텔스 헬기를

들여오지 않으면 교육 재정은 충분하다.

- 등록금 차입용 대학생 부채의 탕감: 대출을 학비 보조금으로 대체.
- 강의 대형화 반대: 비정규직 교수 정규직화.
- 인턴 고용 반대: 정규직 취업에 도움은 안 되고 알바만 늘리는 인턴 대신 공공부문 일자리를 확충.

교육 비용 문제뿐 아니라 경쟁하게 만드는 평가 제도도 문제다. 대학 입학 경쟁 제도에 이어 이 제도도 노동력 인구 내에 위계를 만들어 내려는 지배자들의 의도를 반영한다. 점수를 매기는 시험과 텀 페이퍼(리포트) 등 무한 경쟁을 하게 만드는 평가들은 대학에서 소외와 파편화·원자화를 강화하고, 학생들이 받는 스트레스의 가장 주된 요인이다. 특히 상대평가제도는 거의 모든 수강생이 'A'를 받을 만큼 학업을 잘 수행했든 아니면 거의 모든 수강생이 'C' 이하만을 받을 만큼 학업 수행을 잘 못했든 관계 없이 각 성적 등급마다 일정 비율의 학생 수를 할당하는 불합리하기 이를 데 없는 평가 방식이다. 이는 자본주의의 경쟁 이데올로기에 학생들을 억지로 꿰맞추는 짓이다. 영국의 한 대학 교육 연구소의 연구 결과가 입증하듯이, 계속 시험에 시달리다 보면 학생들은 어느 새 자신감이 떨어지게 된다.

물론 경쟁하게 만드는 평가가 아닌, 평가 그 자체를 반대할 수는 없다. 돌팔이 의사가 수술 칼을 휘두르게 할 수 없지 않은가. 또, 엔지니어를 자칭하는 무자격 기술자가 고층 빌딩을 설계하게 할 수 없다. 문제는 평가의 방식과 목적이다. 필요한 기량 습득 여부의 측정을 넘는, 경쟁에 의한 평가는 특권을 계급 권력의 반영이 아니라 선천적 능력의 반영인 것처럼 보이게 만들어, 평범한 민중의 일원은 그가 무능력해서 그렇다는 지배 이데올로기를 정당화한다. 경쟁은 개인들이 인정사정없이 냉혹하게 사리사욕을 추구하게 만들므로 사회주의자의 가치관과 양립할 수 없다. 사회주의자의 가치관으로는, 집단은 소속 개인들이 전반적 지식을 익혀 교양 있는 성원이 되는 것을 돕고자 집단적 노력으로써 그들에게 전인 교육을 제공해야 한다. 관련자 모두가 동참해 협력적 분위기 속에서 지속적 공동 학습 과정으로서 하는 평가, 즉 협동, 실험, 경험적 인식, 자기표현 등에 의한 평가와 달리 경쟁에 의한 평가는 교육 과정이나 학습 과정을 일그러뜨린다.

자본주의적 교육과 대조적으로, 1917년 10월 혁명 이후 1920년대 말 스탈린주의 관료의 반혁명 전까지(이 시기에 러시아 노동계급의 자체 활동 수준은 다른 어느 나라와도 비교할 수 없을 만큼 높았다) 혁명 러시아에서 시행된 교육 제도는 매우 민주적이었다. 시험이 없어졌다. 대학 교육까지 무상이 됐다. 그리고 학교는 학생과 교사와 보조 직원들로 이뤄진 학내위원회가 운영했다. 교사의 구실은 당시 교육학자 핀케비치가 한 말을 빌면 "조직자이자 조수이자 강사이자 선배 동지이지, 상관이 아니"었다. 이런 해방적 분위기에서 꽃핀 마르크스주의 사상은 오늘날의 최상의 마르크스주의 사조에 조금치도 뒤지지 않고 오히려 더 낫다.(대표 저작이 국역된 저술가만 꼽아도 경제학자 아이작 일리치 루빈, 법학자 예브게니 파슈카니스, 언어철학자 발렌친 볼로쉬노프, 심리학자 레프 비고츠키 등이 있다.)

자본주의는 이런 민주적 교육을 제공할 수 없다. 지나치게 이상적으로 그려지고 있는 핀란드 교육조차 1920년대 소비에트 러시아 교육의 민주성에 못 미치는데다 그나마 최근에는 경제 위기 상황에서 대학들의 통폐합과 법인화 계획이 발표됐는데, 내년에 대학들이 법인으로 바뀌면 관료주의와 학문 자유 위축이 우려된다(교육개발원). 벌써 인문학 과목들이 축소되고 있다(대표적 사례로 탐페레 대학교). 법인화를 앞두고 외부 기부금을 걷기 시작했는데, 거액 기부자들이 자신의 기부금이 인문학에 쓰이는 것을 원치 않기 때문이다. 심지어 지난해 12월 핀란드 교육문화부 장관은 "핀란드의 모든 폴리테크닉 대학들이 하나의 주식회사로 묶여야 한다"고까지 주장했다. 이는 재정이 하나로 통일되는 것을 뜻하는 것인데, 그리 되면 대학 예산은 성과에 따라 배정되게 된다. 그러면 성과를 높이기 위해 각 대학은 학생들에게 빨리 졸업하도록 압박을 가하게 되고, R&D(연구·개발) 실적을 올리려고 교수와 학생들을 압박하게 될 것이다. 중등교육 현장에서도 교사들은 학급당 학생 수가 늘어나고 있어 학교 수업 환경이 나빠지고 있다고 불평하고 있다(〈헬싱긴사노맛〉, 2010.11.22). 결정적으로, 핀란드에서도 학생의 가정 배경, 특히 어머니의 교육 수준이 그 학생의 학업에 큰 영향을 미쳐, 교육적 성취가 대물림되는 경향이 있음이 드러났다(핀란드 통계청 발표. 〈헬싱키 타임스〉 2010.08.31에 보도. 교육개발원 자료 재인용).

핀란드 교육이 이럴진대 한국은 말할 나위 없겠다. 특히 경제 위기가 해소되지 않는 상황에서 말이다. 교육은 상품화돼 있다. 바로 학위가 상품이다. 이 상품의 경쟁력을 높이라며 앞으로 학생과 교수들은 갈수록 더 옥죄임을 당하고 삶이 더 팍팍해질 것이다. 정권이 진보진영 지도자들의 바람대로 바뀐다 해도 처음 얼마 동안만 이완되는 듯하다가 이내 조여올 것이다. 세계 자본주의 체제 자체의 작용의 일부이기 때문이다. 물론 그렇다고 해서 한국 정부에게 면죄부가 부여될 수 없다. 노무현처럼 "운명이다" 하고 말하는 것은 구차한 변명일 뿐이다. 한국 정부든 다른 어떤 정부든 단순히 자본의 꼭두각시일 뿐인 것이 아니라, **자본주의적 국가의 사무 행정 집행부로서** 그 나름의 독자적 선택을 하는 것이기 때문이다.

우리는 교육 제도뿐 아니라 교육의 내용도 진보적으로 만들기 위해 애써야 한다. 비록 교육이 권리가 돼야 하지만, 자본주의 하에서 교육의 내용은 결코 중립적이고 공정한 것, 공평무사한 진리 추구 과정이 아니다. 언제나 자본주의 하의 교육에는 실용적 목적뿐 아니라 이데올로기적 목적도 있기 때문이다.

한편으로 자본주의 하의 교육은 실용적이어야 한다. 대학 교육은 자본주의의 입장에서 볼 때 유용한 사실들과 통찰들을 제공해야 한다. 그래서 대학은 관리자, 기술자, 숙련 노동자 등을 훈련시키는 일 외에도 기업과 군대를 위한 조사·연구도 수행해야 한다.

그러나 이러한 실용적 목적뿐 아니라 이데올로기적 구실도 고등교육은 수행해야 한다. 지배계급의 사상이 지배적 사상이 되도록 하는 데서 대학의 구실은 중요하다. 경쟁은 경제의 효율을 높인다는 등, 부자가 부자인 것은 그들이 투자 리스크를 감수하기 때문이라는 등, 지배자 없는 사회는 있을 수 없다는 등 하는 자본주의적 관념을 전파하는 데서 대학은 중요한 구실을 한다. 그래서 대학 강의는 자본주의 체제의 근본적 성격과 본질을 되도록 모호하게 제시해야 한다. 자본주의 사회의 부당함을 얼버무려 변호해야 하고, 더 나아가 사회의 결함을 그 희생자들 탓으로 돌려야 한다. 대학생 회원들이 학교에서 배우는 역사학이나 사회과학 분야들을 풍미하는 주류 사조思潮들(대표적 사례 몇 가지만 들면, 경제학에서 한계효용학파, 사회학에서 기능주의 경향과 실증주의 경향과 포스트모더니즘 경향, 정치학에서 합리적 선택 이론, 역사학에서 포스트모더니즘 경향 등등)이 특히 그렇다.

그러나 이조차 대학 당국이 박해하려 할 때 우리는 학문의 자유를 내세우며 그것을 지켜내야 한다. 가령 2009년 이명박 정부가 제2의 촛불운동을 예방하기 위한 마녀사냥의 일환으로 한예종에서 심광현 교수를 쫓아내려 했을 때 우리는 그 학술 마르크스주의 교수를 방어했다(비록 역부족으로 실패했지만). 이와 대조적으로, 1987년 운동의 여파 속에서 1988년 서울대학교 학생들은 운동을 벌여 김수행 교수를 이듬해 그 학교 경제학과 교수로 임용케 하는 데 성공했다. 다함께 회원들은 강의나 교과의 내용이나 평가에 결코 무관심해서는 안 된다. 특히 역사학이나 사회과학 분야를 전공하는 회원들은 마르크스주의적으로 자기 전공 분야에 접근하는 일을 해야 한다. 1968년 운동 과정 속에서 서구 좌파들은, 그리고 1987년 운동의 여파 속에서 한국 좌파들은 이런 일들을 경시하지 않았다. 비록 그 결과로 몇 년 뒤 좌파 활동가 출신자가 대학에서 강사나 교수 자리를 얻어 흔히 무미건조하고 활기 없을 뿐 아니라 무엇보다 혁명적 실천에 관한 얘기가 빠진 학술적 마르크스주의를 가르치기도 했지만, 진정한 마르크스주의의 세계관으로 사회와 역사, 인간 사고와 의식 등을 재조명하는 것은 더 효과적인 실천을 위한 이론을 발전시키는 데 큰 도움이 된다.

지금까지 보았듯이 자본주의 하의 교육 제도는 주로 체제를 위한 기능을 수행한다. 그러므로 학생이 아니라 체제의 수혜자인 자본가들이 세금을 더 많이 내어 교육 비용을 대야 한다. 학생은 대학을 졸업하면 전부는 아니지만 대부분 교사, 간호사, 사무직·영업직·서비스직의 화이트칼라(다양한 중하급 관리 직원)들이 된다. 대학 졸업자 중 극소수만이 경영진과 임원 등 고위 관리직 종사자나 고소득 전문직 종사자가 된다. 물론 적잖은 소수는 중간계급에 편입될 것이다. 그러나 대부분은 장차 노동계급에 편입되게 된다. 그러므로 학생이 아니라 부자들이 교육 제도의 재원을 제공하도록 투쟁으로 압박해야 한다.

대학생이 처한 상황

이 투쟁은 때로 폭발적으로 분출할 수도 있다. 특히 현 시기 자본주의의 탐욕과 모리배짓과 불평등 그리고 주류 정치의 부패와 무능이 경제 위기가 다시 심화하는 상황과 맞물리면 가뜩이나 소외로 억압돼 있던 청(소)년과 학생의 마음에 불을 지를 수도 있다. 2008년 촛불 운동이 이런 요인들을 배경으로 분출했다. 촛불 운동을 통해 급진화 효과가 나타나기 전까지 청년 학생들은 정치적으로 무관심한 듯했다. 이것은 주류 정치로부터의 배제와 어떤 대안에 대해서도 확신이 없는 것을 반영했지만, 또한 쓰라린 반감을 반영한 것이기도 했다. 토니 클리프는 1969년에 이렇게 썼다. "정치적 무관심이라는 개념은 정태적인 것이 아니다. 그 정서의 어떤 발전단계에서 그것은 그와 정반대인 대중 행동으로 눈깜짝할 사이에 바뀔 수 있다. … 전통적 조직들에 대한 믿음을 잃어버린 노동자들은 혼자 힘으로 극단적이고 폭발적인 투쟁으로 나서지 않을 수 없게 된다."

여기서는 2008년 촛불운동에 관해 더 자세히 얘기할 계제가 못되고 그 대신 특별히 대학생의 소외에 관해 논의하고자 한다. 대학생(그리고 더 일반적으로 청(소)년)의 가장 두드러진 조건을 언제나 다 함께는 마르크스가 말한 '소외'(통제력 결핍 상황)라는 용어로 규정했다. 특히 자본주의 하에서 소외는 더할 나위 없이 심화되고 체계적이 된다. 주로 경쟁 때문일 것이다. 집단으로 작업장에 조직돼 있고 투쟁적 노동조합을 통해 조직돼 있는 노동자보다 대학생은 이런 압력을 더 쉽게 느낄 것이다. 특히, 교육에 가장 큰 영향을 미치는 요인인 노동시장의 미래가 자본주의 경제의 위기로 불확실하고 불안정해서 더욱 그럴 것이다. 내가 내 인생을 만들어 갈 수 없다는 느낌이라니!

대학생이라는 사회 집단을 마르크스가 말한 계급으로 규정할 수는 없다. 비록 일부 대학생 개인들이 커피숍 등에서 알바 일을 하는 등 실제로 착취당하지만, 대학생 일반이 착취당하는 것은 아니다. 게다가 적잖은 대학생들이 특권적 배경 출신이다. 그들은 대부분 그 계급적 특권을 물려받을 것이다. 그러므로 대학생을 '예비 노동자'로

부르는 것은 부정확한 주장이다. 어떤 대학생은 장차 지배계급의 일원이 될 것이고, 상당한 소수는 중간계급에 편입될 것이고, 다수는 노동계급의 일부가 될 것이다. 하지만 아직은 이처럼 특정 계급으로 편제되는 것이 확정되지 않은 개인들과 그 집단을 예비 노동자라고 부르는 것은 옳지 않다.

또 어떤 사람들은 대학생 개인들의 가정 배경에 따라 계급 범주를 적용하려 하지만 조야한 시도일 뿐이다. 왜냐하면 최고 부유층 가정이 배경인 대학생은 장차 지배계급에 편입될 것임이 거의 확실하지만, 그 나머지는 대부분 미래가 불투명하기 짝이 없다. 그리고 부유층 가정 배경을 둔 대학생도 그가 대학생인 동안은 생산 과정 속에 포함돼 있지 않으므로 그의 계급에 대해 얘기하는 것은 부질없는 일이다. 게다가 극도로 부유한 가정 배경이 아닌 어중간한 부유층 가정의 자녀는 다른 대학생과 거의 마찬가지 정도로 소외의 영향을 받는다. 심지어 명문대생도 소외에서 자유로울 수 없다. 정도의 차이만 있을 뿐이다.

그래서 자본주의 하에서 대학생은 소외의 징후에 노출된다. 즉, 방황과 사회학자들이 말하는 '정체성 위기', 사상적·정서적 혼돈, 겉돌고 피상적이며 흔히 위기에 처하는 대인관계와 연애, 성性행동과 성모럴의 혼란과 갈등, 부모와의 갈등과 충돌, 술에 빠짐, 가상 세계 속으로 도피하기(인터넷과 게임 중독 등으로 올빼미가 되다), 무력감, 허무주의, 우울 등의 증상에서 자유롭기 힘들다.

희망은 어디에 있는가? 내달쯤 자본주의가 — 따라서 소외도 — 제거될 게 아니라면 우리는 청년기에 무언가에서 희망을 찾아야 한다. 꿈을 꾸고 그 꿈에 도전해야 한다.

그 꿈은 개인적 성공의 길일 수도 있다. 분명 우리 중 누군가는 맘을 고쳐먹고 출세길로 달려가 자본주의적 가치관에서 말하는 성공을 이룰 수도 있다. 그러나 자본주의 하에서 개인주의는 토크빌이 관찰했듯이 이기주의로 나타날 수밖에 없다. 누군가 이기적으로 살기로 했다면 그는 자신이 다함께와 맞지 않는다는 것을 순식간에 깨달을 것이다. 다함께는 정치만 사회주의적인 것이 아니라 지지하는 가치관 자체도 사회주의적이다. 우리가 개인의 자유가 꽃피는 종류의 (진정한) 사회주의 사회를 바란다 해서 우리가 개인주의를 수용하는 것은 아니다. 분명 우리는 북한 같은 독재 체제에 한사코 반대하지만, 개인의 자유가 자본주의 하에서 만개되기는커녕 오히려 질식된다는 것도 안다. 개인의 자유는 오히려 연대와 협력 속에서 실현될 수 있다. 이집트인들은 고문을 일삼은 흉포한 독재자 무바라크를 쫓아낸 혁명 속에서 자유를 만끽하고 있다. 물론 그들 앞에는 앞으로도 또 다른 혁명, 노동자 혁명의 필요성이 기다리고 있지만 말이다. 그래서 레닌은 혁명을 '천대받는 사람들의 축제'라고 묘사했다.

다함께가 고취시키는 가치는 개인주의가 아니라 연대와 협력이다. 우리는 프랑스 대혁명의 기치인 자유·평등·우애(연대)를 흠뻑 수용한다. 그리고 이 각각의 가치가 오늘날에는 자본주의와 충돌하고 있고 그 구현은 오로지 사회주의 사회에서만 이뤄질 수 있다고 믿는다.

그러므로 다함께 회원이 되기로 했을 때 대학생 회원들은 모종의 선택을 했던 것이다. 불가피했던 게 아니다. 동지들은 그저 자기 한 몸 잘 챙기는 데만 신경 쓰지는 말자고, 적어도 사회 변화를 위한 집단적 노력이 어떻게 생겼는지를 맛이라도 보자고 맘먹으며 우리에게 합류했을 것이다.

그때 동지들에게 소외의 근원에 대한 인식은 있었을 수도 있고 없었을 수도 있다. 개인에 따라 다르다. 하지만 모두 소외의 징후·증상을 모면해 보기로 하고 그 방법이라고 자신이 생각한 것들 가운데 하나로 다함께 가입을 선택했던 것이다. 아마 다른 방법들로 여긴 것들(연애, 우정, 인터넷 채팅, 동아리를 통한 취미 활동, 학생회 활동 등) 가운데 두세 가지도 함께 선택했을 것이다.

그러나 이 가운데 언젠가 동지들이 어느 미국 시인의 시구처럼 "숲속에 두 갈래 길이 나 있었고 나는 인적이 드문 길을 택했노라! 그리고 그로 인해 모든 것이 달라졌다고" 말할 수 있(었)을 방법은 오직 하나, 즉 사회를 바꾸기 위한 실천뿐이다. 다른 방법들이 무의미하다는 얘기가 아니다. 즉, 수도사가 되라고 요구하고 있는 게 아니다. 다른 방법들은 모두 이 혁명적 실천에 의해 규정돼야 한다는 것이다. 그러지 않으면 동지들은 모순에 처하게 될 것이다. 가령 대다수 부모처럼 동지들의 친구나 연인이 동지의 사상이나 정치 활동을 반대하는 상황을 가정해 볼 수 있다. 학생회 운동도 사회 자체의 변화가 없다면 다람쥐 쳇바퀴 도는 식이라는 것을 동지들은 오래지 않아 깨달(았)을 것이다. 혁명가로서 학생회 운동에 참여하느냐 아니면 그저 단순한 개혁가로서 학생회 운동에 참여하느냐는 그 운동의 효과는 물론 해당 개인 자신의 사기와 확신을 좌우할 것이다.

많은 청년·학생 회원은 아직 이런 선택에 직면하지 않았을 것이다. 그런 선택을 한 사람조차 나중에 선택을 번복하는 것을 심심찮게 볼 수 있었다. 동지들의 진로는 학업과 취업 분야에서도 열려 있지만, 운동 분야에서도 열려 있다. 이처럼 미래를 향해 열린 상황, 개방성은 사실은 불확실성을 의미할 뿐 아니라 오히려 학생의 불안정한 사회적 조건 — 소외가 그 특징인 — 을 반영한다.

노동자 투쟁의 도화선으로서 학생 투쟁

1980년대 후반 정치 무대의 전면에는 노동계급이 있었다. 그러나 1991년 소련 붕괴 이후 5년 동안은 이 사회세력에게 '죽음'이 선고됐다. 실제로 죽었다기보다는 '선고'를 받은 것일 뿐이라고 보는 게 맞을 것이다. 소련 몰락 이후 좌파는 사상적으로 전향하고 있던 자신의 눈으로 세상을 봤다. 그 전에는 빨강색 안경을 쓰고 봤다면 이제는 파랑색이나 노랑색 안경을 쓰고 봤다고 말하는 게 더 정확할지도 모르겠다.

그러나 1996년 12월 26일부터 1997년 1월 12일까지(연초 신정 연휴 제외) 전국을 뒤흔든 노동법 개정 반대 파업으로 노동계급은 화려하게 '부활했다'. 그 몇 달 전에만 해도 여전히 죽었다고 선언됐던 세력이었다. 그러나 2000년대 10년 동안 이 세력은 다시 사망 선고를 받았다. 이때도 선고를 내린 심판자들은 주로 지식인과 언론이었다. 하지만 민주노총과 민주노동당의 일부 지도자들 자신도 그런 선고에 동의했다는 점이 전과 달랐고, 이 점은 자기 충족적 예언 효과를 일부 냈다.

과연 조만간 노동계급은 대중 투쟁을 벌일까? 무솔리니의 파시스트 감옥에서 순교한 이탈리아 마르크스주의자 그람시는 "투쟁만을 예견할 수 있을 뿐, 투쟁의 구체적 계기들은 예견할 수 없다"고 지적했다. 위기 시기에 일어나는 노동자 투쟁이 대규모일 수 있다는 매우 일반적인 전제 외에 실제로 우리에게 필요한 것은 레닌이 말한 "구체적 상황에 대한 구체적 분석", 특히 현재 노동자의 의식, 조직, 연대, 지도력 등이다.

이 문제에 관해 여기서 상술하기보다는 학생 운동이 노동자 운동의 도화선 구실을 할 공산이 크다는 점을 역설하는 게 더 효과적인 설명 방법일 듯하다. 제1차(1905년) 러시아 혁명 이래 지난 1백 년 동안 거듭 되풀이된 혁명 패턴이 있다. 학생이 먼저 행동에 나서 대규모 시위를 혁명으로 변모시키면 노동자가 그 다음에 나서는 것이다. 물론 1905년 러시아 혁명은 러시아 정교회 사제 가폰이 1월 8일(러시아 달력) 20만 명의 노동자와 그 가족을 이끌고 차르(황제)의 궁전인 동궁冬宮으로 행진하다 경찰의 총격으로 적어도 수백 명이 죽은 '피의 일요일' 사건과 함께 시작했다. 노동자들은 최저임금, 8시간 노동, 언론·출판·결사의 자유, 정치수 석방, 단결권(노조결성권), 제헌의회 등을 요구하는 청원서를 제출하려 했다.

그러나 '피의 일요일'의 전사前史는 별로 알려져 있지 않다. 1904년 말, 러일전쟁에서 러시아측의 패색이 짙어진 가운데 내무장관이 암살당하는 사건이 일어나는 등 정국이 흉흉해지자 교사 모임과 의사 모임이 열렸으나 이내 경찰에 의해 강제 해산당했다. 그러자 지방의회는 실권이 있는 국민의회(국회) 소집을 요구하는 결의안을 통과시켰다. 주로 자유주의적 지식인들인 입헌민주당은 사법개혁 40주년 기념식을 표방하는 연회를 11월 말부터 26개 도시에서 잇달아 열었다. 그들은 이 연회에서 대담하게도 '독재 타도', '제헌의회 설립하라' 등의 구호를 외쳤다. 이에 호응해 수도인 상트 페테르부르크와 제2도시 모스크바의 대학생들이 잇달아 시위를 벌였고, 이 시위들은 흔히 경찰과의 물리적 충돌로 끝났다. 이 상황이 바로 '피의 일요일'까지 계속됐다.

이 상황에서 노동자들은 하나의 계급으로서는 전혀 구실을 하지 못했지만, 개인들로서는 대학생 시위에 동참했다.(우리 나라의 1987년 6월항쟁이 이랬다.) 1904년 11월 28일 학생 시위가 경찰 공격으로 유혈 사태로 번지자 그 날 저녁 35명의 노동자들이 가폰 신부의 사택을 방문해 학생 시위대 옹호 탄원서를 내자고 제안했다. 독재 체제의 무지막지한 탄압 상황에서는 탄원서 제출 정도의 온건한 행동조차 큰 용기가 필요한 법이다. 토의 과정에서 더 일반적인 요구들을 포함하는 청원서를 제출하자는 의견이 대세를 이뤘다. 가폰 신부가 초안을 작성하기로 하고 모임은 해산했다. '피의 일요일'의 전야는 지식인들의 반항에 고무된 대학생들이 주인공이었던 것이다.

1905년의 주인공은 노동자들로 바뀌지만, 학생들도 능동적으로 움직여, 단순한 조연이 아닌 거의 공동주연급 구실을 했다. 그래서 대학생들은 자신의 학교를 노동자 집회 장소로 기꺼이 제공하고자 했다. 그해 가을 노동자들이 소비에트(평의회)를 개최했을 때 개최 장소는 대학 캠퍼스였다. 새 학기가 시작되는 9월 15일 직전에 정부가 양보 조치의 일환으로 대학들에 자율권을 허용했기 때문이다.

노동자들은 공장 일이 끝나는 대로 대학교로 왔다. 10월 11일 상트 페테르부르크 대학교에는 1만 명의 학생과 노동자 등등이 모였는데, 그 중 철도 노동자들은 만장일치로 파업 가결 투표를 했다(트로츠키). 13일 저녁에는 3천 명의 인쇄 노동자들이 그 대학교 카페테리아에서 촛불 집회를 가졌다. 그 날 그 대학교 공과대학 건물에서 상트 페테르부르크 소비에트 제1차 대회가 열렸다. 노동자 평의회 회의가 열리는 강의실과 이웃한 강의실에서는 학생 대표자들도 회의를 열어 노학연대를 통한 차르 타도를 결의했다. 모스크바 대학교는 개강 첫 주에 수업 참석자가 절반도 채 안 됐고, 나머지는 캠퍼스를 가로질러 행진하면서 혁명적 노래들을 부르며 범생이들의 수업을 방해했다.

혁명적 노학연대의 패턴은 지난 세기 중엽에도 재연됐다. 1956년 헝가리 혁명의 불씨는 그해 4월 작가연합의 후원을 받아 대학생들이 주도해 결성한 페토피 서클이었다.(이 단체명은 1848년 헝가리 혁명에서 중요한 구실을 한 시인의 이름을 따온 것이다.) 이 서클은 교사, 의사, 교수 등을 끌어들이며 지적 정직성과 정치적 자유를 주제로 몇 차례 옥내 집회를 열었는데, 여름에 부다페스트 대학교에서 열린 그들 집회의 참가자 수가 수천 명이 넘어 경찰 저지선을 무너뜨리고 옥외로 나오면서 다른 대학들에서도 잇달아 집회·시위가 벌어졌다. 이 학생 시위는 노동자 파업을 유발했다. 마침내 10월 23일의 대규모 학생 시위는 부다페스트 시내 거리 행진으로 이어졌는데, 직장을 마치고 귀가하는 많은 노동자들이 가세했다. 시위대는 라디오 방송국으로 향했는데, 그 앞에서 경찰의 기관총 공격을 받았다. 혁명이 시작됐던 것이다. 이후 상황은 노동자 평의회(소비에트)의 등장으로 대표되는 노동계급의 자발적 활동이 유력한 특징이 되면서 전개된다.

혁명에는 조금 못 미쳤지만 전세계적인 1968년 반란의 진원지는 파리 대학교 학생 시위였다. 이 시위는 당시로선 사상 최대 규모였던 1천만 노동자 총파업과 공장 점거로 이어졌다. 노동조합 운동을 지배한 공산당은 사태가 아래로부터의 노동계급 권력 창출과 따라서 '이중 권력' 상황의 전개로 흐를 조짐이 보이자 운동에 브레이크를 걸었다.

1973년, 6년간 잔인한 탄압을 일삼은 파파도풀로스 군부 독재를 무너뜨린 그리스 반란은 11월 15일 약 5백 명이 참가한 아테네 공대 학생 시위로 시작됐다. 쟁점은 정권의 학생회 부정선거 개입과 경찰 만행이었다. 아테네 공대생들은 학교 건물 하나를 점거해 농성에 돌입했다. 12시간도 채 안 돼 다른 대학 학생들도 가세해 학생 시위대는 수천 명으로 불어났고, 그들이 외친 구호는 더 정치적이고 더 급진적이 됐다 ― '독재 타도', '미국은 나가라', '총파업', '자본을 분쇄하라', '민중이여, 혁명의 때가 왔다' 등. 다음날 정오 청소년과 수천 노동자들이 가세했다. 곧 점점 더 많은 청소년과 노동자들 ― 건설 노동자, 버스 기사 등등 ― 이 동참해 시위대는 30만 명 규모로 불어났다. 당시 아테네 인구가 약 87만 명이었으므로, 유아와 노약자를 제외하면 아테네 시민이 대부분 거리로 나온 셈이다! 정권은 1967년 군부 쿠데타에 뒤이은 패배로 사기 저하돼 있던 두 개의 공산당을 설득해 시위의 기세를 가라앉히려 애썼다. 특히 아테네 공대생 점거 농성을 깨뜨리려 애썼다. 하지만 농성자들 사이에 섞여 있던 혁명적 좌파 학생들의 주장으로 '조율된 후퇴'를 주장하는 공산당들의 개혁주의적 입장은 먹히지 않았다. 공산당들은 군부 정권과 보수 정치인들의 화해를 뜻하는 '국민 연합' 정부를 주창했지만, 이것도 시위대에 받아들여지지 않았다.

군부는 11월 16일 늦은 밤 탱크와 장갑차, 특수부대를 시내에 투입해 시위 진압 경찰과 함께 시위대에 발포하기 시작했다. 노동자와 학생 들은 거리를 포기하지 않고 바리케이드를 쌓고 반격을 했으며, 대학생들도 아테네 공대 농성장을 포기하지 않았다. 물론 다음날 새벽 3시경쯤 이 저항은 분쇄됐다. 군대는 공대 농성장 농성자 중 수십 명을 살해했다. 학살은 밤새도록 인근 거리에서도 자행됐다.

군부 정권은 물리적으로는 일시 승리했지만 정치적으로는 치명상을 입었다. 그리스 지배계급의 일부는 군부가 계속 집권하면 아테네 공대 점거 농성 같은 사태가 다시 일어날 거라고 예상했다. 이런 압력을 의식한 군부 정권은 키프로스 정부를 전복하고 키프로스를 그리스에 합병했다. 그러자 키프로스에 지정학적 이해관계가 있는 터키 군부가 키프로스를 침공했다. 그리스 군부는 국내의 불만을 외적에게로 향하게 할 절호의 찬스를 잡았다고 생각했다. 그러나 애국주의 선풍은 전혀 불지 않았다. 오히려 군 지휘관들은 징집 예비군들에게 무기를 나눠줄 엄두도 못 냈다. 군복 입은 학생과 노동자인 그들이 총구를 거꾸로 돌릴까 두려워서였다. 다시금 대학생의 점거 농성과 학생·노동자·민중의 거리 시위가 시작됐다. 이번에 군부는 굴복해야 했다. 보수 정치인조차 돌아서는 등 통치의 정치적 조건이 존재하지 않았기 때문이다. 트로츠키 말대로 "총검을 휘두를 수는 있어도 그 위에 앉을 수는 없다." 군부는 보수 정치인들의 정부에 정권을 이

양했다.

이에 자신감을 얻은 노동자들이 사용자들과의 싸움에 나서기 시작했다. 몇 달 동안 파업 물결이 일었다. 요구는 주로 임금 인상과 노조 결성의 자유였다. 공장 점거 중인 노동자들은 행진을 위해 공장 문 밖으로 나가다 흔히 경찰과 충돌했다. 노조와 사회주의 정치 조직들이 우후죽순처럼 생겨났다. 광범한 대중의 의식이 좌경화하고 있었다. 거리와 직장에서 집단 행동이 활발했다.

한국판 '1968년'인 1987년 6~9월 대중 투쟁은 두루 알다시피 6월항쟁으로 시작됐다. 6월항쟁은 급진적 포퓰리즘(민중주의) 성향의 종교인·문인·변호사·지식인 등으로 이뤄진 민주헌법쟁취국민운동본부(국본)이 정치적 상징 구실을 하고, 좌익계 대학생과 청년이 거리 현장에서 집회와 농성 등을 조직한 운동이었다. 그들은 대학의 각급 학생회, 대학 동아리, 학외 정치 서클, 교회 청년부 등으로 조직돼 있었고, 이 조직들이 기층에서 집회와 시위를 준비했었다. 물론 6월항쟁의 비교적 초기부터 노동자들이 참가했다. 혹심한 국가 탄압으로 (국가로부터)독립적인 노동조합이 거의 없다시피 했으므로, 노동자들은 개인으로서 시위에 동참했다. 서울 도심의 시위에서는 사무직과 서비스직 노동자들이 주종을 이뤘으나 공단(공업단지)을 끼고 있는 일부 지방 도시들에서는 공장 노동자들이 시위 참가 노동자들의 주력 부대를 이뤘다. 그러므로 시위의 사회적 구성이라는 면에서 6월항쟁은 학생이 주도하고 노동자가 개인들로 참가한 운동이었던 것이다. 6월항쟁이 6월 29일 1라운드 승리를 얻자 엿새 뒤부터는 노동자들이 하나의 계급으로서 행동해 파업에 들어가기 시작했다. 6월항쟁

승리로부터 얻은 자신감 덕분이었다. 노동자들의 파업 운동은 8월 18일께 최고조에 달해, 전국적으로 1백만~2백만 명의 노동자가 동시에 파업을 하고 있었다. 노동자들의 파업 운동은 이후 서서히 퇴조하면서 9월 중순까지 지속됐다. 그리하여 이후 '민주화'의 동력이 된 독립적 노동자 조직들이 탄생했다.

6월항쟁에서 7~9월 대중 파업으로 나아가는 과정은 바로 로자 룩셈부르크가 말한 정치투쟁과 경제투쟁의 상승적 상호작용이었다. 그런데, 먼저 일어난 정치투쟁의 주도 집단은 학생이었던 것이다. 1904년 러시아와 1956년 헝가리와 1968년 프랑스처럼 말이다. 학생이 폭탄의 도화선이라면, 노동자는 폭탄 자체라고 할 수 있다.

대학에서 조직 건설하기

언제나 그렇지만 특히 경제 위기 상황에서는 부자들로부터 빈자들로 부를 이전시키는 개혁을 지배계급이 제공하기를 꺼릴 뿐 아니라 오히려 노동자들을 희생시켜 이윤을 증대시키는 정반대의 것을 실행할 결연한 태세가 돼 있다. 이 '정반대의 것'(시장주의)을 '개혁'이라 부르면서 말이다. 이미 획득한 어떤 개혁도 영구적이거나 안전하지 않다. 경제 위기로 말미암아 지배계급은 어떤 개혁도 이전 수준까지 후퇴시키는 '도로 빼앗기'를 기도할 수밖에 없다. 한국 경제가 호황이었고 노동자 투쟁이 거셌던 1987~89년에 양보했던 노동조건과 노동쟁의 방법 가운데 많은 것이 — 대표적으로 정리해고 제한과 파견

근로 제한 그리고 피켓팅과 비공인 파업 — 1997년 경제 공황 이후 개악됐다. 오늘날 그러한 양보는 지배계급의 어젠다에서 삭제됐다.

그래서 대중(수많은 사람의 무리) 투쟁에 밀리지 않는다면 지배자들은 좀체 양보하려 하지 않는다. 물론 이것은 개혁이 불가능하게 됐음을 뜻하지 않는다. 기업주들과 정부는 아래로부터 커다란 압력을 받게 되면 일부 개혁 조처들을 하는 수 없이 양보할 수 있다. 양보하지 않는 대가가 양보하는 대가보다 크다는 계산이 나오면 말이다. 그러나 이것이 뜻하는 바는 여론이나 덕망 또는 합법성에 기대는 실용주의적 방식으로는 개혁을 얻을 수 없다는 것이다. 위기 시기에는 개혁을 획득하기 위한 투쟁을 개혁주의자들이 제대로 지도하지 못한다. 노동조합의 고위 상근간부층은 좌경화하는 대중 정서와 주류 정치 위기라는 호조건을 이용하지 못하고 있다. 그들의 정치가 숙명론적이고 추수적이라는 것(대중의 후진적 부분에 영합하는 것)도 악영향을 미치고 있다. 그들은 말끝마다 '대중의 역량이 안 돼 있다, 동력이 없다'고 비겁한 핑계를 댄다. 그들이 준거로 삼는 '대중'은 후진 대중이다. 그들은 가장 선진적이고 가장 전투적인 노동자층을 준거로 또 매개로 삼아 후진층을 끌어올린다는 관점이 아니라, 반대로 후진 대중을 준거로 또 매개로 삼아 선진층을 끌어내린다. 이러한 기회주의적 태도는 노조 관료라는 그들의 사회적 위치에서 비롯하는 것이다.

개혁주의자는 타협(협상 또는 교섭)을 중시하지만, 혁명가들은 협상보다 대중 투쟁을 더 중시한다. 물론 그 대중 투쟁이 혁명에 못 미치는 한 결국엔 협상이 불가피함을 혁명가들은 인정한다. 하지만 혁명가들은 **불가피한** 타협과 **배신적** 타협을 언제나 구분해야 한다.

경제 위기 시기에는 개혁을 획득하기 위한 투쟁이 대중 투쟁에 달려 있다. 대중 투쟁 자체는 혁명이 아니므로 혁명가들만이 대중 투쟁에 호소하는 것은 아니다. 개혁주의자들도 때로는 대중 투쟁에 호소할 수 있다. 그러나 노동자들이 자신의 힘으로 단체 행동을 하는 것이므로 대중 투쟁은 혁명적 의미를 함축하고 있다. 자본가들의 이윤에 큰 타격을 줄 수 있고 사회를 심각한 불안정에 빠뜨릴 수 있는, 경제 위기 시기의 대중 투쟁을 지배자들은 두려워한다. 오직 아래로부터의 대중 투쟁, 기업주들의 이윤에 타격을 가하고 그들이 심각한 사회 불안을 두려워하게 만드는 투쟁(체제 도전적 방법)만이 현재 시기에 개혁을 획득할 것이다. 바로 이 때문에 혁명가들은 개혁을 위해 싸우는 최상의 투사여야 하는 것이고, 또 개혁을 원하는 사람들은 목적 달성을 위해 혁명가가 돼야 하는 것이다.

개혁을 획득하려면 혁명적 방법을 채택해야 함에도 민주노동당과 진보신당, 민주노총의 개혁주의 지도자들이 이 방법을 채택하지 않을 것임은 말할 나위 없다. 그래서 웬만큼 대규모가 아닌 대중 투쟁들은 개혁주의 지도자들의 바람과 달리 자본주의의 객관적 구조에 큰 효과를 미치지 못할 것이다.

예를 들어, 2008년 촛불 운동은 광우병 위험 미국산 쇠고기 수입 금지라는 작은 요구 사항조차 관철시키지 못했다. 하지만 개혁을 위한 투쟁의 중요성은 그 투쟁 지지자들의 조직화와 전투성과 계급적 각성에 그 투쟁이 미치는 효과 때문이다. 즉, 투쟁 지지자들에 대한 주관적 효과가 중요한 것이다. 그래서 혁명가들에게 촛불 운동은 커다란 의미가 있었다. 촛불 운동 후 적잖은 급진적 청년들이 운동의 객관적 효과가 기대에 미흡하자 크게 실망했던 것은 바로 이 점을 보지 못했던 탓이다. 그러나 약 1백 년 전, 로자 룩셈부르크는 개혁 자체를 목적으로 여기는 개혁주의자 베른슈타인을 비판하면서 다음과 같이 지적했다. "개혁을 위한 투쟁은 마르크스주의의 수단이고 사회 혁명이 마르크스주의의 목적이다."

안타깝지만, 개혁을 위한 투쟁에서 혁명가들이 개혁주의자들보다 더 효과적으로 지도할 수 있다는 말은 지금의 현실에서 입증되지 않고 있다. 왜냐하면 이 명제는 공동전선을 통해서만 입증할 수 있는데, 주요 개혁주의자들이 민주당·참여당 등과의 국민(범계급적) 연합에 기울어져 있는 한편 급진좌파들은 대부분 종파적으로 공동전선 자체를 사실상 거부하고 있는 것이 현실이다. 사실상 이들은 급진좌파만의 결집체를 공동전선으로 오해하고 있다.

그러므로 지금은 개혁주의자들의 지도가 무력한 건 극소수에게 입증되고 있지만 반자본주의자들의 지도가 효과적인 건 그보다 더 극소수에게도 입증되지 않고 있는 상황이라 할 수 있다. 그래서 새로 급진화하고 있는 학생들은 대부분 어떠한 대안에도 확신을 갖지 못한 채 반자본주의자들의 특정 주장만을 받아들이는 식이다. 예컨대 그들은 우리 신문의 노동자 임금 인상 필요 주장에 동의하면서도 우리의 다른 일부 주장들에 대해서는 동의하지도 반대하지도 않고 판단을 유보한다. 한진중공업 노동자는 우리 신문의 관련 기사에 대부분 동의하지만 점거 파업 필요 주장은 자신감 부족으로 선뜻 받아들이지 못한다. 청소 노동자들을 지지하는 학생들은 대부분 우리의 청소 노동자 투쟁 보도에 크게 고무되지만 우리가 공공노조 서경지부의 개혁주의를 비판한다면 선뜻 받아들이지 못할 것이다. 거의 모든 진보 지지자들이 신문을 통한 우리의 의견 제시에 높은 점수를 주지만, 신문을 통한 당 건설이라는 방식을 지지하지는 않는다. 모두들 대중 투쟁이 필요하다는 데 동의하지만, 대중 투쟁이 가능한지 또 승리할 수 있을 것인지에 대한 확신은 없다. 자본주의가 나쁘다는 데엔 공감하지만, 사회주의가 그 대안이라고 보지는 않는다. 민주노총 지도자들이 관료적이라는 비판은 이해가 가지만, 그 관료주의가 노조 자체에 본질로 내재한다는 주장을 선뜻 받아들지는 않는다.

이럴 때엔 조력자(잠재적 조력자도 포함해)들과 지속적 관계를 맺는 것이 매우 중요하다. '지속적' 관계를 맺기에 가장 좋은(사실상 거의 유일한) 방법은 각급(특히 과/반) 학생회나 동아리 등등 일상적 학생단체 속에서 그들과 함께 활동하는 것이다. 또, 잠재적 조력자가 실제의 조력자가 돼, 우리가 그에게 우리 신문을 한 부 팔아 달라고 요청할 수 있게 되면 좋을 것이다. 우리 학생 회원들은 대부분 종파적이지는 않지만, 경험이 부족해 사람들의 '모순된 의식'을 정확히 간파하고 다른 좌파의 정치적 약점을 적절히 이용할 줄 잘 모른다. 그래서 우리는 정치를 더한층 강화해야 한다. 그러려면 주로 현실적·구체적 정치 쟁점을 논의해야 한다. 추상적 이론이 무용지물이라는 뜻은 아니다. 결코 그렇지 않다. 다만, 추상적 이론은 현실적·구체적 문제를 명쾌하게 해명하는 데 이용돼야 한다. 가령 한반도 긴장을 설명하기 위해 동아시아에서의 제국주의 갈등에 대한 설명뿐 아니라 제국주의론 자체도 논의돼야 한다. 구체적 주장과 이론적 주장은 결합돼야 하지만, 목적과 수단의 관계라는 점에서 본말이 전도돼선 안된다.

'혁명은 가능한가?', '사회주의는 가능한가?', '사회주의는 모든 사람을 획일적으로 만드는가?', '혁명은 독재로 귀결될 수밖에 없는가?', '사회주의를 자처했던 나라들은 과연 사회주의였을까?' 등의 '큰 물음'에 대한 답변은 결코 포기하면 안 된다. 중요한 점은 이러한 매우 일반적인 선전이 구체적 현실의 맥락 속에 적절히 자리매김됨으로써 우리 의견의 경청자에게 추상적으로 들리지 않도록 할 줄 아는 것이다. 예컨대, 구체적 맥락에서 떼어내어 '혁명', '사회주의', '러시아 혁명' 등에 관해 일방적으로 설명하면 상대방은 대부분 우리와의 대화에 흥미를 잃을 것이다. 하지만 그가 참여하는 운동에서 출발하거나 어쨌든 그의 관심사에서 출발해서 대화하다 보면 언젠가 자연스럽게 '큰 물음'에 관한 얘기가 나올 것이다. 그때조차 우리는 상대방에게 설교하는 듯한 자세로 건방지게 굴어선 안 된다.

또한, 선전은 선동의 뒷받침을 받을 때 효과가 극대화된다. 여러 주장을 체계적으로 연관시키는 설명은 주장 하나하나에 대한 쉽고, 대중적이며, 생생한 사실 폭로로 보완될 때 보통의 학생·노동자 활동가들에게 다가갈 수 있다. 선동은 대개 대중 행동을 일으킬 목적으로 행하는 것이다. 예컨대, 이명박의 반값 등록금 공약公約이 공약空約임을 들춰내는 주장은 항의 집회·시위 등으로 이어질 수 있다. 대량 해고에 반대하는 주장이 점거 파업으로 이어질 수 있는 것은 또 다른 사례다. 하지만 모든 선동이 대중 투쟁을 부를 수 있는 것은 아니다.

대중이 분노하고 있어도 싸울 수 있다는 자신감 수준이 그다지 높지 않다면 투사들의 선동은 대중 행동으로 이어지지 못할 수도 있다. 대중의 자신감 수준은 낮지 않을지라도 어떤 쟁점들은 충분히 설득되지 않아 행동으로 이어지지 못하는 경우도 있다. 그런 경우에는 현실적·구체적 선전에서부터 시작하는 것이 현명한 방법이다.

이처럼 불가피한 이유에서 주장(설득)이 행동으로 이어지지 않을 수도 있지만, 불필요하다는 이유에서 행동을 목표로 삼지 않을 수도 있다. 빈정댐이나 풍자를 통해 조롱함으로써 지배자들의 약점을 폭로하는 것으로 충분한 경우가 한 가지 사례다. 지배계급의 다른 부문을 이롭게 할 수 있거나 대중의 오해를 불러일으킬 수도 있기 때문에 단지 폭로에 그쳐야 하는 경우는 또 다른 사례다. 예컨대 '재벌 개혁' 문제를 들어 보자. 마르크스주의자는 단지 재벌에만 경제 위기의 책임이 있는 것이 아니라 모든 자본가들과 모든 국가 관료들(여기에는 단지 행정부의 관료만이 아니라 국유·국영기업 경영진과 국회의원, 그리고 사법부·경찰·군부·정부산하 연구기관·지방자치단체·공공교육기관 등의 관료들도 포함된다)에게 있고, 무엇보다 체제 자체에 있다는 점을 역설해야 하기 때문에 자본의 특정 조직형태를 바꾸는 재벌 개혁으로써 자본주의의 위기를 없앨 수 있다고 주장할 수 없다. 게다가 그럼으로써 재벌이 아닌 자본가들은 마치 노동계급의 동맹이 될 수 있다는 계급협조주의 사상(전형적으로 민주당과의 연합)을 암시할 수도 없다. 그래서 우리는 경제 위기의 한 책임자로서의 재벌의 본질을 들춰내고, 재벌이 알량한 개혁조차 거부하는 것을 들춰내고, 이를 노동자의 고통전담과 대조시키는 등 폭로할 수는 있을지언정 재벌 개혁을 위한 행동으로 나아갈 수는 없다. 요구와 행동은 해고 반대 등 노동자의 이익 보호에 관한 것이어야 한다. 우리의 요구는 재벌이나 국가에게 재벌 개혁을 요구하는 것이 아니라 노동자들에게 파업 같은 노동쟁의로 재벌을 공격하는 것을 요구해야 한다.

정치적 주장을 벼리려면 단지 독서만으로는 안 된다. 물론 책은 무기다. 그것도 신문 다음으로 가장 중요한 무기다. 하지만 이 무기를 효과적으로 사용하려면 우리와 관점이 적게 또는 크게 다른 사람들과 (학생회나 동아리 등등 일상적 학생단체 속에서) 공동 활동을 하면서 토론하는 것이 결합돼야 한다. 사상의 발전은 사상 간의 충돌 없이는 이루어질 수 없다. 견해가 나와 다른 사람과 토론을 함으로써 문제의식이 충만해진 상태에서 탐구하는 것과 그렇지 않은 것은 커다란 차이가 있다. 토론을 하는 가장 근본적인 이유는 새로운 세계에 대한 희망과 그 세계를 위해 투쟁하고 싶어하는 마음 때문이다. 조직 안의 사람과 토론하는 일의 중요성도 빼놓을 수 없다. 특히 신입 회원이 '혼자 크도록' 내버려둘 수 없다. 기존 회원은 신입 회원들이 마르크스주의 전통에 대한 기초 지식을 얻을 수 있도록 격려하고 도와줘야 한다.

반자본주의 세력의 성장 가망은 현실적이다. 친북 스탈린주의가 대안이 아닌 것은 물론이지만 개혁주의도 대안이 아닐 것 같다고 생각하는 소수를 우리는 끌어들일 수 있다. 그럼으로써 우리는 장차 건설 가능한 훨씬 더 큰 조직을 위한 기초를 놓을 수 있다.

우리는 반자본주의자들의 투쟁 조직을 건설하는 것이 어느 때보다 긴요함을 인식하고 있다. 우리는 미래에 제기될 쟁점들에 대한 해답을 모두 갖고 있다고 자처하지 않는다. 그러나 우리는 그러한 조직을 건설하기 위한 약소하지만 실제적인 발걸음을 떼었다. 친구·자매·형제·과(반)동료·동창·선후배·학생회 동료 등 자신의 지인들을 정치로써 조직하자. 인내심이 필요하다. 우리 신문에 대한 공감과 그것(또는 우리 조직)에 대한 헌신 사이의 격차는 단기간에 좁혀지지 않는다. 하지만 우리가 꾸준히 조력자(잠재적 조력자 포함)들과 공동으로 활동하면서 그들 곁에 가까이 있으면, 정확히 언제일지는 몰라도 오래지 않아 분출할 것 같은 대중 투쟁을 경험하면서 그를 가입시킬 수 있게 될 것이다.

반자본주의 세력의 이러한 강화는 더 넓은 노동자 운동의 강화에 이바지한다. 그리고 노동자 운동의 강화는 대중 투쟁의 발생 가능성을 더 높이고 그것을 앞당길 것이다. 혁명은 마치 갑자기 무에서 유가 나오는 과정인 양 보이지만, 실제로는 그 전 시기에 꾸준히 축적된 운동과 투쟁의 성과가 적절한 객관적 조건과 맞물리면서 일어나는 것이다(양이 질로 전이되는 것). 이렇게 보면 대중이 혁명을 만드는 것이다. 반자본주의자들의 세력 강화는 이 과정에 일조를 할 수 있는 요인이다. 카우츠키는 "혁명은 만들어지는 것이 아니다"고 당내 좌파를 겨냥해 일갈했는데, 이는 그의 숙명론적·추수적 세계관을 단적으로 보여 주는 주장이다. 물론 소수가 혁명을 만들 수는 없다. 하지만 광범한 대중이 혁명을 만들어 내는 과정에서 소수가 한 몫 ― 큰 몫 ― 을 할 수 있다. 오직 활동적·혁명적 세계관에 바탕을 둘 때만 현실 개입은 우리에게 값진 교훈들을 가르쳐 주고 우리를 단련시킬 것이다.

어떻게 조직해야 할까?

우리는 우리의 정치적 의견을 내놓기만 하고 그 뒷감당을 하려 하지 않는 선전주의자(비록 추상적인 유형은 아닐지라도)가 돼선 안 된다. 정치적 의견을 바탕으로 우리는 조직해야 한다. '조직하다'라는 말이 무슨 뜻인가 살펴보자. 다음 세 가지를 뜻한다. (1) 정리·정돈하고 계통을 세우다, (2) (활동을)계획·준비·개최·창립하다, (3) (사람을)편제·편성하다·가입시키다. 지금 우리 활동에 비춰 사례를 들면, 새 회원을 '가입시키는' 일, 새 지구나 지회를 '창립하는' 일, 지구 모임이나 공개 포럼을 '개최하는' 일과 이를 위해 필요한 일들을 '계획·준비하는' 일, 신문 판매를 '계획·준비하고' 판매 활동에 회원을 '편제·편성하는' 일, 판매에 대한 기록을 '정리·정돈하는' 일, 거리 집회를 '개최하는' 일과 이를 위해 '계획·준비하는' 일, 또 이를 위해 역할을 분담해 각 역할에 사람(들)을 '편제·편성하는' 일, 직장에서 동료들과 파업 투쟁을 '계획·준비하는' 일, 현장 조합원들의 의견이 반영된 각종 데이터를 '정리·정돈하는' 일, 수감 중인 동료 회원들을 위해 책 보내주기나 모금을 '계획·준비하는' 일, 그리고 이 모든 일들의 '계통을 세우는' 일을 바로 '조직하다'라는 한 마디 말로 표현할 수 있다.(' ' 안의 말 대신에 '조직하다'라는 말로 바꾸어 보면 모두 말이 통한다.)

이 모든 '조직' 활동의 전제는 정치적 의견이다. 마치 우리가 새 회원을 가입시키고자 할 때 정치적 설득을 하듯이, 우리는 왜 이러저러한 대중 집회·결사(단체) 등에서 신문을 판매해야 하는가에 대해 회원들을 설득해야 한다. 동성애(자)가 왜 비정상이 아닌지를 납득하지 못하고 있는 일부 회원들에게 동성애자 집회에서 신문을 팔라고 지시하는 건 기계적인 조직 방식이다. '조직'은 활동이고 운동이다. 그런데 이 활동·운동의 내용인 정치가 빠져버린다면 조직은 한낱 형식일 뿐인 것(조직 형식주의)이 될 것이다. 만약 간부들이 이처럼 형식주의적인 조직관을 갖고 있으면 조직은 관료주의에 빠지게 되고, 회원들은 순식간에 비정치적이 되고, 요컨대 기껏해야 한 무리의 친구들일 뿐이게 된다.

비정치적인 한 무리의 친구들에는 새 사람이 들어오기가 어렵고 새 사람이 들어오지 않게 되면 조직이 토론 부재로 인해 더욱 비정치적이 되기 쉽다. 더구나 성장이 더딘 혁명적 조직에겐 성장하지 못하고 정체하는 것이 자칫 치명적이 될 수도 있다. 그러므로 새 회원 조직은 여전히 가장 중요한 일이다.

설사 새 회원이 들어와도 그가 기존 회원과 정치적으로 1백 퍼센트 동질적이라고 가정하는 한은 정치 토론이 제대로 이뤄질 수 없다. 실제로는, 모든 쟁점에서 완전한 의견 일치가 이루어질 수 없다. 만일 그렇게 생각한다면 그것은 위험한 착각일 뿐이다. 그 착각이 '위험한' 이유는, 완벽한 사상 통일이 이뤄져 있다는 것은 외관일 뿐이고 외관 이면의 본질에는 실제로는 심오한 의견 불일치가 숨겨져 있을 수 있기 때문이다. 정식 회원이 됐다 해서 단 몇 달 만에 우리 정치를 속속들이 익힐 수는 없다. 그러나 정치적 동질성은 목표이지, 주어진 현실이 아니고 토론의 전제도 될 수 없다. 그리고 추상적인 원칙과 강령에서의 동질성이지, 전술의 동질성일 수는 없다. 원칙을 공유하고 있어도 전술은 다를 수 있다. 현실이 복잡다단하기 때문이다. 그래서 정치적 동질성은 다른 사람에게 강요할 수 없다. 동의하지 못하겠으면 건성으로 동의한다고 넘어가지 말고 치열하고 끈덕지게 문제를 붙들고 늘어져야 한다(단, 다른 사람들을 방해하지 않는 방법으로 소규모 토론을 통해서). 모든 회원은 정치적으로 정직해야 한다. 즉, 다른 사람과의 공통점과 차이점을 모두 드러내야 한다. 물론 일단 의사 결정이 이뤄져 행동 통일을 하기로 하면 그때 개인주의는 절대 금물이다.

물론 고정된 양편이 어느 쟁점에서나 서로 견해 차이를 노정하는 상시 분파의 존재는 전술들의 차이 정도가 아니라 사실상 원칙의 차이가 존재한다는 뜻이고, 이것은 조직 분리로도 나아갈 수 있다.(예컨대 '사회주의노동자정당 건설 공동실천위원회'(사노위) 내에는 노선이 서로 다른 상시 분파가 세 개 있다.) 조직이 분리되면 정치의 차이가 더 벌어진다.

정치적 주장을 발전시키려면 어떻게 해야 할까? 첫째, 학생 활동가들의 정치적 의견에 결정적 영향을 미치는 정기간행물들을 읽어야 한다. 이때 주의해야 할 점은, 주장할 때와 마찬가지로 읽을 때도 공통점과 차이점을 다같이 봐야 한다는 것이다. 흔히 우리는 일부 회원들이 다른 경향 저술가나 활동가의 주장을 오해해 곡해하는 것을 본다. 그러나 남에 대한 정직한 독해를 해야 내가 정직한(즉, 공통점과 차이점 모두를 밝히는) 주장을 할 수 있다.

둘째, 학생들이 노동자 운동에 연대하도록 해야 한다. 이것이 뜻하는 논리적 최종 결론은 그들이 혁명적 노동자 정당의 초석을 놓는 일에 참여하도록 조직하는 것이다. '조직' 방법은 물론 다양해야 한다. 새 회원으로 가입시키는 일은 중요한 일이지만, 유일한 일은 아니다. 그들에게 신문 한두 부를 판매해 달라고 요청하는 것도 좋은 조직이다. 그를 우리의 토론 모임에 초청하는 것도 한 조직 방법이다. 가능하면 그들과 어떤 집회·시위를 조직하는 것도 좋은 일이다. 그들의 동아리·학회·학생회·집회·시위 등에 동참하고 가입해야 한다. 이 경우 그곳에서의 활동을 반드시 다함께 간사에게 보고하고 의논해야 한다. 이런 개념이 없다면 그것은 청소년기로부터 이어받은 미숙한 개인주의적 습성일 것이다.

셋째, 노동자들을 우리 지지자로 조직하는 일을 게을리할 수 없다. 우리는 결국 노동자들이 대다수인 혁명적 노동자 대중 정당을 건설하고자 한다. 그러므로 우리는 노동자 회원들을 바로 그러한 혁명적 정당 건설로의 도약을 위한 디딤돌로 여기고 소중히 여긴다. 우리는 이 동지들이 또한 학생이나 학생 출신자와 심리적 장벽을 느끼지 않고 함께 행동을 통일해 나아가는 조직을 건설하고자 한다. 그러므로 우리가 학생을 반자본주의 쪽으로 설득하는 활동을 맡고 있다 할지라도 그것은 반자본주의적 노동자들을 조직하기 위한 수단이다. 노동자주의 조직들은 곧바로 노동자들을 — 흔히 그들만을 — 조직하는 데 거의 전적으로 매진하고 있지만, 그 과정에서 그들은 민감한 정치 문제를 회피하고, 그럼으로써 가장 선진적인 노동자들에게 실제로는 매력을 주지 못한다. 가장 투쟁적일 뿐 아니라 가장 계급의식적인 노동자들은 단지 노동조합 쟁점들에만 관심을 제한하지 않는다. 그들은 현실적·구체적 쟁점은 물론 이데올로기 문제들에도 관심을 기울인다. 그들은 주요 노동자 투쟁을 앞두고 지배계급과 그 언론매체들의 이데올로기 공세에 대한 노동자 운동측의 성공적인 반격이 노동자들의 사기와 자신감에 미치는 영향의 중요성을 이해한다.

지금까지 논의해 온 바는 모두 신문 제작과 그것을 통한 조직으로 표현돼야 한다. 적잖은 회원들이 신문 제작은 단지 중앙만의 일로 가정하고 논의나 활동을 시작한다. 물론 꽤 설득력 있는 글을 한 편이라도 쓴다는 것은 그다지 쉽지 않은 일일 것이다. 그러나 글쓰기는 우리의 생각과 의견을 명쾌하게 만드는 데 결정적인 도움이 된다. 능동적이고 활동적인 회원들이 기고자 그리고 기부자 구실을 해준다면 우리의 영향력은 증대할 것이다. 재정의 경우, 고맙게도 일부 청장년 회원들은 새로 관심을 기울이기 시작한 듯하다. 하지만 아직도 대다수 학생 회원들은 신문 제작을 위해 필요한 갖가지 어려움에 대한 인식 결여 때문인지는 몰라도 재정의 정치적 의미를 제대로 이해하지 못하고 있다.

조직(화)으로 말하자면, 일부 동지들은 주장 펴기는 기꺼이 하면서도 활동을 조직하는 일은 기꺼워하지 않는다. 그들에게 정치는 단순히 선전으로 환원된다. 하지만 선전은 누군가를, 무언가를 조직하기 위한 것이다. 조직하기를 꺼리는 사람은 결국에 가서는 실천적 주장을 하기를 꺼린다. 자기 말에 책임지기 싫어서다. 그는 '세계를 해석하는' 주장에 만족하려 한다. 이것은 숙명론적·추수적 정치관으로 우리를 이끌 수 있다. 폴란드·리투아니아왕국 사회민주당 당원 시절에 젊은 로자 룩셈부르크는 선전에는 의욕이 넘쳤지만, 재정 문제 등 갖가지 조직하는 일은 귀찮아 했다. 비록 그녀가 빼어난 이론가·선전가였음에도 이러한 선전주의적 실천은 그녀가 당 건설 이론 문제에서 오류를 범하게 만드는 데 결정적 영향을 미쳤다. 특히 너무 늦게까지, 제1차세계대전 개전 후에조차 SPD(독일사민당)에 남아 있느라 혁명적 정당 건설 착수에 너무 굼떴다.(이것은 그녀의 비극적 죽음과도 관계 있다.)

맺음말 ― 계급투쟁 수준이 매우 낮을지라도 혁명적 조직의 영향력과 규모가 증대할 수 있다

현 시기에 우리는 한 가지 역설을 이용해 성장해야 한다. 계급투쟁 수준이 낮을지라도 혁명적 조직의 영향력과 규모가 증대할 수 있다는 점이 그것이다. 엥겔스는 계급투쟁이 경제·정치·이데올로기 세 영역에서 일어난다고 썼다. 이 세 영역은 서로 연관돼 있다. 그래서 서로 완전히 분리될 수 없다. 하지만 세 영역 사이에 기계적 연관은 없다. 경제적 계급투쟁과 정치적 계급투쟁이 매우 낮은 수준에 있을지라도 이데올로기 투쟁은 수위가 매우 높을 수 있다. 러시아의 볼셰비키가 1905년 12월 모스크바 봉기에서 수십만 노동자들을 이끌었을 때 당은 1906년이나 1907년보다 훨씬 소규모였다. 당은 혁명 자체에서보다 혁명이 끝난 뒤에 더 성장했다. 수만 명이 1906년 볼셰비키 당에 가입했는데, 1905년의 교훈을 배웠기 때문이다. 물론 이러한 성장이 영원히 계속될 수는 없었다. 당은 4만 당원으로까지 성장했으나 투쟁이 계속 매우 낮은 수준에 머무르자, 또 반혁명이 승리하자, 또 수천 노동자들이 구속되고 시베리아로 유형을 가게 되자 당원들의 사기는 저하됐고 그래서 1910년쯤에 당원 수는 겨우 2백 명 수준으로 떨어졌다. 이처럼 사상은 경제 토대에서 완전히 분리될 수는 없지만 한동안 경제 토대에 앞서 발전할 수 있다. 그래서 계급 투쟁 수준이 낮을지라도 혁명적 조직의 영향력과 규모가 증대할 수 있다. 물론 결국에는 수위가 상호 조응하게 된다. 노동자 투쟁이 사상 수준으로 고양되거나 아니면 사상이 투쟁 수준으로 저하될 것이다.

그리고 흔히 학생 운동은 이른바 상위권과 중상위권 대학들에서 시작됐다. 이 대학생들의 조건이 좀더 낫고, 중·상층 계급 배경 출신자들이 좀더 많고, 졸업 후 좀더 좋은 일자리를 얻을 가능성이 크지만, 오히려 이 때문에 이 학생들에 대한 압력이 좀 덜해, 정치적 선동과 이데올로기적 논쟁이 좀더 쉬운 조건이 형성되기 때문이다. 하지만 운동은 이 부문에서 다른 부문으로 급속히 확산될 수 있다. 가령 2006~10년의 영국 학생 운동은 "옛 대학교들", 즉 옥스브리지를 포함한 20개 러셀그룹 소속 대학들에서 전개됐지만, 지난해 12월에는 돌연 "새 대학교들"의 학생들 무리 5만 명이 런던 도심에서 분노에 찬 소요를 일으켰다.('소요'라는 말을 형법상의 용어법과 달리 꼭 나쁜 뜻으로 쓴 게 아님을 밝혀 둔다. 경찰과 물리적으로 충돌하고, 돌을 던지고, 건물이나 차량을 부수는 등의 폭력이 수반되는 시위를 특별히 'riot', 즉 소요라고 부른다.) 같은 때 주로 러셀그룹 소속 대학 학생회의 연합체인 전학련 NUS는 간부들의 친노동당 온건 개혁주의 정치로 말미암아 겨우 5백 명 규모의 유순한 촛불 집회만을 열

수 있었다.

한국에서도 1970년대 중엽까지는 서울대와 연고대에만 운동권이 존재했다. 운동은 1970년대 후반에 상위권 대학으로 번지더니 마침내 1980년대 말에는 이른바 중위권과 하위권 대학들로도 번졌다. 물론 1980년대 초에는 극심한 탄압으로 이 확산 추세가 잠시 주춤했었다. 소련 몰락 후에도 운동은 잠시 주춤했다. 이번엔 이데올로기적 요인 때문이었다. 하지만 1995년 말, 광주학살 원흉 전두환·노태우 처벌 투쟁에서 승리함으로써 다시 화려하게 부활해 1996~97년 노동법 개정 반대 민주노총 파업의 도화선이 됐다. 1980년 광주, 1987년 6월항쟁, 1995년 전노구속투쟁 모두에서 소수 사회주의 학생들이 더 폭넓은 학생들의 참여를 이끌어 내며 대중 투쟁을 이끌었다. 2002년과 2008년의 촛불 운동은 비폭력적 평화적 집회였다는 점을 제외하면 지난해 말 영국 학생 시위처럼 기존 학생회와 그 연합체 바깥에서 동원된 학생과 청(소)년 들의 운동이었다. 우리는 한편으로 이른바 상위·중상위 캠퍼스에서 활동하는 것과, 다른 한편으로 거리 등 캠퍼스 바깥에서, 특히 지구 활동을 통해 더 노동계급적인 대학생을 만나는 것을 결합시켜야 한다.

제9부
자본주의 국가

국가의 힘은 쇠퇴했는가

이명박 정부의 이른바 '대기업 때리기'는 국가와 자본의 관계를 보여 준다.

최근에 터진 영포 게이트뿐 아니라 정치 위기에 직면해 이명박 정부가 추진한 포퓰리즘적 '친서민' 정책들은 한국에서 국가의 힘이 쇠퇴했다는 주장에 대한 명백한 반박인 것으로 보인다.

정권을 장악하자 이명박 정부는 한국 경제에서 큰 비중을 차지하는 공기업들을 전리품으로 챙겼을 뿐 아니라 '외국 자본의 수중에 넘어갔다'는 KB금융과 포스코 등의 회장 선임에 개입했고 이들과 다달이 모임도 했다고 한다. 또, 온갖 금융회사들에도 제 사람들을 앉혔다.

공장을 세우는 데 오랜 시간을 들여 갖은 노력을 해야 하고 또 이를 옮기는 것이 쉽지 않은 산업자본은 말할 것도 없고, 이보다는 자

강동훈. 〈레프트21〉 38호, 2010년 8월 12일. http://wspaper.org/article/8478.

금을 다른 곳으로 옮기기가 훨씬 쉬운 은행 같은 금융자본들조차 정부의 협조(그들과 친밀한 관계에 기반을 둔)가 사업 성공에 매우 중요한 것이다.

게다가 최근 사례들은 국가가 자본들의 반발을 무릅쓰고 자신의 의지를 관철할 힘도 있다는 점을 보여 준다. 이명박의 한마디에 금융회사들은 이자율을 낮춘다고 호들갑이고, 삼성·현대자동차처럼 다국적기업이 된 재벌들도 부랴부랴 협력업체 지원 방안을 내놓고 고용을 늘리겠다고 나서고 있다. 전경련 회장이 대놓고 정부를 비판하며 불만을 드러냈지만 말이다.

개입

이번 위기 전까지만 해도 세계화의 시대에는 국가의 힘이 쇠퇴했다는 논의가 무성했다.

'국경 없는 자본'들이 어디든지 원하는 곳으로 갈 수 있기 때문에 각국 정부들은 자본의 편의를 봐주는 것 말고는 할 수 있는 게 없다는 말이었다.

신자유주의의 원조라는 미국 정부조차 1980~90년대 위기에 거듭거듭 개입해 국가의 힘을 보여 줬음에도 이런 주장은 계속됐다.

국가가 덜 중요해졌다는 주장은 경제 위기로 분명 큰 타격을 받았다. 위기가 심각해지자 각국 정부들은 구제금융과 경기부양책으로 자국의 은행·기업 들을 살리는 데 결정적인 구실을 한 것이다.

그리고 이런 얘기도 있다. GM은 파산 위기에 처하자 유럽 자회사인 오펠을 매각하려고 했다. 독일 정부는 보조금 지급을 약속하며 오펠을 캐나다와 러시아 컨소시엄에 넘기라고 요구했다. 이는 다른 EU 국가들의 반발을 샀는데, 오펠을 인수하면 독일을 제외한 다른 유럽 지역 공장들을 폐쇄하겠다고 이 컨소시엄이 말했기 때문이었다.

그러나 GM은 결국 '미국 자본'이었다. 러시아로 자동차 기술이 넘어갈 것을 우려한 미국 정부의 압력이 한몫해 성사 직전까지 갔던 협상은 결렬됐고 GM은 매각을 포기했다. 독일 정부는 보조금 지급 약속을 철회하며 반발하고 있다.

한국에서도 부도 위기에 처한 GM대우가 보조금 지급을 요구했지만, 이명박 정부는 한국에서 공장을 계속 운영하고 더 투자할 것이라는 점을 분명히 하라며 보조금 지급을 거부하고 있다. 이는 경제 위기로 큰 타격을 받은 해운·건설회사 들을 선제적으로 지원한 것과 대조된다. 한국 정부도 GM의 국적이 어디인지 의식하고 있는 것이다.

물론 국가의 힘은 여전히 강력하다고 말한다고 해서, 국가가 자본의 이해관계를 근본에서 거스를 수 있다고 말하는 것은 아니다. 이른바 세계화 시대 이전인 국가자본주의 시대에도 그런 힘은 없었다.

자본에 대한 통제가 요즘보다 훨씬 강했던 때에도 사회민주주의 정부들은 자본의 해외 이탈이나 투자 철회(혹은 그 위협)에 굴복해야 했다. 한국에서 박정희 정권이 급속한 공업화를 위해 노동자들을 쥐어짜며 수출에 목맨 것도 세계 자본주의 체제에서 자유롭지 않다는 점을 보여 준 것이다. 박정희 정권 말기의 엄청난 중공업 투자가 충분한 이윤을 내지 못하자 한국 경제는 커다란 위험에 직면하기도 했다.

굴복

1980년대부터 많은 국가들은 국내 경제를 통제하는 방식에서 해외 자본과 연계하는 방식으로 자본 축적 방식을 변경했다. 왜냐하면 1970년대 위기에서 드러났듯이 국내 경제를 통제하는 방식은 세계 최대 해외 기업들의 수중에 있는 신기술·자금에 접근할 수 있는 가능성을 제한해 비용이 많이 드는 것으로 밝혀졌기 때문이다. 한국에서도 1990년대 들어서는 분명하게 이 방향으로 나갔다.

그러나 국가는 여전히 구조조정을 지휘·감독하고, 노동자 운동을 공격하고, 규제·금리·재정 정책을 행사해 경제에 막대한 영향력을 미쳐 왔다.(특히 한국처럼 오랜 기간 정부가 경제를 강력하게 통제해 온 경우는 더더욱 그렇다.)

여전히 국가가 경제에 미치는 영향력이 크다는 사실은 평범한 사람들이 경제 위기에서 자신들의 삶을 보호하는 데 국가가 나서라고 요구하고 투쟁하는 것이 가능하고 또 필요하다는 점을 보여 준다.

그러나 결국에는 국가가 자본주의 체제의 경쟁 논리에 따라 복지나 임금을 공격하게 되므로 우리는 자본주의 국가를 뛰어넘는 대안을 추구할 필요가 있다.

국가와 자본의 관계

올해 초 이명박 정부는 "노동시간 단축을 통한 고용 증대"를 압박하며 현대·기아차 등의 자본가들과 미묘한 긴장을 드러낸 바 있다. 최근에는 KTX 민영화를 추진할지 말지를 둘러싸고 이명박 정부와 새누리당 내에서도 분열이 있었다. 이런 일들을 보면 국가와 자본의 관계를 어떻게 규정하는 게 타당한지 물음이 던져진다.

마르크스는 국가가 본질적으로 계급지배를 위한 기구라고 봤다. 실제로 최근 이 나라 국가는 통합진보당 당원 명부를 탈취하는 강도짓을 벌였다. 노무현 정부 때 구속된 노동자 수가 같은 기간 이명박 정부 때보다 많은 것에서 보듯(노무현 정부 4년여 동안 9백58명, 이명박 정부는 4백49명) 개혁적인 정부가 들어서도 국가의 본질은 바뀌지 않는다.

이런 현상을 보며 일부 사람들은 국가가 단순히 자본가들의 대리

정선영. 〈레프트21〉 82호, 2012년 5월 28일. https://wspaper.org/article/11257.

인이라고 여긴다.

일부 급진좌파들은 '국가는 총자본의 대변인'이라고 주장한다. 이런 관점은 자본에 맞선 투쟁을 강조하면서 국가에 맞선 정치 투쟁을 그다지 중요하게 여기지 않는 경향과 연결되기도 한다.

스탈린주의에서 주장한 '국가독점자본주의론'도 국가가 삼성, 현대와 같은 소수 독점 재벌들의 이익만을 대변한다고 설명한다.

《공산당 선언》의 "현대 국가의 집행기구는 전체 부르주아지의 공동 관심사를 다루는 하나의 위원회일 뿐이다"는 구절은 이런 주장을 뒷받침하는 데 자주 이용된다.

그러나 그렇게 생각해서는 서두에서 말한 현실의 갈등을 제대로 이해하기 힘들다. 국가는 단순히 자본을 대표하지는 않는다.

마르크스도 《루이 보나파르트의 브뤼메르 18일》에서 당시 프랑스 보나파르트 국가의 행정력을 "거대한 관료적 — 군사적 조직, 교묘하고 폭넓은 토대를 지닌 국가 기구, 그리고 50만 명을 헤아리는 실제의 군대와 함께 50만 명의 관료로 이루어진 군대"라고 묘사했다. 이런 '국가 기구'는 자본과 구별되는 자신의 이익과 목적을 가진다.

실제로 국가는 종종 자본가들의 이해관계와 내립되는 주장을 한다.

최근 미국 최대 은행인 JP모건이 막대한 투자 손실을 입자 오바마 정부가 월가를 개혁하겠다며 나선 것도 국가와 기업간의 충돌을 보여 준다.

2차 세계대전 이후에 이집트의 나세르와 시리아의 바트당은 권력을 잡고는 대자본을 해체하고 국유화했다.

이런 현실을 제대로 이해하려면 국가와 자본을 단순히 대립시키지도, 뭉뚱그리지도 말고 "구조적 상호 의존 관계"를 맺고 있다고 규정해야 한다. 탁월한 마르크스주의자이자 혁명가였던 고(故) 크리스 하먼이 이런 분석을 발전시켰다.

《좀비 자본주의》에서 크리스 하먼은 "국가와 자본의 관계는 사람들 간의 관계, 즉 대중을 착취하는 데 관여하는 사람들과 무장 집단을 통제하는 사람들 사이의 관계다" 하고 썼다.

구조적 상호 의존 관계

국가관료와 자본가 들은 온갖 연줄로 얽히고설켜 있고 서로 상대방을 이용한다.

"국가를 실제로 운영하는 자들은 기업이 경쟁 때문에 스스로 할 수 없는 기능을 떠맡는다. 그들은 서로 경쟁하는 자본들을 중재해야 하고, 사법제도를 운영해야 하고, 중앙은행을 통해 금융 시스템과 국내 통화를 관리·감독해야 한다. '총자본'은 오직 관념적으로만 존재하기 때문에 … 완전히 다른 정치·행정 시스템의 특별한 지도와 감독이 필요하다.

"국가는 또, 국민 대중을 체제 내로 통합하는 메커니즘도 제공해야 한다. 한편으로는 사람들을 두들겨 패서 굴복시키는 강압기구(경찰, 보안경찰, 감옥 등)와 다른 한편으로는 사람들의 불만을 체제와 조화될 수 있는 통로로 돌리는 통합 메커니즘(의회 기구, 단체교섭 체계, 개혁주의·보수주의·파시스트 정당들)이 그것이다.

"강압 메커니즘과 통합 메커니즘은 자본주의적 착취와 축적이 이뤄지는 영역 밖에 존재하는 조직과 지도력에 의존한다. … 따라서 국가는 자본 일반의 이해관계뿐 아니라 다른 사회집단과 계급을 포섭하려고 제공하는 양보도 반영할 수밖에 없다. 그래서 상당한 정도의 자율성이 반드시 나타난다."(《좀비 자본주의》)

물론 국가의 자율성에는 한계가 있다. 국가가 운영되려 해도 조세수입이 제대로 들어와야 하고 이를 위해 자본가들이 뽑아내는 잉여가치가 충분해야 한다. 이 때문에 국가는 노동자에 대한 착취와 자본주의적 축적을 유지하는 것에 근본적으로 의존한다.

국가와 자본들은 싸우는 형제들처럼 잉여가치를 어떻게 분배할지를 둘러싸고 긴장과 갈등을 벌인다. 그러나 그들은 경제적 관계와 정치적·이데올로기적·군사적 수단을 동원해 착취 체제를 유지해야 한다는 필요성 때문에 구조적으로 상호 의존한다.

개혁주의자들은 국가와 자본을 대립하는 것으로 보며 국가를 활용해 자본을 규제할 수 있다고 생각한다. 그러나 국가 기구는 본질적으로 착취 체제에 의존하고 있고 계급지배를 유지하기 위한 수단이기 때문에 국가를 이용한 자본주의 개혁은 근본적으로 한계에 부딪칠 수밖에 없다.

또 국가와 자본의 이익이 일치한다고 추상적으로 봐서는 현실에서 벌어지는 분열과 갈등을 제대로 이해하거나 이용하기 힘들 것이다.

국가와 자본이 서로의 약점을 공격하며 갈등을 벌인다면 이는 아래로부터 투쟁을 자극하는 효과를 낼 수 있다. 예를 들어 최근 정부가 대기업에 노동시간 단축을 압박했던 것을 이용해 실질적인 노동시간 단축을 위한 투쟁을 키울 수 있을 것이다.

국가와 자본의 관계를 올바로 규정하는 것을 통해 제대로 된 분석과 대안 제시가 가능하다.

국가를 보는 세 가지 관점

국가를 잠재적 우군으로 보는 개혁주의

첫째는 체제를 좀더 인간적으로 만드는 데 함께할 수 있는 잠재적 우군으로 국가를 보는 관점이다.

이런 관점을 공유하는 개혁주의 진영은 중남미 좌파 정부들(특히 브라질의 룰라 정부)의 집권을 역사적 전환점으로 여겼다.

'남반구초점'의 월든 벨로는 비록 글로 쓸 때는 좀더 신중했지만, 2002년 11월 한 토론회에서 IMF가 브라질 정부에 강요한 정책, 즉 [지출을 줄여] 재정 흑자를 끌어올리라고 요구한 경제 정책을 룰라가 수용한 것에 조건부 지지를 표했다.

룰라는 자신의 정부가 "이행기적" 정부라는 말로 이런 행보를 정당

알렉스 캘리니코스. 〈레프트21〉 112호, 2013년 9월 28일. https://wspaper.org/article/13592.

화했다. 즉, 자신은 신자유주의를 탈피하길 원하지만 집권 초기에는 타협이 필요하다는 것이다. 그러나 이 같은 타협은 룰라 정부를 신자유주의적 감옥에 갇히게 했다.

이 현상의 배후에는 세계 자본주의의 경제 권력이 있다. 룰라는 국제 자본시장에서 브라질 헤알화 가치가 계속 떨어지는 것에 압력받아 양보를 거듭했다.

1960~70년대 영국의 윌슨 정부나 프랑스의 미테랑 정부 같은 과거의 사회민주주의 정부들은 자본 도피와 외환 위기의 충격에 무릎을 꿇었다.

오늘날에는 단지 그런 공격을 하겠다는 공포심만으로도 중도좌파가 집권조차 하기 전에 '워싱턴 컨센서스'에 투항하도록 만들기 충분한 듯하다.

흔치 않은 경우지만, 설령 어떤 개혁주의 정부가 그런 공격에 굴하지 않고 꿋꿋이 버틴다 해도 자본가들이 쓸 수 있는 무기는 더 있다. 우고 차베스 정부에 맞서 베네수엘라 부자들이 조직한 반란은 좌파 정부가 실로 어떤 저항에 부딪힐 수 있는지를 잘 보여 줬다.

또한, 1973년 칠레 쿠데타는 좌파 정부인 살바도르 아옌데의 국민연합 정부가 군화발에 짓밟힌 사례다.

이렇듯 역사를 보면, 오래 전에 마르크스와 레닌이 내린 결론, 즉 국가를 사회 변혁의 도구로 삼을 수 없다는 결론에 새삼 고개가 끄덕여진다. 국가는 자본주의 체제의 일부분이지, 그 체제를 바꿀 수 있는 수단이 아니다. 세계 자본주의가 가하는 경제적 압력은 국가를 자본 축적이라는 지상 명령에 충실히 따르도록 떠민다.

더욱이 국가의 핵심부에는 군대, 경찰, 첩보 기관 등 강압 수단을 독점하는 상시적 관료 기구가 자리 잡고 있으며, 이들이 궁극적으로 충성하는 대상은 선출된 정부가 아니라 선출되지 않은 지배계급이다.

그렇다 해서 민중 운동이 어떤 정부가 집권하든 상관 말아야 하는 것은 아니다. 예를 들어 룰라 정부는 브라질 노동당의 대중적 기반을 이루는 사회 운동 세력들, 특히 조직 노동자들과 무토지 농민들의 압력과 세계 자본주의의 압력 사이에서 빚어진 불편한 타협의 산물이다. 대중 운동은 자신이 집권을 도운 정부에 대해서는 특히 더 압력을 가하고 요구를 해야 하며, 그러면서도 그 정부로부터 독립적인 태도를 지켜야 한다.

국가 문제를 회피하는 자율주의

반자본주의 운동 내에서 또 하나 우세한 관점은 어찌 보면 개혁주의의 정반대 편에 서 있는 듯한 관점이다. 이 관점은 기존 국가에 의존하기를 거부할 뿐 아니라, 자본으로부터 권력을 빼앗는다는 목표 자체에 반대한다. 자율주의 진영이 이런 관점을 대표한다.

예컨대 《제국》의 공저자 토니 네그리는 "탈출과 도피" 전략을 제안했다. "권력은 외부로부터 사회에 침투한, 물리쳐야 할 적이지만 이제는 '정복'하거나 '장악'하기에는 쓸모 없는 대상으로 보인다. 그보다는 그것을 축소시키는 것, 그것과 일정한 거리를 두는 것이 중요하다."

이 이론을 가장 완성된 형태로 제시한 사람은 자율주의 마르크스주의자 존 홀러웨이다. 그의 주장은 《권력으로 세상을 바꿀 수 있는가》라는 그의 책 제목에 잘 요약돼 있다.

홀러웨이의 결론은 무척 혼란스럽다.

한편으로 홀러웨이는 노동이 자본한테서 달아나는 것을 말한다. "도피란 일단 무언가를 부정하는 것이다. 즉, 지배에 대한 거부, 지배의 도구(예컨대 기계)에 맞선 파괴와 사보타주, 지배로부터의 도주, 유목민적 행태, 탈출, 이탈이다." 이 구절은 자본주의 경제 관계의 틀 속에서 대안적인 형태의 협동적 생산 활동을 벌이자는 네그리의 구호를 상기시킨다.

일례로 어떤 사람들은 아르헨티나에서 기업주들이 폐쇄한 몇몇 공장을 노동자들이 접수해 운영한 사례를 마치 탈자본주의의 맹아라도 되는 것처럼 주장했다.

다른 한편으로 홀러웨이는 그래도 명색이 마르크스주의자인 만큼 이런 전략을 펼치더라도 생산적 자원은 대부분 여전히 자본이 통제하기 때문에, 그래서 그 속에서 등장하는 대안적 경제 단위들이 자본금과 시장을 확보하는 방식에도 제약이 가해지기 때문에 이런 전략에 치명적 결함이 있다는 것을 인정한다. "행위의 수단[즉, 생산수단 — 캘리니코스]이 자본의 손 안에 있는 한 행위는 교란되고 그 행위 자체와 대립하게 된다. 결국 몰수하는 자가 몰수당해야 문제가 해결되는 것이다."

그러나 이것을 구체적으로 어떻게 달성할지를 논해야 할 대목에서 홀러웨이는 "행위 대상의 사물성을 해체하고 그것을 행위라는 사회적 흐름에 (재)통합시키는 것" 어쩌고 하는 사변적 공상 세계로 숨어든다. 이 같은 형이상학의 안개를 걷어내려면 자본주의 구조들이 비록 인간의 노동에 의존해서 존속되고 재생산되기는 해도 그 구조들이 객관적 현실로서 존재한다는 것을 인식해야 한다. 세상을 바꾸려는 사람이라면 그런 객관적 현실을 분석하고 이해하려 해야 한다.

이는 분석 자체가 목적이어서가 아니다. 자본주의의 객관적 구조에 천착해 분석해야 하는 이유는 체제의 약점을 간파하기 위해서다.

민주주의를 최고조로 발전시키려는 혁명적 관점

개혁주의와 자율주의에 공통된 요소는 바로 체념이다. 둘 다 자본과 국가의 힘이 난공불락이라는 믿음을 공유한다. 그런 탓에 국가를 사회 변혁의 동반자로 바라보려 하거나, 아니면 최대한 회피하고 견제하려는 것이다.

반면 혁명적 사회주의자들은 자본과 국가의 힘이 절대적이라고 보지 않는다. 그것들과 대적할 수 있는 또 다른 힘이 이미 사본주의 내에 존재하기 때문이다. 그 힘이란 곧 평범한 사람들이 지닌 엄청난 민주적 자기 조직화 능력이다.

이런 힘이 있는 가장 중요한 세력은 단연코 노동계급이다. 노동자들은 아주 작은 권익을 지키려 할 때조차 집단으로 조직화해야만 하는 존재다. 노동자들의 자기 조직화는 자본주의적 생산을 마비시킴으로써 체제의 혈류와도 같은 이윤 공급을 끊을 수 있다는 점에서 특히 더 중요하다.

물론 자기 조직화 능력이 노동자들의 전유물은 아니다. 예컨대 중남미의 소농과 무토지 농민 운동도, 아르헨티나의 피케테로스 운동도 마찬가지로 자기 조직화 능력이 있다.

하지만 이 운동들 중 어떤 것도 노동자들의 경제적 힘(자본주의가 노동자들의 노동 덕분에 돌아간다는 바로 그 사실 때문에 발휘할 수 있는 힘)을 갖지는 못한다.

과거에 투쟁이 절정에 도달했던 시기마다 노동자들은 기성 노동조합의 한계를 뛰어넘어 행동했다. 경제적 요구뿐 아니라 정치적 요구도 내걸고 대중 파업에 나섰다. 이런 투쟁을 효과적으로 수행하고자 노동자들은 지역 수준과 전국 수준에서 노동계급 전체를 결속한 조직 형태, 노동자 대의원들의 평의회를 기초로 한 새로운 조직 형태들을 개발했다.

이 조직 형태들은 1905년과 1917년 러시아 혁명, 1936년 스페인 혁명, 1956년 헝가리 혁명, 1978~79년 이란 혁명, 1980~81년 폴란드 연대노조 운동 등 20세기의 거대한 반란 속에서 거듭거듭 등장했다.

노동자 평의회는 자유주의적 자본주의 사회에서 허락되는 그 어떤 민주주의보다 더 앞서가는 민주주의를 구현한다. 풀뿌리 대중의 참여, 주거 지역과 일터에서 이뤄지는 탈중앙화된 의사결정, 상급 단위의 대의원들이 자신을 뽑아 준 사람들에 의해 언제든 소환될 수 있는 구조 등이 노동자 평의회의 특징이다. 이는 자본주의를 지탱해 주는 중앙집중적이고 관료적인 권력 형태와는 다른, 대안적인 사회 운영 방식을 보여 준다.

자기 해방

천대받고 착취당하는 다수가 자본주의 국가를 무너뜨리는 데 필요한 힘을 발휘할 수 있는 것은 바로 이 같은 노동자 민주주의를 통해서다. 사실 노동자 평의회가 만들어지는 계기 가운데 하나는 공공 서비스가 '정상 운영'되지 않는 대중 파업의 시기에 노동자들이 지방 정부의 기능을 대신 떠맡아야 할 필요성 때문이다. 그러나 노동자 평의회가 단지 지방 정부의 기능을 인수하는 데서 멈출 이유가 없다. 이미 전국적으로 확산된 노동자 평의회라면 그 나라 국가를 통째로 대체할 조직적 역량과 경제 권력을 쥐고 있을 테니 말이다.

이 과업의 성패는 신생 노동자 국가가 모든 역량을 집중해서 자본주의 국가 권력 핵심부의 저항을 제압하냐 못하냐에 달려 있다. 이는 근본에서 보면 조직 문제가 아니라 정치 문제다. 다시 말해, 기존의 자본주의 국가가 해체되지 않으면 언젠가는 그 국가가 강압적 힘을 동원해 대중 운동을 파멸시킬 것이라는 주장으로 신생 노동자 권력 기구 내에서 다수를 정치적으로 설득하려는 노력이 결정적으로 중요하다는 것이다.

그리고 이것이야말로 대중적 혁명 정당의 궁극적 임무다. 스스로 권력을 장악하는 것이 아니라, 신생 노동자 민주주의가 자본주의 권력의 마지막 보루를 급습해야 한다는 점을 대중에게 납득시키는 것 말이다.

결국 고전 마르크스주의 전통에서 혁명이란 소수의 쿠데타와는 거리가 먼 것이다. 혁명이란 대중 파업 과정에서 탄생하는 노동자 민주주의 기구들을 단순한 투쟁 기구, 혹은 주요 자본주의 기관들에 대항하는 '반권력'을 넘어 대중이 스스로 사회를 운영하는 수단으로 발전시키는 것을 말한다.

혁명은 결국 '권력 장악'일 수밖에 없다. 권력을 장악하지 않으면 자본주의 국가는 서슬 퍼렇게 살아남아 반혁명의 거점이 될 것이기 때문이다. 그러나 기존 국가의 전복은 소수의 음모가 아니라 평범한 대중이 스스로 사회를 운영하고 새로운 세상을 만들어 가는 거대한 자기 해방 과정이 최고조에 이르렀을 때 실현될 것이다.

제10부
혁명의 가능성과 현실성

21세기 혁명

"21세기 혁명"에 대해 얘기하기 전에 먼저 혁명의 의미부터 살펴봐야겠다. 왜냐하면 옛 소련 몰락 이후 그 사건을 "사회주의의 실패"와 "마르크스주의의 위기"로 받아들이는 관점이 여전히 대세인 데다 최근 신보수주의자들조차 "민주주의 혁명" — 미국의 군사력을 이용해 강제로 '정권교체'와 신자유주의를 실시하기 — 운운하는 지경에 이르자 좌파의 사상적 혼란이 한층 심화했기 때문이다.

그래서, 대안세계화운동의 선두 주자인 라틴아메리카 사회운동에 가장 영향력 있는 마르크스주의자 존 홀러웨이는 이렇게 말한다. "혁명적 변화는 그 어느 때보다도 매우 절박하다. 그러나 우리는 혁명이 무엇을 의미하는지 알지 못한다."(홀러웨이, 《권력으로 세상을 바꿀 수 있는가》, 갈무리, 327쪽)

최일봉. 〈레프트21〉 50호, 2011년 2월 10일. https://wspaper.org/article/9240. 이 글은 2007년 '마르크스코뮤날레'에서 '다함께' 최일봉 운영위원이 발표했던 내용을 바탕으로 당시 주간지 〈맞불〉에 게재했던 글이다.

프랑스 등 서유럽에서 가장 영향력 있는 반신자유주의 운동가 중하나인 수전 조지도 유럽사회포럼에서 "'자본주의의 타도'라는 게 21세기 초에 뭘 뜻하는지 더는 모르겠다고 고백해야겠다"고 했다.

혁명이 뭘 뜻하는지 이해하려면 일단 보안경찰과 공안검사 등이 국가보안법을 적용하면서 단죄하는 '혁명'은 진정한 혁명이 아니라는 점을 분명히 하는 데서 출발해야 한다. 그들이 말하는 '혁명'은 모반 (謀叛), 즉 한 줌밖에 안 되는 전사·게릴라·군인 들이 비밀리에 조직하는 무력 정변일 뿐이다. 극우 논객 조갑제는 박정희의 5·16 군사쿠데타를 '혁명'이라고 부르면서 뿌듯해 한다.

그러나, 아래로부터의 대중 행동에 의한 것만이 진정한 혁명이다. 이런 혁명 개념만이 고전 마르크스주의 전통에 따른 용어법 — 가령 '혁명적 사회주의', '혁명적 정당', '혁명적 전략' 등 — 에 혼란을 일으키지 않으면서 이론적 논의를 이어나갈 수 있는 방법이다.

트로츠키의 경구(警句)를 빌어 말하면, 혁명은 "대중이 자신의 운명을 스스로 창조하는 영역으로 강제로 들어가는 것"이다(트로츠키, 《러시아 혁명사》, 풀무질, 상권 14쪽).

5·16 따위는 진정한 혁명이 아니라 그람시 특유의 용어인 "수동적 혁명"에 속한다. "수동적 혁명"은 극소수 근대화 엘리트 집단의 위로부터의 개혁에 의해 전통적 사회관계들이 철저하게 변모하는 것을 말한다. 19세기 중반 이탈리아 통일(리소르지멘토), 19세기 후반 독일 비스마르크의 이른바 "국가사회주의"적 개혁, 일본의 메이지 유신, 1928년 이후 스탈린의 소위 "제2혁명", 파시즘, 1989/91년 옛 동구권 붕괴 후 들어선 정권들에 의한 개혁 등은 물론이거니와 신자유주의

세계화 자체가 "수동적 혁명"의 사례들이다.

사회 혁명

혁명이 아래로부터의 대중 행동을 수반한다는 점에서 볼 때 베네수엘라의 "볼리바르 식 혁명"은 혁명인가? 대답은 '예스'인 동시에 '노'라 할 수 있다. 위로부터의 차베스 주도 자체만 보면 그것은 혁명이 아니다. 하지만 그 주도에 대한 대중의 응답으로서 주민자치위원회 건설 등 아래로부터의 대중 행동을 보면 그것은 혁명이다.

혁명이 아래로부터의 대중 행동을 수반한다는 점만으로는 혁명에 대한 정의로 충분하지 않다. 그 대중 행동이 이루고자 하는 것에 대한 얘기가 있어야 한다. 이와 관련해 마르크스의 '정치 혁명'/'사회 혁명' 개념이 유용하다.

마르크스는 국가 권력의 급속하고 강제적인 변혁만 일어나는 경우는 단순한 정치 혁명이라고 했고, 정치 혁명이 더 넓은 사회 변혁 과정을 결정적으로 가속시키는 데까지 나아가는 경우는 사회 혁명이라고 했다.

사회 혁명은 정치 혁명을 포함한다. 네그리와 홀러웨이 등 마르크스주의자를 표방하는 자율주의자들이 "권력으로 세상을 바꿀 수 없다"며 정치 혁명을 배제한 사회 혁명을 얘기하는 것은 마르크스의 사회 혁명 개념과 전혀 관계 없는 것이다.

오히려 베버 학파의 역사사회학자 테다 스코치폴이 사회 혁명에 대해 정의한 바, 즉 "사회 구조와 정치 구조의 근본적 변동이 상호보완적으로 동시에 발생하는" 것이 마르크스의 사회 혁명 개념과 부합한다(스코치폴, 《국가와 사회혁명》, 까치, 18쪽).

1640년 영국 혁명, 1776년 미국 혁명, 1789년 프랑스 대혁명, 1917년 러시아 10월 혁명, 1949년 중국 혁명은 사회 혁명이었다. 반면, 1960년 한국의 4·19와 근래 몇 년 새 라틴아메리카의 볼리비아 등지에서 일어난 반란은 분명히 혁명이긴 했으나, 사회 혁명은 아니었고 단순한 정치 혁명이었다. 물론 볼리비아의 경우 몇 년 안에 사회 혁명 상황이 전개될 수도 있다.

지금까지 논의한 바에 따라 혁명을 정의하면, 아래로부터의 대중 행동으로 근본적 정치·사회 변혁이 일어나는 것이라고 할 수 있다.

혁명은 언제 일어나는가?

21세기에도 이런 의미의 혁명이 일어날 수 있을까? '순전한' 정치 혁명은 지난 6~7년 동안에만도 벌써 몇 차례나 일어났다(2000년 에콰도르, 2000년 세르비아, 2001년 아르헨티나, 2005년 볼리비아 등). 앞으로도 수없이 많이 일어날 것이다.

경제의 회복은 짧아지고 부진은 더 길어지는 식으로 경제 위기가 질질 끄는 가운데 점점 더 많은 사람들이 고통을 겪고, 지배자들은 경쟁 격화에 대처하기 위해 억압과 비민주성을 강화하고, 전쟁이 계속 빈발하고, 지구 온난화로 말미암은 재난이 엄습하는 상황에서 피지배자들이 삶을 점점 더 참기 힘든 것으로 느끼는 것은 당연하다.

그러나 이것만으로 대중 반란이 반드시 일어나지는 않는다. 고통은 민중이 투쟁하게 만들기보다는 오히려 사기를 저하시킬 수 있고, 서로 분열시킬 수 있다.

그러나 다행히도 지배계급도 경제와 정치의 위기 상황에선 쉽사리 탈출구를 찾지 못한 채 뒤죽박죽과 당혹과 잦은 실수를 하게 된다. 위기가 심각하면 그들은 일이 잘못된 책임을 서로 떠넘기며 비난하고, 경쟁자를 희생시켜 곤경을 벗어나려 한다. 이런 아귀다툼이 격화하면 그들의 선전 기구와 억압 기구도 내홍에 휘말려, 언론 매체와 검찰 같은 기구들이 지배자들 사이의 상호 공격에 동원되곤 한다. 심지어 일부 지배자들은 대중을 동원해 라이벌을 제거하려는 모험까지 감수한다.

지배자들 간의 이런 쟁투와 내분은 피지배자들에게 자신감을 불어넣을 수 있고 때로는 거대한 저항을 고무하기도 한다. 특히 전쟁은 종종 혁명을 일으키곤 한다. 가령 러일전쟁의 여파 속에서 러시아 1905년 혁명이 일어났다. 제1차세계대전 중에 러시아 혁명이 일어났고, 1년여 뒤 독일·헝가리·오토만제국 등지에서도 혁명이 일어났다. 제2차세계대전 종전 때도 마찬가지였다. 이탈리아와 그리스, 중국, 남한 등지에서 혁명이나 준혁명이 일어났다.

1948년 이스라엘과의 전쟁에서 아랍이 패배한 여파로 4년 뒤 이집트 왕정이 타도되고 나세르 정권이 들어설 수 있었다. 1956년 영국·프랑스·이스라엘이 이집트를 공격한 전쟁의 여파로 1958년 이라크에서 혁명이 일어나 친영 왕정을 타도했다. 1962년 이래 포르투갈의 파시스트 정부는 아프리카 식민지 앙골라·모잠비크·기니비소에서 전쟁을 벌였는데, 이 전쟁에서 이길 수 없다는 점이 분명해지자 1974~75년 포르투갈 자체 내에서 혁명이 일어났다.

이 모든 경우에 전쟁은 의도치 않게 혁명의 산파 구실을 했다. 물론 전쟁 초기엔 애국주의가 득세하기 십상이다.(1914년 독일에서 애국주의 광풍을 만난 룩셈부르크는 잠시 자살을 생각하기도 했다.) 하지만 나중엔 분위기가 달라지곤 하는 것이다.

동아시아에서도 만일 대만을 둘러싸고 미·중·일이 격돌한다면 한반도는 전쟁터가 될 뿐 아니라 혁명의 진원지가 될 수도 있다. 물론 훨씬 더 있을 법한 상황은 중동에서 먼저 혁명적 상황이 전개되는 것이다.

이처럼, 사회 기층민들이 더는 지금처럼 못 살겠다며 민중 항쟁을 일으키고 사회 상층이 기존 지배 방식대로 지배할 수 없다고 느끼는 상황이 도래하면 사람들은 사회의 미래를 놓고 대안을, 해결책을 (혁명이나 파시즘 같은 극단적인 것을 포함해) 모색하게 된다.

20세기 전반부의 자본주의는 대규모 전쟁과 경제 위기로 점철되면서 이러한 혁명적 상황을 만들어 냈다. 21세기 초의 자본주의도 세계화가 빚어내는 혼돈으로써 그러한 상황을 만들어 내고 있는 것이다. 지난 몇 년 새 라틴아메리카의 아르헨티나와 볼리비아 등지에서 일어난 혁명들은 앞으로 수십년 새 다른 곳에서도 비슷한 일이 일어날 수 있음을 미리 보여 주는 것이다.

민중 권력과 혁명 정당

거침없이 세계화하고 있는 21세기 자본주의 하에서 세계의 어디에선가 정치 혁명이 일어나는 건 거의 필연적이라고 할 수 있다. 그런데 정치 혁명이 사회 혁명 상황으로 발전하느냐는 결코 필연이 아니다. 또, 사회 혁명이 승리하느냐도 필연이 아니다.

단순한 정치 혁명이 사회 혁명 상황, 즉 온전한 의미에서 혁명적 상황으로 발전하려면 아래로부터 민중 권력이 등장해야 한다. 파리 코뮌 때의 코뮌, 러시아 혁명 때의 소비에트 등이 그것이다.

진정한 민중 권력은 아래로부터 건설되는 진정으로 민주적인 대중 조직이다.

민중 권력 기관은 생산은 물론이거니와 물·전기·가스 등 필수 서비스와 식료품, 의약품, 교통수단 등도 관리해야 한다. 언론 매체도 접수해야 한다.

코뮌이나 소비에트의 대표는 선출돼야 하고, 그 대표는 노동자 평균 임금만을 받아야 하고, 직책 수행에 문제가 있으면 즉시 소환이 가능해야 한다.

이런 기층대중 권력 기관은 1871년 파리코뮌 때나 1905년과 1917년 러시아 혁명 때, 1918~19년 독일에서처럼 자생적으로 등장할 수도 있지만, 1998년 인도네시아에서처럼 등장하지 않을 수도 있다. 2005년 6월 볼리비아 봉기에서도 이렇다 할 정도로는 등장하지 않았다. 베네수엘라도 현재로선 그다지 다르지 않다.

조직된 혁명가들의 개입 없이 정치 혁명이 사회 혁명 상황으로 발전할 수도 있겠지만, 그런 발전이 확실해지려면 그들의 개입이 필수적이다.

이런 기층 민중 권력과 기존 국가 권력은 한동안 병존한다. 이를 두고 "이중(이원) 권력"이라 한다.

이원 권력 상황은 무한정 지속될 수 없다. 조만간 한쪽이 살려면 한쪽이 죽어야 하는 운명의 시간이 도래하게 마련이다. 이 때 개혁이냐 혁명이냐 하는 고전적 문제가 더욱 첨예해진다. "권력으로 세상을 바꿀 수 없다"는 자율주의식 문제 회피는 운동을 위태롭게 만드는 것일 뿐이다. 이 때 혁명적 정당의 구실이 사활적이다. 이것이 앞에서 필자가 사회 혁명의 성공도 필연이 아니라고 했던 이유다.

노동계급의 중요성

그런데, 민중 가운데 과연 어느 부분이 민중 권력 창출을 주도할 실제 힘을 가졌느냐 하는 문제가 있다. 사실, 모든 혁명은 민중 혁명이다. 따라서, 민중 혁명에 대해서만 얘기하는 것은 아무 얘기도 하지 않는 것이나 마찬가지다. 민중 가운데 어느 계급이 다른 천대받는 사회집단들에 "헤게모니"(다른 사회집단에 대한 노동계급의 지도력을 특별히 일컫는 용어)를 행사할 능력이 있느냐에 대해 얘기하는 것까지 나아가야 한다.

그것은 바로 노동계급이다. 어떤 심각한 위기 속에서든 지배계급은 민중에게서 가장 중오받는 인물 몇몇을 제거하고 몇몇 개혁을 실행하는 등의 양보 조처로 시간을 벌면서 구체제의 골간을 유지하려 애쓴다. 특히 공장과 사무실, 은행, 광산, 토지 등에 대한 지배권을 놓지 않으려 애쓰고, 경찰과 군대에 대한 통제권을 유지하려 애쓴다. 지배계급이 절대 놓지 않으려 갖은 애를 쓰는 이 두 가지 수단, 즉 생산 수단과 탄압 수단의 내부에서 상향식으로 대중 조직을 건설할 수 있는 사회세력은 노동계급과 보통의 군인들이다.

21세기 신자유주의 세계화 시대에 노동계급은 단지 대공장에만 존재하지는 않는다. 분할매각, 외주, 아웃소싱, 특수고용직, 임시·비상용직의 시대에 노동계급은 소규모 작업장·사무실의 종업원 형태로도 광범하게 존재한다.

집단적 계급

대공장 노동자들은 혁명 상황에서 소비에트를 창출하겠지만(만약 한다면), 소규모 작업장과 사무실의 노동자들은 자신의 거주 지역에서 그 지역사회의 다른 노동자들과 함께 코뮌을 창출할 것 같다(만약 한다면).

대공장 노동자든 다른 종류의 노동자든, 특정 노동자 집단이 수행하는 노동의 종류와 관계 없이 모든 노동자는 자본주의의 심장인 이윤에 타격을 줄 수 있을 뿐 아니라 착취와 천대가 없는 진정으로 평등한 사회 건설의 주역이 되기에 적합한 생활조건 속에 존재한다. 노동계급은 집단적 계급인 것이다. 물론 개별 노동자들은 다른 사회

집단의 개별 성원들보다 특별히 덜 이기적이거나 덜 개인주의적이지 않다. 그러나 노동자들은 자기 생계를 유지하려면 다른 사람들을 위해 일해야 하는 처지에 있다.

또한, 노동자들은 조건을 개선하거나 지키려면 집단으로 행동하고 조직해야 한다. 수면 시간이 아닌 깨어 있는 시간의 대부분을 노동자들은 직장(출퇴근 시간 포함)에서 동료 노동자들과 함께 보낸다. 출신은 다양해도 거의 다 비슷한 조건 속에서 일하고 살아간다. 특히 사용자의 착취 강화 기도에 맞서 노동자들은 노동조합 등 단체로 조직하고 행동해야 한다.

혁명 상황에서는 수구적 장교들에 맞설 수 있는 사병들과 하급 지휘관들의 민주적 대중 조직이 필수적이다. 물론 이 문제에서도 군대 내에서 은밀히 활동할 혁명가들의 존재가 필수적이다. 물론 이것은 당면한 한국 상황에선 추구할 과제가 아니다.

20세기는 물론 21세기 초의 지난 몇 년 새만도 우리는 세계화된 자본주의의 불안정이 빈발하는 가운데 민중 권력이 돌연 현실적 가능성이 되는 것을 힐끗 목격했다. 이런 일은 앞으로도 재연될 것이다. 교훈을 얻어야 한다. 다음 번 반란 때는 민중이 단지 역사의 문턱에서 머뭇거리지 않고 훌쩍 문턱을 넘도록 의식 있는 소수가 지금부터 꾸준히 조직해 나아가야 한다.

크리스 하먼이 말하는 21세기의 혁명

이번 토론의 주제는 '21세기의 혁명'입니다. 이 제목은 21세기에 혁명이 불가능하지 않을 뿐 아니라, 혁명적 격변이 이미 일어나고 있고 앞으로도 계속될 것이라는 사실을 암시하고 있습니다.

이미 지난 5년 동안 몇몇 중요한 나라들에서 항쟁이 일어나 일련의 정부를 무너뜨렸습니다. 그 중 가장 중요한 사례들은 라틴아메리카에서 일어난 항쟁이었습니다.

이 과정에서 비슷한 양상이 되풀이됐습니다. 정부가 신자유주의 정책을 도입해 대중이 고통을 겪었고 자생적으로 거리로 나섰습니다. 경찰이 시위대에 발포했지만, 그들을 막을 수는 없었습니다. 그리고 결국 대통령들은 헬리콥터를 타고 미국으로 도망쳤습니다.

———

크리스 하먼. 격주간 〈다함께〉 67호, 2005년 11월 9일. https://wspaper.org/article/2610. 이 글은 크리스 하먼(Chris Harman)이 2005년 8월 중순 '다함께' 주최 대규모 포럼 '전쟁과 변혁의 시대'의 한 워크숍에서 행한 연설을 녹취한 것이다. [ ]안의 말은 독자의 이해를 돕기 위해 첨가한 것이다.

이런 양상이 2001년 말 아르헨티나에서, 2000년과 올해 에콰도르에서, 그리고 2003년과 올해 6월 볼리비아에서 되풀이됐습니다.

이런 항쟁들은 지난 20세기 말에 일어난 항쟁들과 비슷한 양상을 보여 줍니다. 인도네시아에서는 수하르토를 몰아냈고, 세르비아에서도 항쟁이 일어났죠.

신자유주의가 확산되면서 이런 항쟁들이 계속 일어나는 것은 아주 당연합니다.

혁명적 격변은 전쟁과 마찬가지로 자본주의 자체의 논리에서 비롯하는 것입니다. 카를 마르크스와 프리드리히 엥겔스는 《공산당 선언》에서 "자본주의가 출현하기 전 수백 년 동안 사회 안정의 전제조건은 생산의 느린 발전이었다"고 말했습니다.

당시에 사람들이 재화를 생산하는 방식은 천천히 변했기 때문에 사람들 사이의 사회관계도 완만히 변했고, 피억압·피착취 계급들은 현 상황이 계속되는 것을 당연하게 여겼습니다. 왕과 성직자들은 이들에게 '빈곤과 고통이 언제나 있었고 앞으로도 계속 있을 것이다. 너희들은 그것을 바꿀 수 없다'고 말했습니다.

마르크스와 엥겔스는 그런 사회들과 자본주의 사회를 대비시켰습니다. 자본주의는 매우 역동적이며, 사람들이 함께 일하고 생산하는 방식을 끊임없이 변화시킵니다.

그리고 자본주의는 사람들이 함께 일하는 방식을 변화시키면서 사람들 사이의 관계도 계속 변화시킵니다. 그래서 과거에 당연하게 여겨졌던 것들이 어느 순간 사라집니다.

마르크스와 엥겔스는 "생산관계의 지속적인 혁명적 변화" 때문에,

"전에 신성시됐던 것들이 모두 사라지고 … 확고했던 것들은 모두 허공 속으로 사라진다"고 말했습니다.

현실에서 이 말은 피착취자들이 기대한 삶의 방식이 사라지고, 그래서 완전히 달라진 세계에 적응해야 하는 상황을 뜻합니다.

여러 해 전부터 약속했던 것들이 갑자기 가능하지 않게 되면서, 기존 체제를 정당화했던 보수적 사상들도 갑자기 더는 현실과 맞지 않게 됩니다.

따라서 자본주의 체제는 계속해서 노동자들에게 특정 방식을 받아들이라고 강요하지만, 어느 순간 체제가 변하면서 노동자들을 통제했던 기존 방식이 더는 쓸모 없게 되고, 모든 것이 허공에 떠 버리는 상황이 옵니다. 자본주의의 역사를 보면 이런 상황이 계속 되풀이됐음을 알 수 있습니다. 이런 의미에서 자본주의 자체가 끊임없이 혁명적 변화를 일으키는 체제입니다.

[자본주의 사회에서는] 농촌 생활에 익숙하던 사람들이 일자리를 찾아 도시로 이주해야 합니다. 또, 공장에서 일하던 노동자들은 갑자기 그 공장이 더는 필요 없으니 당신들의 일자리도 사라질 것이라는 말을 듣습니다.

노동자들은 주당 40~50시간씩 앞으로 50년 동안 일해야 한다고 귀가 따갑게 듣다가 갑자기 체제 때문에 더는 그럴 수 없다는 사실을 깨닫습니다.

이것이 자본주의의 일반적 특징이라면, 세계화 국면의 현재 자본주의에서는 이런 특징이 1백 배 더 뚜렷하게 나타납니다.

신자유주의 지지자들은 우리에게 혁명이 불가능하다고 말합니다.

그러나 똑같은 사람들이 우리에게 끝없는 변화와 느닷없는 일자리 상실을 받아들이라고 주문합니다.

그들은 어떤 나라의 노동자들에게 이렇게 말합니다. '당신이 다른, 가난한 나라의 노동자들보다 더 열심히 더 오래 일하지 않으면 당신의 일자리를 지킬 수 없을 것이다." 그리고 나서 그들은 가난한 나라의 사람들에게는 더 가난한 나라의 사람들보다 더 열심히 더 오래 일하지 않으면 일자리를 잃을 것이라고 말합니다.

실제로, 그런 자들은 영국 노동자들에게 한국 노동자보다 더 열심히 더 오래 일하지 않으면 일자리를 잃을 것이라고 말합니다. 또한 그들은 한국 노동자들에게 중국 노동자보다 열심히 오래 일하고 임금을 지금보다 덜 받지 않으면 일자리를 잃을 것이라고 말하고 있습니다. 이 때문에 불안정과 불확실성이 계속됩니다.

그리고 이런 불안정과 불확실성에 더해 이 체제는 주기적으로 위기에 빠진다는 특징이 있습니다. 그 때문에 지역 전체, 때로는 나라 전체의 경제가 파괴됩니다. 또한 전쟁과 그에 따른 엄청난 파괴도 빈발합니다.

이렇게 자본주의가 만들어내는 전쟁과 경제위기와 파괴 때문에 혁명적 상황이 조성될 가능성과 조건이 만들어집니다. 그렇다고 해서 모든 나라에서 언제나 혁명적 위기가 발생한다는 말은 아닙니다.

그러나 지금 안정적으로 보이는 나라가 21세기의 남은 95년 동안 계속 안정적일 것이라고 장담할 수는 없습니다. 특히, 자본주의가 기후 변화를 일으키고, 그에 따라 가뭄이 없던 곳에 가뭄이 들고, 홍수가 나지 않던 곳에 홍수가 나는 등의 경우를 생각해 본다면 말입니다.

90년 전 러시아 혁명가 레닌은 혁명의 조건에 대해 얘기했습니다. 레닌은 수십 년 동안 혁명을 위한 조건이 존재하지 않았음을 인정했지만, 자본주의 자체가 만드는 특정 상황들, 즉 전쟁이나 경제위기 등이 혁명을 위한 조건을 만들고, 그래서 갑자기 혁명이 가능해질 수도 있음을 지적했습니다.

레닌은 혁명이 일어나려면 먼저 두 가지가 필요하다고 지적했습니다.

첫째, 대중이 더는 현 상황을 견딜 수 없고, 더는 기존의 방식으로 살 수 없다고 느껴야 합니다. 다시 말해서, 전쟁과 경제위기, 인플레이션 등으로 상황이 너무 악화해서, 전에는 투쟁을 꿈도 꾸지 않았던 가장 보수적인 사람조차 무언가 해야 한다고 생각하기 시작해야 합니다.

둘째, 대중이 기존 방식대로 살 수 없다고 느껴야 할 뿐 아니라, 지배계급 자신도 기존 방식대로 살[지배할] 수 없다고 느껴야 합니다. 지배계급은 자신들의 지배력을 유지하기 위해 대중에 대한 착취를 강화할 방법을 열심히 찾아야 하지만, 그럴 수 없을 때 그들은 서로 다투기 시작합니다. 이에 따라 지배계급이 크게 분열하고, 대중매체는 누가 친구이고 누가 적인지 구분하지 못하고, 경찰은 누구를 체포하고 누구를 그냥 놔둬야 할지 모르는 상태에 처합니다.

그리고 대중이 갑자기 불만을 나타내게 되면, 분열된 지배자들은 대중을 어떻게 통제해야 할지 갈피를 잡지 못합니다. 이것이 잠재적으로 혁명적 상황을 가져올 수 있습니다. 우리는 20세기의 위대한 혁명적 격변, 즉 1917년 러시아 혁명, 1919년 독일 혁명이나 1936년 스페인 혁명 전에 이런 상황이 발생하는 것을 봤습니다.

지난 5년 간 라틴아메리카에서 일어난 항쟁들을 보면, 이런 요인들이 갑자기 나타났습니다.

그 중에서 아르헨티나의 상황을 잠깐 말하겠습니다. 왜냐하면 아르헨티나는 라틴아메리카에서 가장 공업화된 나라일 뿐 아니라 생활수준이 선진공업국과 비교할 수 있는 유일한 나라이기 때문입니다.

1990년대 초에 신자유주의 지지자들은 아르헨티나 경제가 기적을 이룩했다고 말했습니다. 그렇게 말한 이유는 부에노스아이레스 동물원의 동물들을 포함해서 모든 것이 사유화됐기 때문이었습니다.

그러나 1990년대 말이 되자 그들은 모든 것이 잘못됐음을 깨달았습니다. 심각한 금융위기가 발생했고, 정부는 외채를 상환할 수 없었으며, 지배계급은 달러에 대해 자국 통화를 평가절하하는 문제를 둘러싸고 크게 분열했습니다.

실업률이 20퍼센트로 치솟고 엄청나게 많은 대중이 빈곤층으로 내몰리면서 아르헨티나는 세계 선진 경제에서 제3세계 경제로 전락했습니다. 정부는 부채 상환을 위해 중간계급의 저축을 거의 다 압류했습니다.

이것은 앞서 말한 종류의 상황을 만들었습니다. 지배계급은 분열하고, 대중은 더는 참을 수 없었기 때문에 거리로 나섰고, 정부는 도망쳐야 했습니다.

아르헨티나 자체에 비정상적인 면은 없었습니다. 다만, 세계화 시대의 자본주의 동역학이 정상적 부르주아 체제를 유지해 주던 구조들을 산산조각냈던 것입니다.

또, 아르헨티나에서 일어난 일이 유일무이한 현상도 아니었습니다. 겨우 2~3년 전에 인도네시아에서도 매우 비슷한 일이 일어났습니다. 수하르토 정부를 유지해 주던 것들이 아시아 경제위기의 여파로 모두 사라졌기 때문입니다.

그리고 겨우 3개월 전에 볼리비아에서도 비슷한 과정이 재연됐습니다. 위기가 확대되고 지배계급은 라파스에 기반한 세력과 석유에서 주로 소득을 얻는 산타크루스에 기반한 세력으로 분열했습니다. 그리고 대중은 계속 이런 식으로 살 수 없다고 생각했고 석유 자원이 지배계급 일부가 아니라 자신들의 복지를 위해 사용되기를 바랐습니다.

우리는 앞으로도 이런 양상을 보고 또 볼 것입니다. 물론 저는 다음에 어느 나라에서 혁명이 일어날지 알지는 못합니다. 하지만 앞으로 2~3년 안에 어떤 나라에서 이런 요인들이 결합돼서 혁명적 상황을 만들어 낼 가능성은 존재합니다.

그러나 여기에 더해 무언가를 더 말해야 합니다. 우리는 항쟁들을 보았지만 제대로 된 의미의 혁명은 아직 보지 못했습니다.

다시 말해서, 모든 잠재적인 혁명적 상황이 혁명으로 발전하는 것은 아닙니다. 인도네시아에서 자본가들은 심각한 위기를 겪은 후에도 안정을 되찾을 수 있었고, 아르헨티나에서도 마찬가지였으며, 볼리비아에서는 안정을 되찾으려 하고 있습니다.

앞서 말한 두 가지 전제 조건은 혁명적 상황을 조성할 가능성을 만들지만, 이런 상황이 온전한 혁명으로 발전하려면 다른 무언가가 더 필요합니다.

앞서 지적했듯이, 잠재적인 혁명적 상황이 발생하기 위해서는 대중의 정서가 변해야 하고 지배계급이 분열해야 합니다. 그러나 이것이 혁명으로 발전하려면 대중의 일부가 대안을 성취하기 위한 방식을 알고 있고 조직돼 있어야 합니다.

그들은 대중이 모두 능동적으로 혁명 과정에 참가하고 역사를 스스로 만들어 갈 수 있도록 고무하는 조직을 건설할 방법을 찾아야 합니다.

왜냐하면 사회 전체가 위기에 빠져 있을 때, 사람들은 앞으로 전진할 수 있는 방법을 필사적으로 찾아나서기 때문입니다. 사람들은 가만히 앉아서 '어, 사회가 위기에 빠졌네. 해결 방안이 나올 때까지 한 2~3년 기다리지, 뭐' 하고 말하지 않습니다.

사람들은 상황이 절망적이고 도저히 견딜 수 없을 때 사회를 바꾸려 할 것입니다. "상황이 도저히 견딜 수 없을 지경"이라는 것은, 예컨대 사람들이 자기 자식이 굶어죽어 가는 것을 지켜 봐야 하는 상황 따위를 의미합니다. 아르헨티나나 인도네시아에서 그랬습니다.

[그런 상황에서] 사람들은 위기를 해결해 줄 세력을 찾습니다. 그런 세력이 존재하지 않을 때 그들은 옛 지배계급에게 다시 돌아갑니다.

역사적 경험을 보면, 그런 공백을 메우기 위해서는 두 가지가 필요했습니다. 첫째, 모든 피억압자들이 민주적 방식으로 사회를 바꾸는 투쟁에 스스로 참가하고 있다고 느끼게 해 줄 민주적 대중 조직을 건설해야 합니다. 1917년 러시아 혁명 때의 노동자·병사·농민 평의회가 그런 조직이었습니다.

이 평의회는 사회 위에 군림하는 기구가 아니었습니다. 모든 노동자와 농민이 대표를 선출했기 때문에 그들은 사회에 대한 통제력을 어느 정도 행사할 수 있었고, 따라서 일상적인 문제를 모두 해결하고 사회 전체를 바꾸기 시작할 수 있었습니다.

혁명은 소수 사람들이 '우리가 다른 이들을 위해 이런저런 문제를 해결했어' 하고 말하는 것이 아닙니다. 혁명이란 노동자 대중이 농민과 농촌 빈곤층에게 지지받아 사회 내 모든 부문의 사람들이 스스로 사회를 바꾸는 과정에 참가하고 있다고 느끼게 해 줄 조직을 건설하는 것입니다.

1918~19년 독일 혁명에서, 1936년 스페인에서, 1956년 헝가리에서, 그리고 1980년 폴란드에서 비슷한 조직이 나타났습니다.

그것은 의회제적 대표 형태와는 완전히 다릅니다. 우리가 의원이나 대통령을 뽑으면 그들은 임기 동안 우리의 통제에서 완전히 벗어납니다. 투표하는 데 1초가 걸린다면, 우리는 매 4~5년마다 1초씩 민주주의를 행사하는 셈입니다.

그러나 노동자·농민·병사 평의회에 기반한 조직의 경우, 대중은 끊임없이 토론하고 논쟁하고 결정합니다. 즉, 민주주의가 계속되는 것입니다.

이것은 의회 기구에서의 민주주의에 한정되지 않습니다. 우리의 작업장에서 일어나는 일, 경제가 조직되는 방식, 지역사회에서 일어나는 일과 농민에게 일어나는 일 등 삶의 모든 분야에서 시행되는 민주주의입니다. 그러므로 이를 통해 소수 지배계급에 반대해 사회의 대다수가 참가하는 단결된 세력을 만들 수 있는 것입니다.

하지만 20세기의 혁명적 격변들 중 이런 조직이 건설되지 않은 경우에 지배계급은 쉽게 통제력을 되찾을 수 있었습니다. 예를 들어, 1920년 이탈리아나 1968년 프랑스에서는 거대한 대중 운동이 있었지만, 지배계급에 도전하는 이런 형태의 조직은 존재하지 않았습니다.

최근의 항쟁들을 봐도, 인도네시아에서 볼리비아까지 잠재적인 혁명적 상황이 조성됐고, 대중이 투쟁했습니다. 그러나 이런 조직은 등장하지 않았습니다.

이런 조직이 등장했을 때를 "이중(이원) 권력" 상황이라고 부릅니다. 한편에는 관료기구를 가진 공식 정부가 있고, 다른 한편에는 실제로 일상적으로 사회를 운영하는 대중으로 구성된 조직이 있습니다. 이런 이원 권력이 등장하지 않고서는 잠재적인 혁명적 상황을 온전한 혁명으로 발전시킬 수 없습니다.

그러나 그[이원 권력 상황] 자체만으로는 혁명 과정을 완성할 수 없습니다. 왜냐하면 결국, 조직된 노동계급이 옛 정부를 제거하거나 또는 그 반대가 될 수밖에 없기 때문입니다.

노동계급의 대중 조직은 자본가들이 사회의 어떤 부문에도 명령을 내리고 통제력을 행사할 수 없도록 만들기 위해 아직 남아 있는 국가 기구를 해체해야 합니다.

사회가 노동자 평의회 등으로 얼마나 많이 조직돼 있는가 자체는 중요하지 않습니다. 국가 기구, 즉 자본가들의 명령대로 움직이는 무장한 인간들로 구성된 기구를 남겨둔다면, 자본가들은 이들을 이용해 대중 운동을 공격하고 파괴하고 파편화시킬 것입니다.

대중 운동이 매우 강력한 동안에 지배자들은 그것을 관용하거나, 심지어 자신의 국가와 함께 노동자 평의회가 공존할 수 있는 양 행동할 수 있습니다. 그러나 운동이 약해지는 순간 그들은 군대를 이용해 운동을 파괴하고 사람들을 살해할 것입니다.

1919년 독일에서 이런 일이 일어났습니다. 당시 노동자 평의회가 사회 전체를 운영하고 있는 듯했습니다. 그러나 자본가들은 일부 군대에 대한 통제력을 유지하다가 이 군대를 체계적으로 이용해서 노동자 조직들을 파괴했습니다.

1973년 칠레에서도 노동자 운동이 매우 강력했지만, 운동의 지도자들은 군장성들과 협력할 수 있다고 말했습니다. 군장성들은 때를 기다렸다가 노동자 운동을 공격해서 파괴했습니다.

따라서 혁명 운동이 성공하려면 대중 조직을 건설할 뿐 아니라, 더 나아가 모든 국가 기구를 철저하게 해체하고 무장해제시켜야 합니다.

이것은 노동계급이 군대 내에서 체계적으로 반란을 조직하지 않는 한은 불가능합니다. 노동자 조직은 투쟁이 매우 높은 수준에 도달했을 때 옛 질서를 수호하려는 장교와 사병들을 무력을 사용해 무장해제할 준비가 돼 있어야 합니다.

'무력을 사용하지 않고 사회주의 혁명이 가능하다'고 말하는 사람들이 있습니다. 물론 대부분의 시기에 혁명가들은 무력 사용을 고민하지 않습니다. 우리는 대중 운동을 조직하려 합니다. 하지만 대중 운동이 정점에 도달했을 때, 우리는 적들이 우리에게 무력을 사용하는 것을 막기 위해 무엇이 필요한지 생각해야 합니다.

무력 사용이 반드시 엄청난 폭력을 뜻하지는 않습니다. 만약 20명의 노동자들이 거리를 행진하면서 경찰을 비난한다면 곤봉 세례를 맞을 것입니다. 하지만 10만 명의 노동자들이 행진하면서 경찰을 비난한다면 경찰은 도망칠 것이고, 노동자들은 폭력을 사용할 필요가 없을 것입니다. 노동계급 운동이 모든 자원과 권력을 사용할 준비가 돼 있다면 폭력은 최소화할 것입니다.

하지만 잠재적인 혁명적 상황에서 필요한 이 두 가지 요소들 ― 대중적이고 민주적인 노동계급 조직의 건설과 결정적 국면에서 어느 정도 무력을 사용할 태세 ― 을 볼 때, 혁명적 상황에서는 무언가 특별한 것이 필요합니다. 즉, 노동계급 내 가장 사회주의적인 부분이 정당으로 조직돼 있어야 합니다. 조직된 그들이 돌아다니면서 모든 노동자, 모든 농민, 모든 병사들을 포괄하는 조직을 건설할 필요가 있다고 주장해야 합니다.

20세기 혁명의 역사를 보면, 사회주의자들이 혁명정당으로 조직돼 있을 때 노동자평의회가 성공적으로 건설되고 투쟁이 최고 수준에 도달할 수 있었습니다.

혁명정당이 없을 때 대중은 자본주의 사회가 남겨 준 온갖 기구들과 공존하려 했습니다. 그들은 '의회를 믿으라'고 말하는 정치인들에게 의존했습니다. 1919년 독일과 1973년 칠레에서 이런 일이 일어났습니다.

혁명적 상황이 최고조에 달했을 때, 혁명정당이 해야 할 일이 하나 더 있습니다. 혁명정당은 군대 내에서 비밀리에 활동하면서 반동적 장교들에 맞설 수 있는 최고의 사병과 장교들을 설득해 지지하게 만들어야 합니다.

이런 논의가 추상적이고 현재 한국 상황과는 거리가 먼 것으로 들릴 것입니다. 물론 그렇습니다. 만약 지금 군대 내에서 비밀리에 활동하는 것이 중요하다고 말하는 조직이 있다면 정신감정이 필요할 것입니다. 지금 혁명가들이 무장할 필요가 있다고 말하는 사람은 사실 보안경찰일 수 있습니다.

그럼에도 지금 제가 이런 말을 한 이유는 이렇습니다. 지난 2~3년 동안의 볼리비아 상황을 보면 아주 낮은 단계의 투쟁에서 시작해서, 노동자 평의회 건설이 필요할 뿐 아니라 노동계급이 기존 국가의 무력에 어떻게 대처할 것인가를 고민해야 하는 단계에 도달했습니다.

지난 6월 볼리비아 대중이 대통령을 몰아낸 후, 볼리비아 노동자와 농민 대표들은 기나긴 토론을 시작했습니다. 사람들은 벌써 두 번이나 권력이 공중에 떠서 어떤 계급도 권력을 잡지 못하는 상황이 도래했는데도, 왜 자신들은 거듭해서 자본가들이 다음 대통령을 결정하도록 허용했는가를 물었습니다.

그들은 자신들이 노동자 평의회를 건설하지 않았지만, 자본가들이 취약해서 노동자와 농민 들이 권력을 잡을 수 있는 순간에 도달했다고 말했습니다.

전에 볼리비아의 사회주의자들은 그런 상황에 대비하지 못했습니다. 혁명적 상황을 만든 수많은 사람들에게 일관된 방향을 제시할 수 있는 사회주의 정당을 미리 건설하지 못했습니다.

물론 지난 25년 동안 볼리비아에서 혁명정당을 건설하는 것이 어려웠던 객관적 조건이 존재합니다. 20여 년 전에 볼리비아 노동계급은 커다란 패배를 경험했습니다. 노동계급 내 가장 선진적 부문이었던 광부 노동자들 중 절반이 일자리를 잃었고, 사기저하해서 자신들에게 세상을 바꿀 수 있는 능력이 있다는 믿음을 잃었습니다.

지난 10년 동안 자본주의 체제가 볼리비아에서 만들어 낸 새로운 노동계급은 옛 노동계급과는 다른 전통, 다른 배경을 가지고 있습니다.

이런 상황에서 혁명정당을 건설하는 것은 매우 힘든 일이었고, 볼리비아의 혁명가들은 어떻게 그런 정당을 건설할 수 있을까를 논의하기 시작했습니다.

최근에야 혁명정당 건설을 시작했기 때문에 그들은 지난 6월 위기 때 제대로 개입할 수 없었습니다. 어쩌면 앞으로 몇 개월 뒤에 새로운 위기가 발생했을 때는 준비가 돼 있을지 모릅니다.

그러나 더 일반적인 교훈은 이겁니다. 볼리비아보다 혁명정당을 건설하기가 쉬운 곳이 있을 수 있지만, 혁명정당을 건설해야 할 시기는 이미 혁명적 상황이 눈앞에 닥쳤을 때가 아니라 그보다 수십 년 앞선 시기입니다.

우리가 건설해야 할 혁명정당은 어떤 것일까요? 어떤 사람은 혁명정당의 의미를 오해해서 대단히 군사화되고 규율 있는 소수 사람들을 떠올립니다. 이들이 대중을 위해 혁명을 가져다 준다는 것이죠. 이것은 제가 말하는 혁명정당과 완전히 다릅니다.

혁명정당은 노동계급의 일부로서, 노동계급과 그 밖의 다른 피억압자 집단이 연루된 크고 작은 투쟁에 모두 개입하는 조직을 말합니다.

혁명정당은 이렇게 투쟁에 개입하는 과정에서 두 가지를 얻을 수 있습니다. 먼저, 아무리 제한적인 목적을 가진 투쟁일지라도 그 투쟁이 전진하기 위해서는 무엇이 필요한지를 배울 수 있습니다. 또한 그 과정에서 노동자와 학생 들 가운데 가장 사회주의적인 인자들을 끌어들이고, 동료 노동자와 학생 들을 설득해 지지를 얻기 위해 무엇이 필요하며 특정 순간마다 어떤 투쟁을 최고 수준으로 끌어올리기 위해 무엇이 필요한지를 함께 배울 수 있을 것입니다.

이런 과정을 거쳐서 우리는 혁명 직전의 상황이 닥쳤을 때 노동계급 내에 진정한 기반이 있고 눈앞의 도전에 모두 대응할 수 있는 조직을 건설할 수 있을 것입니다.

앞으로도 혁명적 상황이 계속 발생할 것입니다. 세계화된 자본주의는 불확실성, 갑작스러운 위기와 전쟁을 만들어 내는 동시에, 혁명적 사상이 더는 소수의 사상이 아니라 아주 많은 사람들에게 다가갈 수 있는 조건을 만들어 낼 것이기 때문입니다.

토론 정리 발언

몇 가지 질문에 답하겠습니다. 먼저, 우리는 대부분의 시기에 우리가 잠재적인 혁명적 상황에 있지 않다는 것을 이해해야 합니다. 어떤 분이 오늘날 한국에서 대중이 견딜 수 없는 것들에 맞서 투쟁하고 있고 지배계급이 분열해 있다고 지적하셨습니다.

하지만 우리는 아직 대부분의 비정치적 노동자들이 다른 노동자들과 함께 거리로 나와서 중대한 변화를 요구하는 상황에 직면하지 않았습니다.

어떻게 이런 상황이 발생하게 될지는 미리 말하기 힘듭니다. 평상시에 개별적으로 행동하던 수많은 사람들이 어떻게 갑자기 세상을 바꿀 집단적 힘을 가지고 있음을 깨닫고 단결하게 될지는 미리 말하기 힘듭니다.

하지만 중요한 점은 세계화된 자본주의가 세계 여기저기에서 이런 조건을 계속 만든다는 것입니다.

이 과정에서 모든 사람들이 정치와 사회를 어떻게 변화시킬까를 논의하기 시작하는, 평상시에는 생각하기 힘든 상황이 조성됩니다.

그런 상황을 제가 직접 목격한 경우가 세 번 있었습니다. 1968년 프랑스, 1975년 포르투갈과 4년 전 아르헨티나에서였습니다. 각각의 경우에 그런 상황은 지속되지 않았지만, 사람들은 갑자기 세상을 바꿀 수 있다고 느끼기 시작했습니다.

어떤 분은 이런 상황에서 여성이나 소수자들이 어떤 구실을 하는지 물었습니다. 혁명적 상황이라는 것은 노동자들이 행동하고 나머지는 가만 있는 상황을 말하는 것이 아닙니다. 또, 혁명적 상황에서는 단지 남성 노동자만이 아니라 노동계급 전체가 행동합니다.

현대자동차 노동자들이 시위하는 모습을 보면, 참으로 강력해 보입니다. 그러나 혁명적 상황에서는 남성 노동자만이 아니라 열악하기 이를 데 없는 직장에서 일하는 여성 노동자들도 조직하고 싸웁니다. 이주노동자들과 장애인들도 조직하고 싸웁니다. 모든 사람들이 변화의 가능성과 자신의 조건을 향상시킬 가능성을 발견하기 시작하기 때문입니다.

이런 분위기를 여러분이 인위적으로 만들 수는 없습니다. 레닌이 말했듯이 객관적 힘이 그런 상황을 만들며, 대중이 갑자기 대규모로 정치에 개입합니다.

그런 상황을 혁명가들이 만들 수는 없습니다. 객관적 힘이 만드는 것이죠. 그러나 일단 그런 상황이 조성되고 나면, 혁명가들은 그 운동이 자본주의를 파괴하는 데까지 나아가도록 하는 중요한 구실을 해야 합니다. 그저 가만히 앉아서 자본주의가 운동에 보복하는 것을 구경만 해서는 안 됩니다.

어떤 분은 1971~73년 아옌데 정부에서 어떤 일이 일어났는지 물었습니다. 당시 운동이 성장하고 있었고 그 덕분에 사회주의자인 아옌데가 대통령으로 당선했습니다.

아옌데 정부는 노동자들을 위한 개혁을 했고, 노동계급 전체가 갑자기 앞으로 전진하기 시작했습니다. 대규모 시위와 파업이 벌어졌고, 전국의 담벼락은 모두 혁명 구호로 도배됐습니다. 기업주들은 아옌데에 반대하기 위해 고의적으로 산업을 멈추려 했습니다.[이른바 "사용자 파업"]

그러자 노동자들이 공장을 접수하기 시작했고, 기업주들과 싸우는 과정에서 노동자들은 노동자 평의회와 비슷한 종류의 조직을 건설하기 시작했습니다.

잠재적인 혁명적 상황으로 발전할 수 있는 요인이 존재했던 것이죠. 그러나 주요 개량주의 정당과 노동조합 지도자들은 이렇게 말했습니다. '노동자 평의회는 필요 없어, 노동조합만 있으면 돼. 공장을

통제할 필요도 없어, 좌파 대통령이 있잖아. 기업인들에게 공장을 다시 넘겨줘.'

그들은 군대가 질서를 회복할 것이라고 말했습니다. 아옌데는 이런 주장을 받아들여 피노체트를 자기 정부에 데려왔고, 노동계급은 동원을 그만뒀습니다. 그러자 군대가 움직여서 1973년 9월에 노동자 조직들을 파괴했습니다.

당시 상황은 잠재적인 혁명적 상황이었습니다. 그러나 노동자 평의회를 건설하기 위해 투쟁하고, 운동이 군대 사병들에게 영향력을 확대하도록 하고, 운동이 장군들을 제거하지 않으면 장교들이 운동을 공격할 것이라고 말해 줄 혁명정당이 필요했습니다.

그러나 혁명적 조직을 건설할 알맞은 시기는 이런 투쟁의 절정기가 아닙니다. 미리 혁명정당을 만들어야 합니다.

각국의 구체적 상황을 평가하고 나서, 노동계급과 학생 등에서 가장 전투적인 사람들을 사회주의적 관점으로 설득해 지지하게 만들기 위해 무엇을 해야 할지 생각해야 합니다. 자본주의에 저항하는 조직들을 강화하기 위해서 지금 당장 이 곳에서 무엇을 해야 하는지, 노동자들 ― 남성 노동자와 여성 노동자, 한국 노동자와 이주 노동자 ― 을 분열시키는 사상에 맞서기 위해 무엇을 해야 하는지 생각해야 합니다.

이 과정에서 우리 스스로 지배계급의 술수와 행동에 전략·전술적으로 어떻게 대처해야 하는지 배울 수 있을 것입니다.

다른 무엇보다도, 우리는 모든 부문의 노동계급과 피억압자들 내에서 우리 영향력을 확대하려고 노력해야 합니다. 혁명적 격변의 시기에는 엄청나게 많은 노동자들이 행동에 나서기 때문입니다.

수많은 노동자들에게 영향을 미치기 위해서는 혁명가들이 모든 공장과 모든 사무실과 모든 부문에 존재해야 합니다. 그들은 자기 주위 사람들(가령 10~20명)에게 영향을 미칠 수 있어야 합니다.

그렇기 때문에 저는 세계 어디서든 토론을 마칠 때마다 노동계급 대중과 대립하는 것이 아니라 집단으로서 그들이 세계를 변화시킬 능력이 있음을 깨닫도록 도와 줄 혁명정당을 건설해야 한다고 말합니다.

마지막 질문은 '일국사회주의'가 가능한가 하는 질문이었습니다. 자본주의는 여전히 국민국가로 조직돼 있고, 정치의 리듬도 보통 국가적 관심사를 따르곤 합니다.

따라서 혁명적 격변은 개별 국가에서 시작될 것입니다. 그러나 우리는 점점 세계화되는 세계에서 살고 있습니다. 단지 경제적 세계화만이 아니라 교통·통신의 세계화도 일어나고 있습니다.

저는 성공적인 혁명은 다른 곳의 혁명운동을 엄청나게 고무할 것이라고 생각합니다. 지난 20년을 봅시다. 동구권 몰락은 폴란드나 헝가리 같은 작은 나라에서 시작해서 나중에 독일·체코·루마니아로 확대됐습니다.

지금 라틴아메리카에서 일어나고 있는 일도 생각해 보면 먼저 에콰도르에서 시작해서 아르헨티나로, 볼리비아로 확대됐다가 다시 에콰도르와 볼리비아로 이어졌고, 이것은 베네수엘라에 영향을 미쳤습니다.

오늘날 모든 종류의 격변은 국제적으로 커다란 영향을 미칩니다.

저는 개인적으로 한국에서 최초의 노동자 혁명이 발생할 것이라고 생각하지는 않지만, 앞으로 2년 뒤에 혁명이 일어났다고 한 번 가정해 봅시다.

한국에서 혁명이 일어난다면 북한·중국·일본·필리핀·인도네시아 등 아시아 전체에 커다란 영향을 끼칠 것입니다. 현재 한국의 대학교에서 공부하고 있는 중국 유학생들은 진정한 혁명이 어떤 것인지 볼 수 있을 것이고, 중국 내에서 자라나고 있는 대중의 불만에 어떻게 대응해야 할지 깨달을 것입니다. 앞으로 중국에서 거대한 격변이 발생할 수 있습니다.

가장 중요한 것은 혁명 조직을 건설하기 시작하는 것입니다. 유학생이든 이주노동자든 다른 나라 사람들을 설득해 지지를 얻을 수 있는 최상의 방법도 우리가 자국에서 혁명 조직을 건설하는 것입니다. 우리는 그들이 전 세계에 혁명적 메시지를 전파하기를 바랍니다. 우리는 혁명의 잠재력이 꽃피었다가 2년 뒤 부르주아지가 되돌아오는 광경을 더는 보고 싶지 않기 때문입니다.

노동자 권력

오랫동안 인류는 평등한 세상을 만들기 위해 투쟁해 왔다.

기원전 73년의 스파르타쿠스 반란을 비롯해 고대 로마와 이집트에서 노예들의 반란이 있었다. 중세의 농민들도 강제 노동과 소작료 인상, 신분적 속박 등에 맞서 봉기를 일으켰다.

인류의 역사 자체가 억압받는 사람들이 투쟁을 통해 자유를 확대하는 과정이었다.

자본주의에 와서 인류는 더 이상 물질적 결핍에 시달리지 않아도 될 정도의 생산력 발전을 이루게 되었다. 이미 식량 생산율은 인구 증가율의 두 배 가까이 된다.

그러나 아직까지도 해마다 2천만 명이 굶어 죽고 8억 명이 기아에 시달리고 있다.

대부분의 노동자들은 하루에 10시간 가까이 일해도 평생 집 한

이 글은 《사회주의 평론》 9호(1996년 5~6월)에 실린 것이다.

채 마련하기 어렵다. 집은커녕 자식들을 제대로 교육시키는 것조차 힘에 부친다.

게다가 고층 건물 곁을 지나거나 지하철을 타고 다리라도 건널 때면 '부실공사 때문에 혹시 무너지는 것은 아닐까' 하는 걱정까지 해야 한다.

이러한 모순은 자본주의 사회 곳곳에 스며들어 있다. 그러나 이것은 어쩔 수 없이 생기는 '자연스런' 현상이 결코 아니다.

문제는 생산이 조직되고 사회가 운영되는 방식이다. 자본가들은 식량이 남아돌아도 밑지고 헐값에 파느니 차라리 생산을 줄이거나 남는 곡식을 내다 버린다. 그들은 사람들이 살아가는 데에 필요한 생활 필수품보다 사람들을 죽음으로 몰아넣는 첨단 무기를 더 중요하게 생각한다.

건물을 지을 때에도 사람들의 안전 따위보다는 철근을 아끼고 모래를 아껴서라도 수익을 높이는 것에 열의를 보인다.

요컨대 자본주의 사회에서 높은 생산력의 혜택을 맘껏 누리는 것은 한줌밖에 안 되는 지배자들이다. 이 사회에 함께 살고 있는 노동자들은 마치 자신이 이방인 같은 소외를 느끼며 살아야 한다.

이런 극단적인 대조가 사라질 수는 없을까?

어느 누구도 굶주릴 필요가 없고, 어느 누구도 방값이 오를까봐 가슴 졸이지 않아도 되고, 어느 누구도 자녀 교육비에 주눅들 필요가 없고, 어느 누구도 다른 노동자를 향해 총구를 겨누지 않아도 되는 그런 사회는 단지 꿈일까?

왜 노동자 계급인가

모든 억압과 착취가 사라진 세상을 만들고 싶은 열망은 피지배 계급의 모든 투쟁들 속에 아로새겨져 왔다. 그런데도 자본주의 이전에는 그것을 실현할 수 있는 물질적 기초가 없었다.

봉건시대의 농노들은 목숨을 걸고 지주에 맞서 싸웠고 때때로 승리했지만, 막상 지주를 패퇴시키고 나면 그들은 자기들에게 들어온 땅을 어떻게 나누어 가질 것인가를 두고 서로 다투었다.

비슷한 예로 1789년에 파리의 무산계급은 부르주아혁명 과정에서 가장 큰 힘을 발휘했으나, 결국엔 귀족을 대신하여 신흥 자본가들이 지배자가 되는 것을 지켜볼 수밖에 없었다.

이것은 당시의 생산력 수준이 너무 낮았을 뿐 아니라, 그 때까지는 피지배자들이 하나의 독립된 계급으로 조직될 수 있는 조건을 갖추고 있지 못했기 때문이다.

계급 착취 자체를 끝낼 수 있는 조건은 자본주의에 들어선 이후에야 가능했다.

다른 무엇보다도 노동자 계급의 사회적 위치가 이것을 말해 준다.

우선, 노동자 계급은 인구의 절대 다수를 차지할 뿐 아니라 전에 없이 잘 조직되어 있다.

자본주의의 대량생산 체계가 그들을 대공장으로 집중시키기 때문이다. 그 속에서 노동자들은 서로 협력하고 고용주들에게 집단으로 대항하는 법을 배운다.

집단성이야말로 노동자 계급의 가장 커다란 무기이다.

예컨대 노동자들이 파업을 벌이면 이 사회는 완전히 마비되고 만다. 공장과 광산이 돌아가지 않는 것은 물론이고 버스나 택시도 다니지 않을 것이며 심지어 거리 청소조차 이루어지지 않을 것이다.

이것은 다른 어떤 계급도 흉내낼 수 없는 숨은 힘이다.

그리고 노동자들은 파업에서 승리했다고 해서 공장이나 기계를 조각내 — 땅뙈기를 나눠 갖는 농민들처럼 — 집으로 가지고 갈 수도 없다.

오히려 그들이 선택하기 손쉬운 방법은 공장을 점거하여 공동으로 운영하는 것이다.

또 자본주의는 숙련 노동력을 필요로 하기 때문에 노동자들을 교육한다.

이것은 자본가들의 의도와 무관하게, 미래 사회를 운영할 수 있는 무기를 노동자들에게 제공한다.

마지막으로, 자본주의의 거대한 생산력은 전세계를 하나의 체제로 통합했다. 따라서 노동자들은 전국적 규모뿐 아니라 국제적 규모로 연대할 수 있는 가능성도 갖고 있다.

이 모든 것들은 노동자 계급이야말로 자신의 이해를 위해 투쟁하는 과정에서 인류 모두를 해방시킬 수 있는 유일한 계급임을 말해 준다.

그래서 마르크스는 이렇게 말했다.

"지금까지 모든 역사적 운동은 소수의 이익을 위한 소수의 운동이었다. 프롤레타리아 운동은 대다수를 위한, 대다수의, 자기의식적인 독자적 운동이다."

만약 노동자들이 사회를 운영한다면?

노동자 권력 — 사회주의 — 은 노동자 계급이 자본주의에 맞서 투쟁해 승리한 결과로 생겨난다. 이것은 자본가들이 갖고 있는 권력을 노동자들이 장악하는 것이다. 마르크스는 이것을 "프롤레타리아 독재"라고 불렀다.

권력을 빼앗긴 자본가들은 다른 자본가 국가의 지원을 받아 격렬하게 저항할 것이다. 따라서 혁명이 국제적으로 확산되어 이런 위협이 완전히 사라지기 전까지는 노동자 권력도 중앙집중적인 국가 조직을 필요로 한다.

레닌은 이것을 "코뮌 국가, 국가 아닌 국가"라고 불렀다.

흔히 "독재"라는 말을 들으면 히틀러 치하의 독일이나 무솔리니 치하의 이탈리아, 또는 동유럽의 전체주의 국가들을 떠올릴 수 있다.

그러나 마르크스나 레닌이 말하고자 했던 것은 압도 다수인 노동자들이 스스로 사회를 통제하는 사회였다.

노동자 권력 아래서 유일하게 억압받는 것은 반혁명을 꾀하는 한 줌의 옛 지배자들뿐이다. 그러므로 이 사회는 착취자에게는 매우 비민주적일지 몰라도 대중에게는 이전의 다른 어떤 사회보다 더 민주적이다.

노동자 권력이 어떻게 건설될 수 있는지를 밝히는 데에 결정적 계기가 된 것이 1871년의 파리 코뮌이었다.

마르크스는 파리 노동자들의 투쟁을 보면서 국가기구가 결코 중립적이지 않기에 노동자 계급이 자본가 국가를 깨뜨리고 노동자 국가를 세우는 것이 무엇보다도 중요하다고 강조했다.

파리 노동자들은 인류 역사상 최초로 자신들의 정부를 구성했고 상비군과 경찰을 없앴다. 모든 공무원은 선출되었고 필요하면 소환되었다. 어떤 공무원도 노동자들의 평균 임금보다 많은 봉급을 받지 않았다. 공장에서는 저녁마다 위원회가 소집되어 다음날 할 일을 토의하여 결정했다.

그러나 인류 역사상 가장 민주적이었던 코뮌 국가는 자본가 정부가 2만여 명을 무자비하게 도살하는 것으로 끝이 났다.

노동자 권력을 쟁취하기 위한 투쟁이 다시 살아난 것은 1905년과 1917년의 러시아였다. 특히 1905년 10월에는 작업장에 바탕을 둔 노동자 권력기구 — 소비에트 — 가 최초로 등장했다.

파업위원회에서 발전한 이 조직은 노동자들이 자본가 국가에 맞서 투쟁하는 과정에서 어떻게 사회주의를 향해 발걸음을 내딛게 되는지를 보여 주었다.

1905년혁명은 성공하지 못했지만 이 경험은 1917년혁명의 중요한 밑거름이 되었다.

2월에 차르를 몰아내면서 시작된 1917년의 러시아혁명은 10월에 임시정부를 타도함으로써 승리를 거두었다. 비로소 노동자들이 권력을 장악했다.

혁명의 과정은 아주 평범한 사람들이 한순간에 거대한 사회의 주인이 될 수 있다는 것을 보여 주었다. 마르크스의 지적대로 **노동자 계급은 혁명을 통해 사회를 바꿀 뿐 아니라 자기 자신들도 바꾸어 갔다.**

혁명의 나날은 자본가들의 악선동처럼 혼란과 살륙으로 얼룩진 것이 아니라 자주적 발의와 토론, 협력과 질서로 가득했다. 말 그대로 "피억압 민중의 축제"였다.

이렇게 태어난 노동자 국가는 곧바로 모든 비민주적인 법률들을 폐지했다.

모든 사람들이 보통교육을 받고 영구적인 복지를 누릴 수 있게 되었으며, 여성들에게 최초로 동일노동 동일임금이 주어졌다.

여성들의 가사노동의 부담을 줄이기 위해 육아와 세탁, 식사 등이 사회화되었다. 낙태할 권리가 인정되고 결혼과 이혼이 자유로워졌다. 동성애자와 소수민족에 대한 차별도 없어졌다.

또, 억압의 상징인 상비군을 해체하고 노동자들이 스스로 무장하여 국내외의 반혁명 세력에 맞섰다.

노동자 권력을 향해

이것은 결코 동화 속의 이야기가 아니다. 까마득한 옛날 이야기도 아니다. 불과 80년 전에 눈앞에서 벌어졌던 일들이다.

흔히 자본가들은 노동자들이 '무식'해서 사회를 운영할 능력이 없다고 말한다. 그러나 그들이 말하는 지식이란 고작해야 노동자들이 알 필요도 없는 자본주의의 경영 지식들이다. 도대체 노동자 국가에서 광고, 마케팅, 노무 관리 등이 무슨 쓸모가 있을까? 노동자 권력 아래에서는 그런 특수한 지식들은 완전히 별볼일없는 것으로 전락할 것이다.

오늘날 노동자 계급은 마르크스나 레닌의 시대보다도 훨씬 더 크고 강하다. 일상적인 투쟁의 경험도 더욱 많다. 자본주의의 상호의존이 높아짐에 따라 한 나라의 투쟁이 다른 나라에 주는 파급효과도 더 크다.

따라서 지금 노동자 권력은 절실한 전망일 뿐 아니라 다른 어느 때보다도 더 가능한 전망이 되고 있다.

노동자 권력을 쟁취하는 과정은 노동자들이 스스로를 사회의 주인공으로 만드는 과정이다. 지금 벌어지고 있는 노동자들의 투쟁 속에 바로 미래 사회의 싹이 움트고 있다.

필요한 것은 노동자 권력을 위해 앞장서서 투쟁할 혁명조직이다.

자본주의의 야만에 맞서는 21세기의 저항

우리는 다중적 위기의 시대에 살고 있습니다. 다중적 위기라 함은 지금까지 삶이 그럭저럭 견딜 만하다고 믿어 온 수많은 사람들을 더는 견딜 수 없는 지경으로 내몰고 있는 복수의 위기를 말합니다.

먼저 경제 위기가 있습니다. 한국의 경우 [IMF 위기 이후] 10년 만에 둘째 경제 위기를 맞이하고 있습니다. 한국 사람들은 경제가 성장하기만 하면 모든 사람들이 다 잘 살게 될 것이라는 말을 지겹게 들어 왔습니다. 그러나 1997~1998년에 여러분은 이 말이 얼마나 거짓인지를 깨달았을 것입니다. 2000년대 초에 한국 사람들은 '이제 위기는 과거지사이고 앞으로는 모든 일이 잘 풀릴 것이다' 하는 말을 들었습니다. 그러나 2년 전부터 미국에서 새로운 경제 위기가 발생해 한국을 포함해 전 세계로 확산됐습니다. 세계에서 가장 부유한 나

크리스 하먼. 〈레프트21〉 11호, 2009년 7월 31일. https://wspaper.org/article/6822. 이 글은 영국 사회주의노동자당(SWP) 중앙위원 크리스 하먼이 다함께 주최 진보포럼 맑시즘2009에서 한 폐막 연설을 옮긴 것이다.

라인 미국에서 사람들이 집과 일자리를 잃고 절망의 나락으로 떨어지는 엄청난 광경이 펼쳐지고 있습니다. 모든 유럽 국가에서 사람들이 직장에서 쫓겨나 빈곤층으로 전락하고 있습니다.

20년 전에 '이제 시장 자본주의 아래 장밋빛 미래가 당신들을 기다리고 있다'는 말을 들었던 동유럽에서는 대량 실업과 시위가 이어지고 있고 사람들이 절박한 처지로 내몰려 어찌할 바를 모르고 있습니다.

또 중국 지배자들은 '1989년의 민주주의 운동 탄압은 이제 잊어라. 자본주의가 당신들을 부유하게 해 줄 것이다' 하고 말해 왔습니다. 그러나 동부 연안의 경제 특구에서 일하던 농민공 2천만 명이 이제 경제 위기 때문에 일자리를 잃고 내륙에 있는 고향으로 돌아가고 있습니다. 지금까지 언급한 나라들은 그래도 비교적 부유한 나라들입니다. 아프리카, 라틴아메리카, 그리고 남아시아 일부 지역에서는 지금 경제 위기로 인해 10억 명 이상이 기아선상에 놓이게 될 처지입니다.

사정이 이러한데도 언론에 나오는 경제 전문가들은 '걱정마라, 경제 위기는 1, 2년이면 끝날 것이다' 하고 말합니다. 그들이 말하지 않는 것은, 설령 이번 위기가 1, 2년 안에 끝나더라도 5년이나 7년 안에 또 다른 위기가 찾아올 것이라는 점입니다.

또 하나 그들이 말하지 않는 것은 세계 각국 정부가 복지혜택과 공공부문 임금 등을 삭감하는 방식으로 이번 위기의 대가를 평범한 사람들에게 떠넘길 것이라는 점입니다. 그들은 또한 자본주의가 더는 은퇴한 사람들을 돌볼 여력이 없다는 놀라운 말도 하고 있습니다. 지난 20년, 30년, 혹은 40년 동안 열심히 일하고 이제 은퇴할 나이가 된 사람들이 갑자기 남은 10여 년의 인생을 빈민으로 살아가야 할 처지가 된 것입니다. 이런 식으로 21세기의 자본주의는 사람들의 생계를 위협하고 있습니다.

그러나 경제 위기가 전부가 아닙니다. 지난 20년 동안 자본주의는 끊임없이 전쟁을 양산했습니다. 이라크와 이란 사이에 오랜 전쟁이 있었고, 거기서 미국은 이라크를 편들었습니다. 그랬던 미국이 1991년에는 연합군을 조직해서 이라크를 공격했습니다. 다음으로 미국은 옛 유고슬라비아 연방의 세르비아를 공격했습니다. 이어서 아프가니스탄과 이라크를 공격했습니다.

그와 동시에 세계 각지에서 끔찍한 내전이 이어졌습니다. 옛 소련 지역에서 아르메니아와 아제르바이잔 간의 전쟁이 일어났습니다. 아프리카에서는 서방 기업들의 후원을 받는 군벌들이 천연자원에 대한 통제권을 장악하려고 끔찍한 내전을 벌였습니다.

이 같은 내전들은 한국전쟁만큼이나 참혹했습니다. 콩고 내전으로 4백만~5백만 명이 죽었습니다. 그리고 오늘날 이라크에서는 전쟁이 계속되고 있습니다. 아프가니스탄에서도 전쟁이 계속되고 있고, 심지어 파키스탄으로 확산되고 있습니다. 파키스탄과 인도 둘 다 핵무장 국가이고, 5~10년에 한 번씩 핵전쟁 직전까지 가는 상황에서 이런 일이 벌어지고 있습니다. 이처럼 오늘날에는 경제 위기뿐만 아니라 전쟁의 공포가 인류를 위협하고 있습니다.

그러나 앞서 언급한 두 가지보다 어떤 점에서는 더 심각한, 세 번째 위기가 진행되고 있습니다. 바로 기후 변화입니다. 기후 변화의 근본 원인은 대기 중으로 온실가스를 내뿜는 자본주의적 생산 방식에 있습니다. 이로 인해 지구의 기온이 계속해서 상승한다면 인류의 생활 방식에 엄청난 변화를 초래할 것입니다. 방대한 지역이 기후 변화의 영향을 받을 것입니다. 해수면이 상승하면서 나일강 삼각주, 방글라데시 같은 곳이 물에 잠기는 사태가 발생할 것입니다. 그뿐 아니라 기후 패턴이 바뀜에 따라 현재의 농경 지역에서 더는 농경을 할 수 없게 될 것입니다.

오늘날에는 지배자들 자신도 기후 변화의 위험성을 인정합니다. 10년 동안 기후 변화라는 현실을 애써 부인해 온 미국 지배자들도 마찬가지입니다. 그러나 막상 문제를 해결하려 할 때 각국 지배자들은 서로에게 책임을 떠넘깁니다. 기가 막히게도 지난 2년 동안은 세계 각국 정부가 말로는 기후 변화에 대한 우려의 목소리를 한층 더 높여 왔지만 경제 위기 때문에 각국 자본가들의 친환경 투자는 오히려 하락하는 현상이 나타났습니다. 각국 정부가 온실가스 감축을 위한 조처를 일부 취하고 있기는 하지만 그것으로는 턱없이 부족합니다.

기후 변화로 인해 식량난이 더욱 가중될 것입니다. 그런데 기후 변화에 대한 자본주의적 해결책은 어이없게도 일부 식량을 대체 연료로 전환하는 것입니다. 미국에서 생산되는 옥수수의 3분의 1이 대체 연료 생산에 투입되고 있습니다. 말레이시아는 디젤 연료의 대체 연료인 팜유를 생산하기 위해 전 국토를 야자수 농장으로 만들고 있습니다. 유엔(UN) 산하 기관들이 세계 각지에서 기아 사태가 발생할 위험을 경고하는 것도 놀라운 일이 아닙니다.

자본가들의 눈먼 경쟁이 위기의 원인

이처럼 경제 위기는 기후 변화를 막는 데 필요한 재원 투입을 축소시키고, 기후 변화는 식량난을 심화시키며, 식량난은 전쟁 위험을 증폭시키는 악순환이 나타나고 있고, 이 같은 악순환이 21세기 내내 지속될 전망입니다. 사정이 이렇기 때문에 21세기 말에 이르러서는 자본주의가 인류를 멸종시킬 가능성도 배제할 수는 없는 것입니다.

자본주의는 이 모든 참상을 만들어냈습니다. 그러나 이것으로 끝이 아닙니다. 세계 도처에서 자본주의는 숨 막히는 억압을 조장합니다. 농촌에서 도시로 이주한 수많은 사람들이 의식주도 해결되지 않고 위생도 열악한 슬럼가에서 도시 빈민으로 살아가고 있습니다. 또한 여성에게는 일과 양육을 모두 책임지라는 끔찍한 압력이 가해집니다. 태국 같은 나라의 많은 여성들에게는 서구의 부유한 관광객들에게 몸을 파는 것 외에는 생계를 해결할 수단이 없습니다. 가난한 나라에서 부유한 나라로 이주해 온 노동자들은 막상 부자 나라에 가서도 인종 차별을 부추기는 언론 매체들에게 뭇매를 맞습니다. 그리고 세계 어디서나 사람들은 살기 위해 일하지, 일하기 위해 살지 않습니다.

잘 나가는 사회학자들은 이 모든 억압이 서로 별개라고 주장합니다. 그들은 전쟁이 경제 위기와 무슨 상관이냐고, 기후 변화가 자본주의와 무슨 상관이냐고, 여성 억압이 계급과 무슨 상관이냐고 말합니다.

하지만 이들은 이 모든 억압의 배후에 서로 경쟁하는 자본가들의 눈먼 축적 경쟁과 이윤 추구가 있다는 사실을 간과합니다. 바로 이 눈먼 경쟁 때문에 자본가들은 대기 중에 독가스를 배출하는 것입니다. 바로 이 눈먼 경쟁 때문에 자본가들은 국가를 이용해 서로 전쟁을 벌이는 것입니다. 바로 이 눈먼 경쟁 때문에 자본가들은 노동자들을 분열시켜 성이나 인종 등에 따라 서로 반목하게 만드는 것입니다. 바로 이 눈먼 경쟁 때문에 여성들은 인간이 아닌 상품으로 취급당하는 것입니다.

자본주의에서 저항은 필연적

자본주의에 관해 우리가 할 수 있는 말이 이것뿐이라면 정말 아무런 희망이 없을 것입니다. 그러나 자본주의에는 다른 측면도 하나 있습니다. 착취와 억압을 비롯한 자본주의의 폐해가 나타나는 곳에서는 어떤 형태로든 저항도 나타납니다. 마르크스는 1848년에 '때로는 은폐된, 그러나 때로는 공공연한' 계급투쟁을 이야기했습니다. 지주에게 수탈당하는 농민이 있는 곳에서는 어디서나 지주들에 대한 반감이 존재합니다. 사람들이 공장이나 사무실에서 일하는 곳에서는 어디서나 관리자들에 대한 반감이 존재합니다. 전쟁이 있는 곳에서는 어디서나 전쟁에 반대하는 목소리를 내는 사람들이 있기 마련입니다. 국가가 저항을 억누르려고 경찰력을 증강하려 할 때마다 누군가는 이를 비판합니다. 이 모든 반감이 공공연한 저항으로 갑자기 분출해 나오는 경우를 우리는 거듭거듭 목격해 왔습니다.

한 예로 중국 농민들의 저항을 들 수 있습니다. 최근에는 중국에서 1년에 농민 시위만 3천~4천여 건이 발생한다고 합니다. 온두라스의 군부 쿠데타에 맞선 저항은 또 다른 사례입니다. 영국·프랑스·한국에서 벌어지고 있는 해고에 맞선 투쟁도 마찬가지입니다. 지배계급 내의 한 분파에서 시작해 학생들로, 이어서 노동자들로 번진 이란의 민주화 투쟁도 그렇습니다.

따라서 야만에 맞서는 21세기의 저항은 이 다양한 투쟁들을 하나로 모으는 노력에서 출발해야 합니다. 때로는 이 일이 매우 쉬워 보일 수 있습니다. 수많은 사람들이 갑자기 다른 사람들도 이 체제에 똑같은 불만을 가지고 있다는 사실을 발견하고 다 함께 투쟁에 나서는 순간들이 있기 때문입니다. 자그마한 불씨가 들불을 일으키는 듯한 상황 말입니다.

지난 20년 사이에 그런 일이 여러 번 있었습니다. 프랑스 사회를 마비시킨 1995년 11월의 공공부문 파업이 그랬고, 군부독재를 물러나게 한 1987년 남한의 대중 시위와 파업이 그랬습니다. 지구상에서 가장 강력할 것 같았던 독재 정권들이 갑자기 무너져 내린 1989년 동유럽에서도 그런 일이 일어났습니다. 당시 동유럽 지배자들은 권력을 유지하기 위해서라도 민주주의자 행세를 해야 했습니다. 그때 이후로도 수많은 사람들이 분노를 행동으로 표출하면서 갑자기 자신들의 힘을 자각하게 된 사례들이 많습니다. 버마 항쟁, 이란의 민주화 시위, 4년 동안 네 개의 정부를 전복시킨 라틴아메리카의 저항 등.

그러나 대중적인 분노가 있음에도 사람들이 자신감이 없어서 싸우지 못한 사례도 많습니다. 그와 같은 상황에서는 체제에 맞서 투쟁하려는 사람들 자신이 사기저하되기도 쉽습니다. '세상은 절대 바뀌지 않는다'는 체념에 빠지기도 쉽습니다. 자본주의 언론들은 언제나 이 같은 체념을 조장합니다. 만약 당신이 마르크스주의자 출신으로서 '세상은 바뀔 수 없다'는 주장을 한다면 주류 언론은 반드시 당신을 찾아내서 당신의 칼럼을 지면에 실어 줄 것입니다. 만약 당신이 철학자나 사회학자로서 세상이 바뀔 수 없는 이유에 관한 두꺼운 책을 쓰기라도 한다면 당신은 대학 사회에서 승진가도를 달릴 뿐 아니라 당신의 책은 모든 학생들의 필독서로 지정될 것입니다.

반면 투쟁을 통해서 세상을 바꿀 수 있다고 주장한다면 지식인 사회에서 괴짜 취급당하거나 최악의 경우 학교에서 쫓겨날 것입니다.

그러나 실제로 세상은 항상 바뀝니다. 자본주의는 세상이 바뀌지 않는다는 관념을 사람들에게 심어 주려 하지만 자본주의 자체가 항상 모든 것을 갈아엎으면서 수많은 이들의 삶에 격변을 불러옵니다.

저는 지난 6개월 간 영국에서 벌어진 두 건의 점거 파업에 참가한 노동자들과 대화를 나눠 볼 행운을 누렸습니다. 두 경우 모두 점거 파업 참가자들은 자신들이 그런 일을 할 수 있을 줄은 꿈에도 몰랐다고 말했습니다. 또한 '이번 경험을 통해 우리의 세계관이 180도 변했다'고도 말했습니다.

아마 지난해 한국에서 촛불운동에 참가했던 수많은 사람들도 그랬을 것이라고 생각합니다. 촛불운동처럼 큰 운동이 결국 승리하지 못하면 많은 사람들이 집에 돌아가서 사기가 떨어질 수는 있습니다. 하지만 그렇다 할지라도 그들이 세상을 바라보는 눈은 더는 예전과 같지 않을 것입니다.

앞으로 더 많은 대중 투쟁이 벌어질 것입니다. 투쟁이 어디서 분출해 나올지는 아무도 예상할 수 없습니다. 수억 명의 의식 상태를 훤히 꿰뚫어 보면서 그들이 어느 시점에 분노와 좌절감을 떨쳐내고 투쟁에 나서게 될지 계산할 수 있는 사람은 아무도 없기 때문입니다. 그러나 언젠가 투쟁이 분출해 나오리라는 것만큼은 확실히 알 수 있습니다. 금속으로 된 물건을 부러뜨리려면 먼저 그 물건을 여러 번 구부려야 하는데, 처음에는 아무리 구부려도 부러지지 않을 것 같습니다. 그러나 계속하다 보면 결국에는 부러집니다. 대중의 분노도 언젠가는 터져 나오게 돼 있습니다.

네트워크 구축의 중요성

그러나 이 대목에서 또 다른 문제가 제기됩니다. 대중의 분노가 분출할 때마다 지배자들은 그 분노가 기존 사회 질서의 전복으로 나아가지 않고 엉뚱한 방향으로 나아가도록 온갖 수단을 동원해서 부추깁니다. 극우 언론들은 대중의 분노가 소수 인종 집단을 향하도록 부추길 것입니다. 자유주의 정치인들은 '당신들이 화내는 것도 이해는 가지만 직접 행동에 나서지 말고 우리에게 맡겨 달라'고 할 것입니다. 아마 투쟁 경험이 없는 사람들은 그들 말에 순순히 따르는 것이 손쉬운 방법이라고 생각할 것입니다. 자유주의 언론도 그러한 태도를 장려할 것입니다. 평상시에 매우 우파적이었던 언론들조차 이런 때에는 운동을 지지하는 척 하면서 그러나 '점진적이고 평화로운 방식을 추구할 것이며 너무 나가지 말라'고 훈수할 것입니다.

그렇기 때문에 대중적 투쟁이 분출하기 오래 전부터 투쟁이 승리하기 위해 무엇이 필요한지를 이해하는 사람들이 노동자들 사이에서, 학생과 지식인 들 사이에서 네트워크를 미리 구축해 놓는 것이 그토록 중요한 것입니다. 세계 어느 곳의 작업장이든 체제에 맞서 싸워야 할 필요성을 본능적으로 이해하는 소수의 노동자들이 존재합니다. 우리의 임무는 그런 사람들이 한데 모여 체제 변혁의 방법을 논의하고 과거의 체제 변혁 시도에서 교훈을 이끌어낼 수 있도록 그들을 규합하는 것입니다. 그렇게 했을 때 이들은 현실에서 벌어지는 작은 투쟁들에 지도력을 제공하고, 그러한 투쟁들을 승리로 이끌 수 있을 것입니다.

이처럼 작은 승리를 통해 이들은 훨씬 더 큰 투쟁이 아무도 예상치 못한 시기에 분출했을 때 그 투쟁을 승리로 이끌 수 있는 노하우를 축적할 것입니다. 거대한 투쟁이 결국 체제에 타협하고 순응하는 것으로 끝나지 않고 기존 체제를 전복하는 데까지 나아가는 승리 말입니다. 자유주의자들은 이렇게까지 할 필요가 없다고 할 것입니다. 그들은 자본주의가 지금 상태로 계속 굴러가게 놔둬도 별 문제없다고 생각하기 때문입니다.

그러나 우리가 자본주의를 철폐하지 않는다면 자본주의는 지금 이대로 계속 굴러가는 것이 아니라 틀림없이 세계를 파멸로 몰아갈 것입니다. 폴란드계 독일인으로서 위대한 혁명가였던 로자 룩셈부르크는 인류가 직면한 선택이 사회주의 아니면 야만주의라고 말했습니다. 이 말이 옳았음은 제1차세계대전과 1930년대의 스탈린주의와 나치즘을 통해 입증됐습니다. 오늘날의 인류도 비슷한 선택에 직면해 있습니다. 하지만 오늘날에는 끔찍한 독재자들과 전쟁만이 문제인 것이 아니라 인류의 미래 자체가 위협받고 있습니다.

사람들의 의식은 어떻게 급진적으로 바뀌는가?

사람들의 세계관이 변할 수 없다는 주장이 있다. 그러나 사람들의 의식은 계속 변한다. 좌경화하기도 하고 우경화하기도 한다.

한 사람의 의식 전체가 바뀌기도 하고 특정 쟁점에서만 바뀌기도 한다.

때때로 이런 의식 변화는 굉장히 빠르게 일어난다. 역사를 보면, 사람들의 의식이 급격히 변한 사례가 많다.

내가 어렸을 때인 1950년대와 1960대 초에는 많은 사람들이 동성애를 변태적이고 추잡하고 숨겨야 하는 일로 봤다.

그러나 요새는 스스로 동성애자임을 밝힌 국회의원도 있고 동성 결혼도 합법이다.

1914년 제1차세계대전이 터졌을 때 처음에는 애국주의 열풍이 유

존 몰리뉴. 〈레프트21〉 104호, 2013년 5월 11일. https://wspaper.org/article/13017.

럽을 휩쓸었다.

그러나 3년도 채 지나기 전에 애국주의는 인기가 뚝 떨어졌고, 전쟁은 1917년 러시아 혁명 같은 반란으로 이어졌다.

17세기와 18세기 영국과 미국에서는 노예제를 정당하고 도덕적으로 올바르다고 보는 것이 상식이었다.

그러나 20세기가 되면 노예제는 오래전에 폐지된 유물이 됐고, 노예제를 부활시키자고 주장하면 정신이 나갔거나 완전히 부도덕한 사람으로 취급 당한다.

이런 의식 변화가 드문 일이 아니라는 사실을 강조할 필요가 있다. 여전히 많은 사람들이 "세상"은 변하지 않을 것이라고 주장하기 때문이다.

예컨대, 사람들이 앞으로도 계속 성차별적이고, 인종차별적이고, 자본주의를 받아들일 것이란 생각은 "상식"이다.

사실 사람들의 의식을 규정하는 것은 다른 무엇보다 사람들이 살아가는 물질적 조건이다. 이 말은 사람들이 흔히 생각하는 것과 반대되므로 한 번 더 강조하겠다.

놀랄 것도 없지만, 지배계급은 자신들의 "뛰어난 사상"과 우월한 사고가 역사의 방향을 결정했다고 믿고 우리도 그렇게 믿길 바란다.

카를 마르크스의 장례식에서 프리드리히 엥겔스는 사람들이 처한 조건을 중요하게 보는 유물론적 관점의 강점을 설명했다.

"마르크스는 인류 역사 발전의 법칙을 발견했다. 인류는 우선 먹을 것, 마실 것, 입을 것, 쉴 곳을 마련한 후에야 정치·과학·예술·종교 등을 고민할 수 있다는 … 단순한 사실 말이다."

즉, 생산 조직 방식과 경제 발전 수준이 토대를 이루고, 그 위에서 정치 사상과 철학이 발생하는 것이다.

예를 들어, 16세기에 일어난 기독교의 거대한 분열은 마틴 루터나 장 칼뱅 같은 몇몇 개인이 일으킨 것이 아니다.

그 분열을 초래한 가장 중요한 원인은 새로운 생산양식의 출현이었다. 즉, 봉건제가 자본주의로 바뀐 것이었다.

이 자본주의 생산과 연관된 사람들이 새로운 중간계급 시민인 부르주아지였다.

부르주아지는 봉건 영주가 아니라 자신들의 이익을 반영하도록 사회를 재편하고자 했다.

개신교의 교리가 옛 가톨릭의 교리보다 부르주아지의 입맛에 더 잘 맞았다.

물론 그런 의식 변화가 저절로 순조롭게 일어난 것은 아니었다.

의식이 변하는 과정에서 갈등과 투쟁이 일어났고, 그런 갈등과 투쟁은 흔히 부르주아지가 원하는 것보다 더 나아가곤 했다.

예를 들어, 영국 혁명은 왕을 처형해 버렸다.

당시 급진화한 일부 병사들은 훨씬 더 전면적인 민주주의를 원했다.

토머스 레인스버러[잉글랜드 내전 시기 평등주의자들의 대변인]는 이렇게 말했다. "엄밀히 말해서 나는 가장 가난한 잉글랜드인들이 민심을 반영하지 않는 그 정부에 얽매일 이유가 전혀 없다고 본다."

18~19세기에 일어난 노예제에 대한 의식 변화도 단순히 사람들이 더 도덕적으로 변하거나 계몽돼서 일어난 일이 아니다.

노예제가 사라진 시기는 농장 노예보다 "자유로운" 임금노동자가 더 필요한 산업 자본주의가 떠오르던 때였다.

그럼에도 노예주들은 "재산"을 놓치려 하지 않았고, 노예 반란, 대중운동, 노예 해방 전쟁이 일어난 후에야 노예제가 사라졌다.

유물론

미국에서는 노예 수천 명이 농장에서 도망쳐 북군에 합류한 것이 북부가 승리하는 데 결정적인 요인이었다.

1865년 전쟁이 끝나고 한 흑인 병사가 포로들 사이에서 옛 주인을 발견하고 이렇게 외쳤다. "안녕하신가, 주인 양반! 이제 처지가 바뀌었군 그래!"

그러나 노예제에 맞선 투쟁에는 또 다른 이야기도 있다.

1870년대 초 미시시피 주에서 처음으로 흑인 상원의원이 탄생했다.

이에 옛 지배자들은 이데올로기적 공격과 노골적인 테러로 반격했다.

지배자들은 인종분리 제도를 재도입했고, 이는 거의 한 세기가 지나 공민권운동이 일어나기 전까지 존속했다.

의식은 전진할 수도 있지만 후퇴할 수도 있는 법이다. 그러나 갈등은 계속될 것이다.

왜냐하면 지난 5천 년간 생산을 조직하는 방식에 따라 사람들이 서로 적대하는 계급들, 즉 착취자와 피착취자로 나뉘었기 때문이다.

한 계급은 생산수단을 소유·통제하고, 그래서 경제를 지배한다.

고대 그리스와 로마의 노예주, 중세의 봉건 영주, 현대 사회의 자본가가 이 계급에 속한다.

노예, 농노, 노동자가 속하는 또 다른 계급은 앞에 언급한 계급에 종속돼 실제 노동을 하는 사람들이다.

그 결과, 첫째 집단인 지배계급은 사회적 의식에 비대칭적으로 큰 영향력을 미친다. 지배계급은 교회, 학교, 대학, 언론, 출판사 등을 운영한다.

마르크스가 말했듯, "지배계급의 사상은 항상 지배적인 사상이다. 즉, 사회의 물질적 힘을 지배하는 계급은 동시에 지적인 힘도 지배한다. … 물질적 생산수단을 소유하고 마음대로 이용하는 계급은 동시에 정신적 생산수단도 통제한다. 그러므로 일반적으로 말해, 정신적 생산수단이 없는 계급의 사상은 지배계급의 사상에 종속된다."

그렇다고 해서 지배계급이 모든 것을 마음대로 할 수 있다고 말하는 것은 아니다.

노동계급도 자신들의 경험과 이익을 바탕으로 자신들만의 사상과 세계관을 발전시킨다.

현실에서 사람들은 대체로 모순적이고 혼재된 생각을 갖기 마련이다. 어떤 생각은 자신의 경험을 반영하는 것이고 어떤 생각은 언론이나 정치인들이 주입한 것이다.

그래서 사람들은 부자를 위한 법이 있는가 하면 가난한 사람들을 위한 법도 있다고 생각할 수 있고, 기업주가 이윤을 내는 것이 합당한 일이라고 생각할 수 있다.

서로 충돌하는 생각들 사이의 균형은 때때로 급격히 변한다.

그런 급격한 변화는 경험에서 나온 생각과 지배계급이 주입한 생각이 충돌할 때 일어날 수 있다.

제1차세계대전 사례를 다시 보면, 개전 초에 사람들은 전쟁에 열광했다. 이는 여러 나라 지배계급이 전쟁 전 수십 년 동안 제국주의적 선전을 해댄 영향이었다.

그러나 전쟁은 참혹했고, 그래서 전쟁을 영광스럽게 보는 지배계급의 관점은 금세 힘을 잃었다.

이렇게 사람들이 고통을 당할 때뿐 아니라, 능동적이고 집단적으로 저항할 때 지배계급의 사상은 아주 눈에 띄게 힘을 잃는다.

집회, 파업, 점거 농성 등으로 기업주와 정부에 맞서 투쟁하면서 노동자들은 자신들의 힘을 자각한다.

자신들의 힘을 깨달으면서 노동자들은 자신들만의 사상을 더 확신하고 지배적 사상에 도전하는 새로운 사고방식에 마음을 연다.

1984~85년 파업에서 영국 광원들은 단지 마거릿 대처에게만 맞서 싸운 것이 아니었다.

광원들은 그전까지 탄광 지역에서 널리 퍼져 있던 인종차별, 성차별, 동성애혐오에도 도전했다.

사람들의 의식 변화를 가장 잘 보여 주는 사례는 바로 혁명 때 일어나는 급진화다.

투쟁 속에서 정치적 주장을 펴는 조직된 정치 세력도 의식 변화의 중요한 요소다.

제1차세계대전 중에 일어난 의식 변화 과정에서도 전쟁을 처음부터 반대한 조직된 혁명적 사회주의자들이 중요한 구실을 했다.

러시아에서 레닌과 볼셰비키가 그랬듯이, 그런 정치 세력이 매우 잘 조직돼 있어야 효과가 크다.

러시아 혁명 때 종교, 인종, 여성에 대한 사람들의 생각은 그야말로 하루아침에 달라졌다.

오늘날 자본주의 체제는 전 세계에서 위기에 처해 있다.

이 위기는 신자유주의 사상을 약화시키고 있다.

정도 차이는 있지만, 전 세계에서 긴축과 체제에 맞선 투쟁이 발전하고 있다.

사람들의 의식이 바뀌기를 바란다면, 우리 사회주의자들은 그런 투쟁의 수위를 끌어올리도록 노력해야 한다.

또한, 투쟁이 체제의 근본적 변화를 요구하는 정치운동으로 발전하도록 노력해야 한다.

노동계급의 잠재력은
어떻게 현실화될 수 있는가

사회 전체로 봤을 때 노동자들이 가장 가난한 것은 아니다. 또 가장 고통받는 계급인 것도 아니다.

그러나 노동계급은 특별하다. 그들이 생산하는 부가 사회의 근간을 이루기 때문이다.

노동계급을 규정하는 것은 그들이 생산과 맺는 관계다. 노동자들은 먹고살기 위해 노동할 수 있는 능력을 팔아야만 하는 처지다. 생산직, 사무직, 정규직, 비정규직 노동자를 막론하고 이것은 진실이다.

자본주의에서 사장들은 최대 이윤을 뽑아내고, 경쟁자들보다 싸

〈레프트21〉 99호, 2013년 3월 2일. https://wspaper.org/article/12649. 사회 변화의 주체로서 노동계급의 중요성에 대한 의문과 반론 들이 흔히 제기돼 왔다. 이 글은 왜 사회 변혁에서 노동계급의 구실이 중요한지, 노동계급의 잠재력은 어떻게 현실화할 수 있는지를 다룬다.

게 팔기 위해 분투한다. 그들은 자신이 가진 "사업 감각" 덕에 부자가 됐다고 주장한다.

그러나 그들은 노동자들을 착취해 이윤을 얻는다. 사장들은 생산물의 가치보다 더 적은 돈을 노동자들에게 준다.

이것이 노동자들에게 힘을 부여한다. 노동자들이 없으면 이윤이 말라붙기 때문이다. 노동자들이 파업을 하면 작업장, 산업부문, 혹은 국가 전체도 멈출 수 있다.

자본주의 체제는 지속적으로 이런 종류의 계급투쟁을 부추긴다.

착취

경쟁의 압력 때문에 사장들은 착취 수준을 올리고 노동자들을 더 많이 쥐어짜려고 끊임없이 노력해야 한다. 그러지 않으면, 더 성공적으로 착취 수준을 올리고 노동자들을 쥐어짠 경쟁자들에 밀려 업계에서 내몰릴 수 있다.

동시에 노동자들이 그들의 조건을 방어·개선하기 위해 투쟁하게 함으로써 반복적 대립을 낳는다.

자본주의는 노동자들을 공장과 사무실에 한데 모은다. 그곳에서 그들은 똑같은 조건에 처하고 똑같은 고충에 시달린다.

사장들에게 무엇이든 따내려면, 노동자들은 뭉쳐서 싸워야만 한다.

이런 집단적 투쟁으로 노동자들은 그들을 분열시킬 수도 있는 사상을 물리칠 수 있다. 노동자들은 투쟁 속에서 자신들이 집단적 이해관계를 갖고 있음을 알게 되기 때문이다.

지배자들은 인종차별적이고 성차별적인 사상으로 노동자들을 분열시키고 약화시키려 한다. 지배자들은 그런 차별적 사상들이 자연스러운 것이라고 하고, 일부 노동자들은 그런 생각을 받아들이기도 한다.

예컨대, 몇몇 건설 노동자들은 일자리 손실이 사장이 아니라 이주노동자들 탓이라고 비난한다.

그러나 노동자들의 연대로 이를 극복할 수 있다.

2009년에 건설노조 경기중서부지부는 건설사가 이주노동자 조합원들만 골라서 해고하는 것에 맞서 싸웠다. 한국인과 이주노동자가 함께 싸운 결과 해고된 이주노동자가 모두 복직할 수 있었다. 노동자들이 이간질을 넘어서 단결했던 것이다.

이 말이 곧 노동자들만 변화를 이룰 수 있다는 뜻은 아니다. 1960년대 미국의 흑인 공민권 운동이나 20세기 초 영국에서 있었던 여성 참정권 운동을 보라.

이런 것들은 진정한 변화를 이뤄냈고, 오늘날 더 나은 세상을 만들고자 하는 사람들에게 길이길이 감동을 준다. 그리고 사회운동과 노동계급 사이에 무슨 만리장성이 있는 게 아니다. 노동자들도 이런 운동의 일부다.

보통 우리는 우리를 대신해 세상을 굴릴 전문가들이 필요하다고 생각하도록 교육받았다.

그러나 노동자들한테 사회를 운영할 수 있는 전문성, 지식, 경험이 있다.

자동차공장을 생각해 보라. 현대차 노동자들이 일손을 멈추면 회장 정몽구는 자동차 문짝 하나도 칠하지 못할 것이다. 이건희 역시 핸드폰 액정 하나 조립하지 못할 것이다. 반면 경영자들이 사라져도 공장은 계속 굴러갈 것이다.

공장뿐 아니라 철도, 공공기관, 학교, 은행에서도 이것은 마찬가지다.

노동자들이 더 나은 세상을 쟁취할 수 있다면, 왜 그들은 많은 경우 세상을 바꾸는 데 관심이 없어 보이는가?

분명 많은 사람들이 더 나은 세상을 원한다. 그러나 그들은 작은 것 하나도 바꾸기에는 자신이 너무 무력하다고 느낀다.

혁명가 카를 마르크스는 노동을 해서 주변 환경을 자의식적으로 변화시키는 것이야말로 인간을 동물과 다르게 만드는 특징이라고 설명했다.

그러나 자본주의에서 보통 사람들은 자신이 그런 일을 할 능력이 없다고 느낀다. 우리가 통제할 수 없는 소수 지배자들이 우리의 능력을 통제하기 때문이다.

우리의 지배자들은 우리가 "분수"를 알아야 한다고 끊임없이 말함으로써 이런 무력감을 부추긴다.

그러나 이 모든 것은 투쟁이 일어나면 순식간에 날아갈 수 있다.

이집트에서는 2011년에 혁명이 일어나서, 사람들의 증오를 한 몸에 받아 온 독재자 무바라크가 날아갔다. 이전 30년 동안 사람들은 무바라크의 잔혹함에 고통받아 왔고, 평범한 사람들은 감히 그의 정권에 맞설 수 없을 듯 보였다.

그러나 반란이 시작되고 대중적 거리 시위가 일어나자, 전국적으로 수백만 명이 여기에 동참할 자신감을 얻었다.

그리고 노동자들의 파업이 무바라크를 최종적으로 쫓아내는 데 결정적 구실을 했다.

파업

노동자들은 집단적으로 행동에 나설 때 계급으로서 자신들이 가진 힘을 자각할 수 있다. 세상을 움직이는 데 사장이나 관리자가 필요하지 않다는 것을 깨달을 수 있는 것이다.

그래서 그리스에서는, 몇몇 파업이 긴축에 반대할 뿐 아니라 사장의 통제력에 도전하는 데까지 나아가기도 했다.

파업 언론인들은 방송국을 접수해 노동자들의 투쟁을 알리는 뉴스를 내보냈다.

파업에 참가한 기자 한 명은 이렇게 말했다.

"저들이 건물의 전기를 끊어 버렸어요. 하지만 전력 노동자들이 오더니 다시 전기를 연결해 줬어요."

그러나 노동자들이 거대하게 투쟁에 나선다고 해서 승리가 보장된 것은 아니다.

노동자 일부는 사회의 지배적 사상을 받아들인다. 다른 일부는 자본주의를 끝장내고자 하는 혁명가가 된다. 대부분은 둘 다 아니다. 혁명적 시기에도 이는 예외가 아니다.

1917년 러시아혁명 당시, 혁명의 목표가 무엇인지를 둘러싸고 거대한 논쟁이 벌어졌다.

멘셰비키라고 불린 사회주의자들은 혁명이 의회 민주주의에서 멈추기를 바랐다. 그들과 달리 볼셰비키는 노동자들이 권력을 장악해야 한다고 주장했다.

1917년 여름을 거치면서, 노동자들의 생각이 급진화했다. 더 많은 노동자들이 볼셰비키를 지지하게 됐다.

10월혁명에서 볼셰비키는 노동자들이 최종적으로 권력을 장악하는 데 결정적 구실을 했다. 볼셰비키와 같은 혁명적 정당이 혁명을 만들어 낸 것은 아니다. 그러나 투쟁이 승리하는 데 결정적인 변수가 될 수 있다.

또 중요한 점은, 투쟁의 승리가 노동자들이 지배자들을 넘어서도록 하는 씨앗이 된다는 것이다.

마르크스는 이를 다음과 같이 요약했다. "혁명은 지배계급을 다른 방식으로는 타도할 수 없기 때문에 필요하기도 하지만, 혁명을 성사시키는 과정 속에서만 지배계급을 타도하는 바로 그 계급[노동계급]이 이전 시대의 오물을 제거하고 새로운 사회를 건설하는 데 걸맞도록 거듭날 수 있기 때문에 필요하기도 하다."

어떤 미래를 꿈꾸고 투쟁을 건설할 것인가

오늘날 위기는 '자본주의 체제의 위기'인가?

전 세계가 경제 위기에 발목 잡힌 지도 어느새 4년이 넘었다. 1930년대 대공황 이후 최악이라는 이번 경제 위기는 회복의 기미가 전혀 보이지 않는다. 심지어 최근 세계경제에서 가장 괄목할 성장세를 보인 중국조차 경기 후퇴를 겪고 있다.

따라서 노동자들의 생활수준을 낮추려는 공격이 더 많아질 것이라고 예측할 수 있다.

혁명가 카를 마르크스가 주장했듯, 불안정성은 자본주의의 근본 속성 중 하나다. 자본주의 체제는 호황과 불황, 즉 경제의 팽창과 수축을 반복한다.

존 몰리뉴. 〈레프트21〉 92호, 2012년 11월 3일. https://wspaper.org/article/11996.

그러나 이번 경제 위기의 근원은 수십 년 전으로 거슬러 올라간다. 전후 호황이 끝날 즈음 기업의 이윤율도 떨어지기 시작했다.

지난 수년 동안 자본가들은 거대한 신용 거품으로 이런 수익성 하락을 감춰 왔다. 직접 투자보다 금융 체계를 활용한 기금 대출이 더 손쉽게 돈을 벌 수 있는 방법이었다.

그러나 이런 신용 거품이 언제까지나 계속 확장할 순 없었다. 2008년에 금융 거품이 꺼지자, 전 세계 금융 체계는 마비됐다. 그 뒤로 거듭거듭 구제 금융이 투입됐지만 이미 망가진 금융 체계는 개선되지 않았다.

부적합한 인물이 경제를 운영하는 게 문제 아닌가?

물론 오늘날 경제를 주무르는 인사들이 부적합한 인물들인 것은 맞다. 탐욕스럽고 노동자를 경멸하는 이 정치인·관료 들은 빈부 격차를 늘리는 데 여념이 없다.

정말 꼴 보기 싫고 하루빨리 사라져야 할 존재이지만, 안타깝게도 이들이 문제의 근원은 아니다.

세계경제 위기는 보수당 집권 전인 2010년에 시작됐고, 그 출발이 미국 월스트리트였다.

당시 미국은 그 끔찍한 조지 부시와 공화당이 집권하고 있었다. 그러나 그 뒤 조지 부시를 버락 오바마로 교체해도 위기가 해결되거나 평범한 사람들에게 이로운 방향으로 사태가 전개되지 않았다.

프랑스에서는 프랑수아 올랑드가 좌파의 희망으로 떠오르며 수백만 표를 획득해 대통령에 당선했지만 긴축 정책을 중단하지 않았다.

사악하기 짝이 없는 우파 정부를 끌어내리는 것은 훌륭한 성과겠지만, 그 자체로 바뀌는 것은 별로 없을 것이다.

만약 전 세계 정부들이 신자유주의적 긴축 정책을 철회하면 어떨까?

많은 좌파가 사민주의 정당을 비롯한 전 세계 정당들이 신자유주의로 표현되는 일련의 전망과 정책들을 수용한 것이 문제라고 본다.

신자유주의란 사회의 모든 영역이 시장, 즉 이윤과 자본주의 경쟁 논리에 복속돼야 한다고 주장하는 사상 체계다.

신자유주의자들은 시장을 가만히 내버려 둘 때 경제적 자원을 가장 효율적으로 이용할 수 있다고 주장한다. 정부가 나서 사람들을 도우면 문제만 악화할 뿐이라는 것이다.

신자유주의는 부자들의 소유를 늘려서 자본주의의 수익성 위기를 돌파하려고 고안된 지배계급의 프로젝트였다.

신자유주의 반대 진영은 신자유주의가 불평등과 빈곤을 증대시킨다고 비판한다. 또 긴축 정책은 평범한 사람들의 소비력을 떨어뜨려 위기를 악화시킬 뿐이라고 목소리를 높인다.

모두 옳은 지적이다. 그러나 종종 케인스주의 정책을 해결책으로 제시하는데, 이 정책으로는 결코 경제의 근본 문제를 해결하지 못할 것이다.

정부 지출을 늘려서 위기에서 벗어날 순 없을까?

정부 지출을 늘려 불황에서 벗어날 수 있다는 생각이 바로 케인스주의다. 케인스는 1930년대 대공황에서 벗어나려면 대규모 공공 지출이 필요하다고 주장했다.

영국 귀족학교 이튼스쿨 출신의 케인스는 머리부터 발끝까지 노동계급에게 적대적인 속물이었지만, 오늘날 케인스주의 옹호자들은 대체로 좌파에 속한다.

사회주의자로서 우리는 경제 성장을 위해 정부 투자를 바라는 사람들과 공통점이 있다. 그들은 학교, 병원, 주택 공급을 위한 대규모 투자 프로젝트를 요구하는데, 우리도 이런 계획을 지지한다. 다만 우리는 이런 투자가 자본주의 체제의 이윤을 회복시킬 것이라고 보지 않는다.

우리는 노동계급이 일자리를 갖길 바란다. 또 평범한 사람들에게 유용한 건물을 짓는 것도 찬성한다.

그러나 경제적 수요를 진작시켜 위기를 해결한다는 케인스의 주장은 자본주의 체제의 문법으로 보더라도 설득력이 없다. 자본주의의 위기는 수요가 아니라 생산에서 시작하기 때문이다.

자본주의는 체제의 회복을 위해 평범한 사람들에게 위기의 고통을 전가하는 법만을 안다. 우리가 이 썩은 체제를 타도하는 데 케인스는 도움이 못 된다.

그러나 자본주의가 유일한 대안이 아닌가?

세계사를 살펴보면 다양한 경제 체제를 발견할 수 있다. 그중 자본주의는 분명 이전 봉건제보다 강력한 체제다.

그러나 동시에 자본주의는 엄청난 비극을 일으킨다. 청년 실업자들은 '잉여' 취급을 받고 있다.

전 세계적으로 약 10억 명이 기아에 허덕이고 있다.

무엇보다 충격적인 것은 어처구니없는 불평등이다. 세계은행의 통계를 보면, 전 세계 상위 1퍼센트가 소유한 부는 하위 57퍼센트의 부를 모두 합친 것만큼 많다. 또 세계에서 가장 부유한 세 사람이 소유한 부가 가장 가난한 47개 나라가 생산하는 부를 모두 합친 것보다 더 크다.

자본주의가 가하는 위협은 여기서 그치지 않는다. 경제 위기는 경쟁을 부추기고, 경쟁이 첨예해질수록 인종주의와 파시즘, 나아가 전쟁의 가능성도 커진다.

기후변화는 또 어떤가? 이 또한 자본주의가 단기적 이익을 좇아 지구의 자원을 체계적으로 약탈한 결과다. 이런 문제들을 해결하려면 자본주의를 전복해야 한다.

자본주의를 타도하는 것이 가능할까?

자본주의 타도가 허황된 목표처럼 들릴 수도 있다. 그러나 장구한 인류의 역사에서 자본주의가 등장한 것은 겨우 몇 세기 전일 뿐이다. 또 자본주의가 영원할 것이라고 생각할 이유도 없다. 이 자본주의를 타도할 힘을 갖고 있는 것은 바로 노동자다.

노동자의 노동은 사장의 이윤을 포함해 자본주의에서 모든 것을 생산한다. 근무지가 공장이든 사무실이든 상점이든 사장이 아니라면 노동계급의 일부로 봐야 한다. 자본주의 체제는 결국 노동자의 노동에 의지하고 있는 것이다.

물론 우리가 일상에서 겪는 경험은 이와 사뭇 다르다. 노동자들은 흔히 탄압 또는 괴롭힘의 대상이 된다. 그러다 보면 사회에 어떤 영향도 끼칠 수 없는 것처럼 느끼기 쉽다. 이것이 바로 자본주의 체제가 우리에게 가하는 압력이다.

그러나 투쟁에 나서면서 우리는 주변 상황이 바뀔 수 있는 가능성을 어렴풋이 느끼게 된다.

더 중요한 사실은 노동자들이 파업할 때마다 우리가 그 힘을 확인할 수 있다는 것이다. 노동자들이 집단적으로 노동의 제공을 거부해 일터를 마비시키는 파업은 결국 우리가 없다면 사장들은 아무것도 아니라는 사실을 입증해 준다. 파업은 노동자들이 어떻게 사회주의 혁명을 일으킬 수 있을지 보여 주는 단초가 된다.

사회주의가 가능할까?

1917년 러시아 혁명은 인류 역사상 가장 위대한 사건 중 하나다.

그러나 안타깝게도 혁명은 다른 나라로 확산되지 못했고, 특권을 가진 관료 엘리트가 출현해 혁명의 성과를 가로채 갔다.

러시아 사회는 노동자들의 통제에서 벗어나 국가자본주의 사회로 변모했다. 그러나 우리가 말하는 "사회주의"는 국가자본주의 러시아와는 전혀 다른 사회다. 사회주의는 노동자들이 스스로 새로운 사회를 건설하는 것이다. 또 노동자들이 이윤을 좇지 않고 인간의 필요에 기초해 민주적으로 생산과 분배를 계획하는 것이다.

우리는 오늘날 튀니지와 이집트에서 대중 혁명이 독재자를 끌어내리는 것을 목격한 바 있다. 튀니지와 이집트 민중의 투쟁은 혁명이 결코 백일몽이 아니란 사실을 잘 보여 준다.

식량, 주택 등 전 세계 인구가 풍족한 삶을 누리는 데 필요한 모든 것들은 이미 갖춰져 있다. 우리는 충분히 풍요로운 세계에 살고 있다. 문제는 이 모든 부를 부자들이 통제한다는 것이다.

사회주의 사회에서 필요를 충족하지 못하는 사람은 없을 것이다. 이런 사회야말로 진정 우리 모두가 꿈꾸는 미래다.

사회주의는 어떤 사회일까?

들어가며

'혁명 후에는 어떤 일이 벌어질까? 사회주의에서 나타나는 이러저러한 문제들은 어떻게 다루어야 할까? 예기치 못한 문제가 발생하면 어떻게 대처할까?'

마르크스주의자들에게는 이런 종류의 질문이 그리 낯설지 않을 것이다. 솔직히 이런 질문에 대한 답변이 종종 공허하게 들렸을 거라는 점도 인정해야 한다. 마르크스가 이 분야에 관해 쓴 글들을 보면 뭔가 만족스럽지 못하다는 느낌을 지울 수 없다. 자본주의를 놀랍도록 명쾌하게 분석한 것이나 역사적 문제와 당시의 정치적 문제들에 관해 구체적으로 언급했던 것과 비교한다면 말이다. 물론 이 주제를 다루는 데에서도 그의 천부적 재능은 돋보인다. 그의 분석은 나중에

존 몰리뉴. 이것은 국제사회주의자들(IS)이 1997년에 소책자로 발간한 글이다.

사회주의 사회를 이해하는 데 중요한 밑거름이 되었다. 하지만 마르크스가 주요한 문제들을 대강의 윤곽만 그려놓는 데 그친 것 또한 사실이다.

거기에는 그럴 만한 사정이 있었다.

마르크스 이전에는 프랑스의 생시몽과 푸리에, 영국의 로버트 오언 같은 '공상적 사회주의자들'이 사회주의 학파의 주류를 이루고 있었다. 공상적 사회주의자들은 미래 사회의 청사진을 그리는 데에만 몰두했다. 그들은 지배계급의 선의에 호소하는 것 말고는 어떠한 전략도 갖고 있지 않았다.

마르크스는 자신의 과학적 사회주의를 중간계급의 백일몽과 단호하게 구별했다. 그는 사회주의는 오직 자본주의가 지니고 있는 현실의 모순들 ― 자본주의 생산의 무정부성, 그리고 노동계급과 자본가계급 사이의 적대관계 ― 로부터 생겨난다는 점을 강조했다. 그렇기 때문에 사회주의 사회에 관한 예언을 매우 엄격히 제한할 수밖에 없었고 상세한 청사진을 그리려는 어떤 시도도 배제했던 것이다. 오늘날에도 이것은 여전히 타당하다.

사회주의는 노동계급이 자본주의에 맞서 투쟁해 승리한 결과로 생겨난다. 즉 자본주의로부터 생겨나는 것이다. 따라서 혁명적 사회주의 정부가 도입할 특정한 조치들은 당시의 특수한 경제·사회·정치적 조건들에 의존할 수밖에 없다.

우리가 지금 혁명의 날이 언제인지 미리 알 수 없듯이 그 조치들이 무엇인지 미리 아는 것은 불가능하다. 또한 사회주의 혁명의 핵심은 사회를 노동계급의 의식적인 통제 아래 두는 것이다. 따라서 미리 해답을 구하려 애쓰는 것은 완전히 부질없는 짓이다. 그것들 가운데 대다수는 미래의 노동자들이 결정하도록 놔둘 수밖에 없는 문제들이다. 예를 들어, 사회주의 사회의 주택 설계를 위해 지금 계획을 세우는 것은 쓸데 없는 일이다. 그것은 전적으로 미래의 사람들이 어떤 종류의 집에서 살겠다고 선택할지에 달려있을 테니까 말이다.

그렇지만 여전히 의문은 남는다. 사람들이 사회주의를 위한 투쟁에 나서려 할 때면, 자신들이 무엇을 위해 싸우는지를 알고 싶어 할 것이다. 특히 옛 소련과 동유럽의 스탈린주의 체제 그리고 '사회주의'라는 간판을 내걸었던 세계 곳곳의 여러 정권들이 이 문제를 완전히 안개처럼 가리고 있기 때문에 더욱 그렇다.

사회주의를 선전하려면 분노를 담아 자본주의를 비난해야 할 필요가 있다. 노동자 운동의 전략과 전술을 빈틈없이 분석할 필요도 있다. 그러나 그 투쟁을 가치있게 하는 목표에 대해 분명한 전망을 제시하고 영감을 줘야 할 필요도 있다.

게다가 이런 질문들 가운데 몇 가지에 대해 해답을 제시하기에 어떤 점에서는 우리가 마르크스보다 나은 조건에 있다. 자본주의가 1백 년 이상 발전해 오면서, 원래 의도는 아니지만, 사회주의의 기반이 여러 모로 마련됐다. 그 결과 마르크스가 원칙으로 밝혀 놓은 일정한 목표들 — 물질적 풍요의 성취나 노동 분업의 극복 같은 — 을 어떻게 실현할 수 있는가를 그려 보기가 쉬워졌다.

또한 우리는 1백 년에 걸친 노동자 투쟁의 경험을 갖고 있다. 물론 아직은 마르크스주의적 의미에서 완벽한 사회주의를 경험해 보지는 못했다. 그러나 우리는 러시아에서 몇 년 동안 지속된 사회주의 혁명이나, 사회주의의 씨앗을 간직하고 있었지만 안타깝게 놓쳐버린 수 많은 혁명 — 1936년 스페인 내전이나 1956년 헝가리 혁명과 같이 실패한 노동자 혁명들 — 을 경험했다.

이 글에서 미래의 사회주의 사회에 관한 마르크스주의적 견해를 약간 상세하게 설명하려고 시도하는 것도 바로 이런 이유 때문이다. 시도라는 점을 강조하고 싶은데, 왜냐하면 실제 사회주의의 모습은 어떤 예견과도 상당히 다를 것이기 때문이다. 그렇다고 인간이 사회 주의를 통해서 자본주의 아래서 고통받아 온 근본 문제들을 제거하고 진정한 자유를 획득하는 게 어떻게 가능한지 구체적으로 그려보는 일이 가치 없지는 않을 것이다.

미리 한 가지를 더 짚고 넘어갈 것이 있다. 사회주의 — 또는 마르크스가 원래 썼던 용어로는 공산주의 — 는 혁명이 일어난 다음 날 도입하기만 하면 되는, 미리 준비돼 있는 사회 체제가 아니다. 오히려 사회주의는 역사적 과정이다.

이러한 과정은 노동자들이 혁명으로 자본주의 국가를 파괴하는 데에서 시작한다. 그리고 완전한 무계급 사회가 세계적인 규모로 세워졌을 때 — 다시 말해 인류 전체가 계급 적대감이나 계급투쟁 없이 사회를 집단으로 운영해 나갈 때 — 에만 완성되는 것이다.

자본주의를 전복하는 것과 계급 없는 사회가 완성되는 시기 사이에는 이행기가 존재한다. 마르크스는 이 이행기를 '프롤레타리아트 독재'라고 불렀지만, 보다 쉽게 말하자면 '노동자 권력'이다.

미래의 사회주의에 대해 토론할 때에는 항상 이 점을 명심하는 것이 중요하다. 왜냐하면 비록 노동계급이 권력을 잡더라도 가진 것을 모두 잃게 된 부르주아지와 여전히 싸워야 하기 때문이다. 이러한 초기 단계에서 당장 할 수 있고 또 해야 할 일은 인류가 완전한 단결을 이루었을 때 열릴 가능성과 어떤 의미에서도 같을 수 없다.

정치 권력의 장악

성공한 노동자 혁명이 맨 처음 직면하는 가장 긴급한 과제는 노동 계급의 지배를 확실하게 다지고 자본가의 반혁명에 맞서 스스로를 방어하는 일이다.

이것은 정말 죽느냐 사느냐 하는 문제이다. 파리 코뮌 이래 모든 혁명에서 그랬듯이 부르주아지는 잃어버린 권력을 되찾기 위해 가장 무자비한 폭력에 기꺼이 의존하기 때문이다.

권력을 빼앗긴 부르주아지가 다른 자본주의 국가들로부터 후원을 받아 격렬하게 저항하는 데 맞서 노동계급은 자신의 국가를 세워야만 한다. 다른 형태의 국가들과 마찬가지로 이러한 국가도 사회에서 최고의 권력을 행사하고 결정적인 무장력을 사용하는 중앙 집중적인 조직이 될 것이다.

그러나 새로운 노동자 국가가 이전의 자본주의 국가와 닮은 점은 단지 이것뿐이다. 그밖의 점에서는 어떠한 공통점도 없다. 기존 자본주의 군대와 경찰은 해체될 것이다. 더 정확하게 말하자면 혁명이 승리하는 과정에서 이미 붕괴할 것이다. 무장한 노동자들의 조직 — 노동자 민병대 — 이 그 자리를 대신하게 될 것이다.

민병대의 기초는 아마도 혁명이 진행되는 과정에서 마련될 것이다. 민병대는 주요 공장이나 작업장과 연관을 맺으면서 그 바탕 위에서 세워질 것이다. 만약 전면적인 내전이나 외국군의 침입에 맞서 혁명을 방어해야 하는 상황만 아니라면 민병대는 교대제로 운영될 것이다. 최대한 많은 노동자들이 자신의 권력을 지키는 데 참여하게 하고 또한 민병대가 전체 노동계급에서 분리되지 않도록 하기 위해서라도 말이다.

또한 민병대는 일상의 법과 질서를 책임지는 역할도 할 것이다. 민병대는 공동체에 뿌리를 두고 있기 때문에 이러한 임무를 자본주의 사회의 경찰보다 훨씬 더 효과적으로 수행할 수 있을 것이다.

민병대의 모든 장교들은 선출되고 정기적으로 재선출될 것이다. 봉급도 노동자의 평균 임금을 넘지 않을 것이다. 이 원칙은 새로운 국가의 모든 공무원들에게도 적용될 것이다.

그러나 새로운 국가의 핵심 기관은 노동자 민병대가 아니라 전국적인 노동자 평의회가 될 것이다. 노동자 평의회는 작업장에서 선출된 대표자들로 구성되는 지역 기구로서 전국 노동자 평의회에 대표자들을 파견한다. 정부나 민병대나 다른 모든 국가 기구들은 전국 노동자 평의회의 통제에 따라야 한다.

혁명의 기본 대의를 받아들이기만 한다면 모든 정당들은 평의회 안에서 자유롭게 활동할 수 있다. 노동계급 다수의 지지를 받아 정부를 구성한 정당과 함께 말이다. 물론 당연하게도 혁명을 이끈 당이 정부를 구성하게 될 것이다.

우리가 노동자 평의회가 이런 역할을 할 것이라고 예견할 수 있는 것은 마르크스가 노동자 평의회에 관한 청사진을 그려 놓았기 때문이 아니다(사실 마르크스는 노동자 평의회에 관해 언급한 적이 전혀 없다). 20세기에 접어들어 일어났던 혁명들이 모두 예외없이 그러한 기관이나 맹아를 만들어 냈기 때문이다.

최초의 노동자 평의회는 소비에트로 불렸는데 1905년 러시아혁명 동안 페테르부르크에서 생겨났다. 그 후에도 1917년 러시아혁명 당시의 소비에트, 1918~1919년에 독일에서 등장했던 노동자 평의회, 1956년에 헝가리 부다페스트의 중앙 노동자 평의회(Central Workers Council)가 있었다. 맹아적인 평의회의 예로는 1919~1920년에 이탈리아에 등장했던 공장 평의회(Factory council)와 1972년 칠레의 꼬르돈(Cordon)이 있다.

앞에서 얘기한 것과 마찬가지로 노동자 평의회라는 조직에 대해 더 세부적인 청사진을 그리려고 애쓰는 것은 부질없는 짓이다. 노동자 평의회는 미리 정해 놓은 계획에 맞춰 나타나는 것이 아니다. 혁명이 진행되는 과정에서 노동계급은 자신의 힘을 한데 모아야 할 필요를 느끼고, 그 필요에 따라 만들어지는 것이 바로 노동자 평의회이다. 투쟁 기관인 평의회의 조직 구조는 처음에는 당연히 그날 그날의 필요를 충족시켜 주는 수준에서 시작할 것이다. 또한 그래서 상황과 조건에 따라 상당히 다양할 것이다.

여기에서 아주 중요한 문제가 제기된다. 노동자 권력은 얼마나 민주적일까?

형식적으로 보자면, 노동자 평의회가 국가를 통치하는 것이 완벽한 민주주의는 아닐 것이다. 노동자 국가는 옛 부르주아지와 그들의 주요 동맹자들을 선거 과정에서 배제할 것이기 때문에 완벽한 보통 선거가 되지는 않을 것이다. 그러나 형식적인 점에선 부족하지만, 인민 대중이 진정한 민주주의에 참여한다는 점에서 형식 이상으로 훨씬 더 민주적일 것이다.

노동자 평의회가 구현하는 민주주의는 집단적인 토론과 논쟁, 그리고 직접 선출하는 사람들의 힘에 기초할 것이다. 그들은 자신들이 뽑은 대표자를 집단으로 통제할 것이다. 어떻게 이런 통제가 가능한가는 아주 간단한 문제이다. 노동자들이 뽑은 대표자들이 자신들의 의사를 제대로 반영하지 못하면, 작업장에서 대중 집회를 열어 손쉽게 대표들을 소환하고 다른 사람으로 대체하면 될 것이다.

당연하게도 이러한 통제는 지역에 기초한 선거구로 이루어진 의회 제에서는 불가능하다. 사회주의 사회에서는 모든 사람에게 5년마다 하루 동안만 민주주의가 주어지는 게 아니라, 사회 구성원 대다수가 국가의 실제 운영과정에 지속적으로 참여할 수 있게 될 것이다.

노동자 평의회가 작업장에 기반하기 때문에 때때로 주부, 연금 생활자, 실업자처럼 작업장에 속해 있지 않은 노동계급의 일부가 배제되지 않을까 우려할 수도 있다.

그러나 노동자 평의회의 커다란 장점 가운데 하나가 바로 노동계급의 구성이 바뀌는 것에 유연하게 대처할 수 있다는 점이다.

예컨대 1936년 스페인 혁명에서는 주요 도시의 노동자 지구별로 세워진 거주지역위원회(neighbourhood committees)가 노동자 권력의 핵심 기관 가운데 하나였다. 이런 기구들이 그 지역의 주민 전체를 대표면서 노동자 민병대, 식량 배급, 교육 및 일상생활의 여러 가지 다른 일들을 조직하고 통제했다.

사회 조직의 핵심이 작업장에 뿌리를 두고 있다고 해서, 다른 사회 집단들이 나름대로 단체를 구성하여 대표를 평의회로 보내지 못할 아무런 이유가 없는 것이다.

노동자 국가의 기본 특징은 사회를 근본으로 새롭게 건설하기 위해 노동계급 대중의 능력과 창의력을 조직하면서, 그들의 자주적 행동을 신뢰하고 이끌어 내는 데 있다. 이런 점에서 노동자 국가는 열이면 열 모두 인민 대중의 수동성에 의존하는 가장 자유로운 부르주아 민주주의 체제보다 1천 배 더 민주적일 것이다.

이 모든 얘기가 환상처럼 들릴지도 모른다. 실제로 그렇다 — 짧지만 노동자들이 사회를 통제했던 기간을 보면 정말 환상적이다. 예컨대, 존 리드가 1917년에 러시아에서 일어났던 일을 서술한 《세계를 뒤흔든 10일》이나, 조지 오웰이 1936년에 스페인 바르셀로나에서 벌어졌던 일을 쓴 《카탈로니아 찬가》을 읽어 보라. 하지만 얼마만큼의 억압이 존재해야만 할까? 혁명을 반대하는 사람들에게는 얼마만큼의 자유가 허용될까?

노동자 권력 아래서의 억압과 자유

지배계급의 선전 덕분에 혁명하면 많은 사람들이 단두대나 총살을 떠올린다. 또 스탈린주의에 관한 기억 때문에 혁명 후에 세워지는 체제는, 당의 노선을 따르지 않는 사람은 누구나 새벽 4시에 정체불

명의 사람들한테 붙잡혀 가는 암울하고 억압적인 획일적 체제일 거라는 생각을 종종 떠올리기도 한다.

이런 생각은 둘 다 러시아혁명의 패배라는 특수한 역사적 조건과 연관돼 있다. 앞에서도 명백히 밝혔듯이, 마르크스주의자들은 노동자 권력을 노동 대중의 권력이나 권리, 자유가 엄청나게 확대돼 활기가 넘치는 노동자 민주주의로 이해한다.

그렇지만 자본주의 국가를 전복하고 혁명 후에 노동자 권력을 유지하기 위해서는 약간의 억압과 직접적인 무력 사용이 필요하다는 점을 솔직하게 인정할 수밖에 없다. 혁명의 승리로 계급투쟁이 끝나는 게 아니고, 더구나 아직 한 나라에서 승리한 것에 지나지 않는다면 특히 그렇다.

게다가 막 태어난 노동자 국가라면 그 통치 기반이 당분간 취약할 수밖에 없을 것이다. 이전 지배계급과 중간계급의 상당 부분은 노동자 정부를 일시적인 일탈로 여기고 금방 무너질 거라고 기대하면서 그 정통성이나 권위를 전혀 받아들이지 않을 것이다. 이들이 새로운 사회의 건설을 방해하고 사보타주하면서, 기회만 있으면 무력으로 파괴하려들 것은 불을 보듯 뻔하다.

그들에게 그런 기회가 주어져서는 결코 안 된다. 자본가의 저항을 단호하고 무자비하게, 필요하다면 무력을 사용해서라도 분쇄해야만 한다.

그러나 이런 일반적인 언급에 만족하지 않고 정확히 얼마만큼의 억압이 필요한지 알려고 한다거나, 어떤 인물들을 재판대에 세우고 그들을 어떻게 할 건지 하는 문제를 미리 정하는 것은 별 의미가 없을 것이다. 이 모든 것은 당시의 계급세력 균형에 달려있다. 노동계급의 기반이 취약하고 부르주아지의 저항이 크면 클수록 더 직접적인 혁명적 무력이 필요할 것이다. 노동계급의 힘이 압도적으로 강하면 법적 강제만으로도 충분할 것이다.

그렇기 때문에 우리가 겪은 노동자 권력의 유일한 실제 경험 — 러시아혁명의 초기 몇 해 — 을 미래의 실천을 위한 전형으로 볼 수는 없다. 그 당시 러시아 노동계급은 경제적으로 후진적인 나라에서 극소수인데다가 전쟁으로 황폐화되고, 완전무장한 반혁명 세력과 대규모 외국 군대의 개입에 직면했기 때문에 대단히 어려운 처지에 있었다. 볼셰비키는 혁명을 보호하기 위해 고도로 권위적인 통치 체제를 수립하는 것 말고는 선택의 여지가 없었다.

오늘날 대부분의 나라 — 생산력 수준이나 생활수준, 노동계급의 규모 모두 혁명 당시 러시아보다 오히려 훨씬 높고 더 발전한 제3세계 나라들도 여기에 포함된다 — 에서 노동계급의 상황이 당시 러시아 노동계급보다 훨씬 더 낫다는 것은 확실하다. 이런 조건에서는 미래에 필요한 억압은 인구의 압도 다수가 극소수에게 하는 것이므로 훨씬 덜 가혹할 것이다. 러시아의 경우는 물론이고 지금의 자본주의 사회에서 착취자들이 지배 체제를 유지하기 위해 필요한 폭력과는 비교도 할 수 없을 정도로 온화할 것이다.

더구나 혁명이 다른 나라들로 확산되면(이 문제는 뒤에서 다룰 것이다), 부르주아지는 역사의 무대 뒷편으로 퇴장하고 자본주의를 복원하는 것이 완전히 터무니없는 백일몽처럼 되면서 어떠한 억압도 필요없게 될 것이다.

의사 표현과 언론의 자유, 정치 조직을 꾸릴 자유에 관해서도 할 말이 얼마든지 있다. 부르주아지는 마치 자신들이 이런 자유의 수호자인양 떠벌린다. 하지만 실제로 자본주의 체제에서는 대다수 평범한 사람들이 이러한 자유를 누릴 수 있는 가능성이 끊임없이 제한된다. 반면에 노동자 권력 아래서는 맨처음부터, 이전 지배계급과 반혁명을 선동하는 자들을 제외한 나머지 사회 구성원 모두에게 이러한 자유가 충분히 보장될 것이다.

노동자 국가는 공공시설물들을 접수하여 대중이 공개 토론을 위해 활용할 수 있게 할 것이다. 무엇보다 작업장 — 자본주의에서는 고용주들이 노동자들을 고용해서 승진시키거나 해고할 수 있는 권한을 쥐고 있기 때문에 의사 표현이 심하게 제한된다 — 이 민주적인 토론의 중심이 될 것이다. 또한 토론한 것이 쓸데없이 지껄이고 항의한 것으로 느껴지지 않고, 자신들의 일상생활을 조직하는 데 직접 영향을 미치기 때문에 모든 사람들이 토론에 참여하게 될 것이다.

자본주의 아래서 언론의 자유는 희망사항에 지나지 않는다. 신문 발행은 대기업, 즉 지배계급이 통제하는 하나의 사업이다. 노동자 권력 아래서는 인쇄기나 인쇄용지 등이 모두 국유화되므로, 사회 집단이나 정치 조직들은 노동 대중의 지지를 받는 정도에 따라 사용할 수 있을 것이다. 그렇게 되면 지금보다 훨씬 더 다양하고 활발한 의사 표현과 토론이 가능할 것이다.

텔레비전, 라디오뿐 아니라 다른 대중매체들도 모두 대중이 사용할 수 있도록 개방될 것이다. 이러한 대중매체들이 자본주의 아래서는 거의 쓸모가 없지만, 노동자 권력 아래서는 대중이 사회 운영에 참여하는 데 아주 훌륭한 통로 역할을 할 것이다. 방송 매체는 일방 통행이 아니라 노동계급의 다양한 부문이 자신의 문제나 견해, 제안을 공유하는 좋은 통로가 될 것이다.

노동자 국가는 결코 일당 국가가 되지 않을 것이다. 노동계급 안에서도 서로 조금씩 다른 이해관계와 견해를 대표하는 다수의 당들이 노동 대중의 지지를 얻기 위해 경쟁할 것이기 때문이다. 노동계급에 속하지 않는 사람들을 대표하는 정당들도 활동할 자유가 보장될 것이다. 다시 한 번 강조하지만, 반혁명을 꾀하지 않는다는 조건에서 말이다.

노동조합도 번성해서 경제와 국가를 운영하는 데 커다란 역할을 하게 될 것이다. 또한 노동조합이 파업할 권리도 계속 보장될 것이다. 노동자 국가라 하더라도 다양한 부문에 속해 있는 노동자들이 권력 남용에 맞서 자신의 이익을 지켜야 할 필요가 있을 수 있으므로, 파업의 권리는 충분히 보장돼야 한다.

한 마디로 노동자 권력은 착취받고 억압받고 짓밟혀 온 사람들이 진정한 자유를 분출하는 세상을 뜻한다.

경제 권력의 장악

다른 어떤 사회와 마찬가지로 사회주의의 기초도 경제에 있다.

따라서 노동계급은 정치 권력을 잡는 즉시 그 힘을 이용해 경제 권력을 장악하는 일에 착수해야 한다. 다시 말해 사회의 주요 생산수단을 모두 자신의 수중에 장악해야 한다는 뜻이다. 만약 이 일이 한 순간이라도 늦춰지면 노동자들이 자신의 정치적 지배를 유지할 수 없게 될 것이다.

경제 권력을 확립하는 형식은 잘 알고 있듯이 국유화이다.

이 과정은 러시아혁명에서 그랬듯이 모든 토지를 국유화하는 것에서 시작할 것이다. 자본과 달리 토지는 해외로 빼돌릴 수 없기 때문에, 토지를 국유화하는 일은 아주 손쉬운 조치이고 혁명 첫날에 법령을 공포해서 시행할 수도 있을 것이다. 또한 반드시 있을 자본의 해외 도피 시도를 막기 위해 은행을 국유화하고 거래 과정을 엄격하게 통제하는 일도 긴급하게 이루어져야 한다.

이런 조치들을 시작으로 노동자 국가는 주요 기업과 산업 들을 접수해 나갈 것이다. 단지 한두 명의 노동자를 고용하고 있는 작은 기업들은 대부분 나중에 접수해도 될 것이다. 가장 긴급한 과제는 경제 권력의 '관제 고지' 역할을 할 기업들에 대한 통제권을 장악하는 일이다.

그러나 이처럼 혁명을 통해 국유화를 이루는 것과 과거에 서구 사회민주주의 정당들이 선거를 통해 정권을 잡았을 때(심지어 우익 정부들도) 시도했던 국유화 사이에는 어떠한 공통점도 없다. 물론 둘 다 겉으로 보면 국가소유라는 점에서 같아 보일지도 모른다. 그러나 자본주의 국가 — 자본가 계급의 조직인 — 아래서 과거에 실시했던 국유화 조치들과는 달리, 혁명으로 국유화를 이루는 경우에는 그 국가가 노동자 국가 — 집단적인 노동계급의 조직 — 라는 점이 중요하다.

따라서 첫째로, 국유화는 단순히 중앙 국가 권력이 위로부터 수행하는 조치가 아니다. 많은 경우에 공장 점거를 통한 아래로부터 노동자들의 행동과 위로부터 법적으로 공식화하는 것이 결합될 것이다.

둘째, 국유화는 아무런 보상없이 진행될 것이다. 국유화를 하는 목적이 바로 부르주아지의 경제 권력을 분쇄하는 것이기 때문이다.

셋째, 이 점이 제일 중요한데, 국유화는 노동자 통제 아래서 수행될 것이다. 국유화가 어떤 식으로 진행될지 정확한 형태를 예측할 수는 없지만, 정기적으로 열리는 노동자들의 대중 집회에서 선출된 평의회가 각 공장이나 작업장을 운영할 것이다. 산업 전반을 운영하는 것도 사정은 비슷할 테지만, 노동조합의 대표들과 노동자 정부가 함께 할 것이다.

산업에 대한 노동자 통제가 핵심이다. 노동계급이 자신의 작업장을 통제할 수 없다면 자신의 국가도 통제할 수 없다. 새롭게 건설된 국가의 산업에 대한 통제권이 특권 관료층으로 넘어 간다면, 러시아에서 일어났듯이 얼마 지나지 않아 이 관료층이 사회에서 결정적인 영향력을 휘두르게 되고 사회가 계급으로 나뉘어지는 일이 다시 등장할 것이다.

물론 노동자들이 산업을 운영할 능력이 있을까 하는 의문을 던지는 사람도 있을 것이다. '전문가들이 있어야만 할꺼야. 진짜로 통제권을 갖는 것은 전문가들일꺼야.'하고 말이다.

이것은 노동계급의 능력을 과소평가하고 기술 전문가들의 역할을 과대평가하는 것이다. 심지어 자본주의 사회에서도 직접 생산 과정을 가장 잘 파악하고 있는 사람은 일반으로 노동자들이지 사장들이 아니다. 경영 기술은 대부분 생산이 아니라 효과적인 판매(광고나 홍보 등)와 착취율을 유지하기 위해 필요한 것이다. 새로운 사회에서는 이런 기술들이 아무런 쓸모가 없게 될 것이다.

기술 전문가들의 경우, 노동자들의 교육 수준이 충분히 개선될 때까지 일정 기간은 필요할 것이다. 그러나 현재 그들이 사장을 위해 일하는 것과 꼭 마찬가지로 단지 공장 평의회나 산업 평의회를 위해 그 지시 아래서 일하게 될 뿐이다. 만약 그들이 생산을 방해하며 사보타주를 일삼는다면, 자본주의 기업에서 그렇듯이 징계를 받고 그에 마땅한 대접을 받게 될 것이다.

만약 정말 어쩔 수 없는 경우라면 노동자들의 총구를 그들의 머리에 겨누어서라도 맡은 일을 하게 해야겠지만, 사회주의 혁명이 승리하면 그런 사람들 대부분이 노동계급의 편으로 획득될 것이라고 생각하는 게 더 현실적이고 합리적일 것이다.

노동자들이 산업을 소유하고 통제하기 시작하면 곧바로 계획 경제를 도입할 수 있을 것이다. 물론 여기에서도 사회주의적 계획과 그동안 우리가 많이 경험했던 자본주의나 국가 자본주의 계획을 구별할 필요가 있다. 계획은 위에서 부과되는 엄격한 지령 경제가 아니다. 노동계급은 계획을 세우는 주체이다. 단지 위에서 내려오는 명령을 실행하는 대상으로 전락해서는 절대로 안 된다.

계획을 세우는 과정은 작업장의 모임, 공장 평의회나 노동자 평의회의 토론을 통해 인민의 필요와 우선순위를 판단하고 각 작업장의 생산성을 평가하는 것에서 시작할 것이다. 아래로부터 나온 이런 기본 자료를 바탕으로 노동자 정부는 체계적인 생산 계획을 세워야 한다. 이 계획안은 빠짐없이 노동자들에게 제출돼 토론에 부쳐지고, 수정할 필요가 있으면 노동자 평의회 대표들이 수정하고 승인하는 절차를 밟아야만 할 것이다.

이 과정은 정말로 민주적으로 진행될 것이고, 그렇게 될 때에만 성공을 거둘 수 있을 것이다. 왜냐하면 스탈린 시대 러시아의 경험이 보여 주듯이 아래로부터 공급받은 그릇된 정보들에 바탕을 둔 관료적이고 권위적인 계획은 진정한 계획이기는커녕 형식적인 것에 그치고 말기 때문이다.

노동자들의 계획 경제가 자리를 잡으면 자본주의에서 일어나는 최악의 경제 문제들 — 실업이나 인플레 등 — 을 해결할 수 있을 뿐 아니라 미래에 대한 거대한 가능성이 활짝 열릴 것이다.

이제는 다른 나라로 혁명을 확산하는 문제를 다룰 필요가 있다. 왜냐하면 이 문제를 해결하지 않으면 사회주의에 대한 희망이나 계획이 모두 물거품이 될 뿐이기 때문이다.

혁명의 국제적 확산

여러 나라에서 사회주의 혁명이 거의 동시에 일어난다면 노동계급이 사회주의를 건설하는데 어마어마한 이득이 될 것이다. 그렇지만 지금까지 이 글에서는 오직 한 나라에서 혁명이 일어나는 경우를 전제로 삼아 주장을 펼쳤다.

사실 이것이 더 현실적이다. 지금까지 일어난 혁명의 경험을 살펴보면, 비록 지금의 세계는 모든 나라들이 서로 밀접하게 연관돼 있긴 하지만 각 나라에서 전개되는 계급투쟁의 양상이 매우 다르기 때문에 혁명은 우선 한 나라에서 시작하기가 쉽다는 점을 알 수 있다.

사정이 이렇기 때문에, 갓 탄생한 노동자 국가가 이런 한계를 뛰어넘어 혁명을 확산하는 일이 가장 중요한 과제가 될 것이다. 혁명의 국제적 확산은 단지 국제주의자의 의무에 국한되지 않는다. 혁명의 자기 방어를 위해서도 절대적으로 중대한 문제이다.

사회주의는 한 나라에서 건설될 수 없다. 노동자 국가는 결코 한 나라에서 무한정 살아남을 수 없다. 물론 노동자 국가가 세계 자본주의가 가하는 압력에 맞서 한동안 버틸 수는 있다. 마치 노동자들이 공장 점거나 한 산업 도시에서 일으킨 봉기를 잠시 동안 유지할 수 있는 것처럼 말이다. 그러나 조만간 혁명이 확산되지 않으면 혁명은 패배로 치달을 수밖에 없을 것이다. 세계 자본주의가 고립된 노동자 국가보다 강력한 상태로 남아있다면 제국주의의 군사 개입으로 혁명은 박살날 것이다. 또는 강력한 경제적 압력과 함께 군사 개입을 협박받음으로써 결국 혁명 국가가 자본주의의 기준에 따라 자본주의와 경쟁하지 않으면 안 되도록 내몰릴 것이다. 이것은 자본 축적을 위한 경쟁에 뛰어드는 것을 뜻한다.

만약 후자와 같은 변종이 생긴다면, 1920년대 후반 러시아에서 그랬듯이 새로운 착취 계급이 자본 축적의 대리인으로 등장하고 내부의 반혁명으로 자본주의가 되살아나게 될 것이다.

이 때문에 자본주의 체제를 송두리째 뒤집어 엎는 일이 두렵게 느껴질 수도 있다. 그래서 자본주의 체제를 전복하는 것이 과연 가능할까 하는 문제를 짚고 넘어가지 않으면 안 된다.

당연히 계급투쟁의 다른 모든 영역과 마찬가지로 이 문제도 장담할 수는 없다. 그러나 가능하다고 자신있게 말할 수 있는 여러 가지 근거들이 있다.

자본주의 경제는 국제적이므로 위기 역시 국제적이다. 따라서 어떤 나라에서 혁명의 배경이 되는 위기는 다른 나라들에도 이미 영향을 미치게 된다. 처음 혁명이 일어난 나라의 경제 규모가 제법 클 경우에는 그 위기가 한층 깊어질 것이다.

예를 들어 남아프리카 공화국에서 혁명이 일어나면, 금과 다이아몬드 세계 시장이 온통 뒤흔들릴 뿐 아니라 남아프리카 전역의 상황도 완전히 뒤바뀔 것이다. 지금은 짐바브웨, 모잠비크, 보츠와나를 지배하기 위해 사용되는 경제력이 이 때에는 오히려 혁명을 발전시키는 요인으로 바뀔 것이다. 마찬가지로 브라질에서 혁명이 일어나면 라틴 아메리카 전역에도 비슷한 효과가 나타날 것이다.

혁명이 미치는 정치적 효과는 훨씬 더 중요하다. 1917년 러시아혁명 후에 영국의 글래스고나 미국의 시애틀처럼 먼 곳에서도 파업과 봉기가 불꽃처럼 일어났다. 1917년 혁명은 전세계에 엄청난 영향을 미쳤다. 이처럼 참된 노동자 권력과 노동자 민주주의의 실례가 존재한다는 사실만으로도 동서 지배자들은 모두 이데올로기적 위기를 피부로 느낄 것이다. 지금까지는 서방 지배자들이 사회주의와 전제 정치를 동일하게 보도록 만드는 데 성공했지만, 노동자 권력이 수립되면 이런 지배 관념은 금방 도전받을 것이다. 동방 지배자들도 자신들의 체제가 진정한 사회주의라고 더 이상 주장하지 못할 것이다.

동시에 혁명은 모든 곳의 노동자 운동을 크게 고무할 것이다. 혁명으로 노동계급이 스스로 권력을 장악할 수 있다는 사실이 입증돼서 혁명적 사회주의를 주장하는 일이 훨씬 쉬워질 것이다. 또한 사회주의와 혁명 운동 대열 속에 존재하는 다양한 차이점과 분열이 치유될 것이다. 승리를 이루는 데 필요한 전략과 전술이 구체적으로 입증될 것이기 때문이다.

이 모든 일에서 현대의 통신시설이 크게 도움이 될 것이다. (국제 혁명의 기회가 현실로 다가왔던 가장 최근의 예인) 러시아혁명이 일어났을 때에는 심지어 다른 나라에서 활동하던 가장 헌신적인 혁명가들도 러시아에서 무슨 일이 일어났는지 명확히 깨닫는 데 몇 개월이 걸렸다. 앞으로 혁명이 일어나면 노동자 권력의 실제 모습이 TV 화면을 통해 전세계 곳곳에 신속하게 알려질 것이다.

물론 혁명이 승리했다고 해서 그냥 팔짱끼고 앉아 혁명이 저절로 확산될 때까지 기다릴 수는 없다. 혁명의 국제적 확산을 촉진하기 위해 온갖 노력을 기울여야 할 것이다.

그렇다고 다른 나라로 쳐들어가서 혁명을 강제로라도 일으키자는 얘기는 절대 아니다(비록 신생 노동자 국가는 다른 나라의 혁명 투쟁에 군사적 지원을 아끼지 않겠지만). 노동자 국가는 자신의 권위를 활용해 전세계 노동자들에게 그들의 지배자들을 타도하라고 호소할 것이다. 혁명의 확산은 혁명 운동을 국제적으로 조직하는 것을 뜻한다.

신생 노동자 국가는, 모든 나라에 혁명적 노동자 당을 건설하고 협력과 단결을 이루어 내기 위해 노동자들의 인터내셔널 — 이미 존재하지 않는다면 — 을 건설할 것이다.

더구나 일단 노동자 권력이 몇 나라로 확산되기만 하면 세계 사회주의 혁명의 가능성은 크게 확대될 것이다. 이렇게 되면 더 이상 대세를 거스를 수 없는 순간이 오게 될 것이다. 1960년대에 미국 제국주의의 전략가들은 베트남을 포함한 민족해방투쟁이 가져온 '도미노' 현상을 두려워했다. 국제주의적 전망에서 보면 노동자 혁명의 도미노 효과는 말할 나위없이 클 것이다.

그렇다면 여기에서 사회주의 혁명이 전세계에서 승리를 거두었다고 가정해 보자. 물론 아직은 말 그대로 가정에 지나지 않는다. 그러나 지금까지 그 가능성을 밝히려 했듯이 결코 꿈 같은 일만은 아니다. 사회주의 혁명이 전세계에서 승리하면 어떤 일이 벌어질까 잠깐 살펴 보는 것도 괜찮을 것이다.

우선 자본주의 반혁명 위협이 아주 영원히 사라지게 되고 핵으로 인류가 말살될 위협도 제거될 것이다.

20세기에만도 1억이 훨씬 넘는 사람들의 목숨을 앗아간 국가간의 전쟁도 더 이상 계속되지 않을 것이다.

세계를 뒤덮고 있는 빈곤과 저발전이라는 문제도 서로 협력해서 극복할 수 있을 것이다. 모든 사람이 세계 어느 곳이나 자유롭게 갈 수 있고 인종차별은 완전히 사라질 것이다.

전세계 자원들을 진정한 의미에서 하나된 인류의 복지에 사용하는 국제 사회주의가 정말 실현될 것이다.

필요를 위한 생산 — 풍요를 향하여

사회주의 계획 경제가 국제적인 규모로 수립되면 파산이나 투자 기피, 과잉 생산, 대량 실업으로 생산자원이 파괴되고 낭비되는 자본주의 불황이 더 이상 반복되지 않을 것이다. 지금은 전쟁을 벌이고 준비하는 데 쏟아붓고 있는 실로 어마어마한 과학·기술·경제 자원과 사람들이 사회적으로 쓸모 있는 데 사용될 것이다.

최신형 탱크 1 대의 가격이 10억 원을 웃돌고, 트라이던트 미사일 체제를 갖추는 데 15조 원 정도가 들고, 레이건이 추진했던 별들의 전쟁(Star Wars) 계획에 70조 원 이상이 든다는 점을 생각해 보면, 이렇게 엄청난 경제력이 제대로 쓰여진다면 어떤 결과가 벌어질지 어느 정도 짐작할 수 있다.

사회주의는 또한 자본주의 생산에 고질적인 자원의 거대한 낭비도 없앨 것이다 — 실제로는 하나도 다를 바 없는데도 상표를 바꿔 단 제품들(예컨대, 합성세제라든가 자동차, 라디오 등)이 끊임없이 쏟아져 나오는 것을 보라. 광고에 엄청난 돈을 들이는 일이나 부자들을 위해 쓸데없는 사치품들을 생산하는 일도 없어질 것이다. 노동의 질과 생산성은 놀랄만큼 향상될 것이다. 왜냐하면 역사에서 최초로 생산자들이 깊은 관심을 갖고 생산에 직접 참여하고, 그들의 건강 상태와 교육 수준도 좋아질 테니까 말이다.

한 마디로 국제 사회주의는 이제까지 성취한 것 모두를 단숨에 뛰어넘을 수 있을 정도로 생산력을 어마하게 발전시킬 것이다.

완전히 계급 없는 사회로 이행하기 위한 물질적 기초도 바로 이런 경제적 진보에 있다.

우선 무엇보다 국제 사회주의는 세계의 모든 사람들에게 생활 필수품을 충분히 제공할 수 있을 것이다. 어린이가 영양실조나 간단히 예방할 수 있는 질병으로 죽는 일은 결코 일어나지 않을 것이다. 이것 하나만으로도 사회주의의 정당성을 입증하기에 충분하다. 그러나 이 정도의 일은 사회주의 사회가 이룰 수 있는 무한한 가능성에 비하면 아주 작은 것에 지나지 않는다. 모든 사람들이 어느 정도의 생활 수준을 누릴 것이다. 뿐만 아니라, 사회주의 사회에서는 풍족함과 더불어 필요에 따른 자유로운 분배가 이루어질 것이다.

이 점은 사회주의의 높은 단계 또는 마르크스의 표현으로는 공산주의에 대한 마르크스주의 개념에서 대단히 중요하다. 따라서 좀 더 자세히 살펴볼 필요가 있다.

사회주의 혁명은 출발부터, 자본주의 사회의 엄청난 불평등에 비교하면, 재화의 분배에서 커다란 평등을 가져올 것이다. 착취와 재산소유에서 비롯한 엄청난 규모의 부(富)는 몰수될 것이고, 지배계급이 자기 계급과 중간계급 일부에게 지불해 왔던 엄청나게 많은 봉급도 사라질 것이다. 노동계급의 임금은, 특히 저임금을 받던 사람들의 임금은 크게 오를 것이다.

그렇지만 처음에는 재화의 공급이 그리 넉넉하지 않고, 노동자들도 여전히 물건을 살 수 있는 돈을 벌기 위해 일해야 할 것이다. 사회주의는 자본주의에서 물려 받은 자원들을 가지고 시작할 수밖에 없기 때문이다. 그러나 시간이 지나면서 사회주의는 공급이 수요를 넘어 설 정도로 훨씬 더 다양한 재화들의 생산을 늘릴 것이다. 그 때가 되면 이런 물건들을 팔고 사는 일을 그만 두고 필요에 기초해 분배하기만 하면 될 것이다.

이런 일이 어떻게 가능할까? 한 번 식수를 예로 들어 살펴 보자. 오늘날 세계 여러 곳에서 물 — 특히 깨끗한 물 — 의 공급이 심각할 정도로 부족하다. 그러나 일찌감치 산업화된 나라는 모두 식수 문제를 해결해 왔다(심지어 자본주의 아래서도 말이다). 물은 남아돌 만큼 충분하고 누구나 '수도꼭지만 틀면' 쉽게 이용할 수 있다. 그렇다고 사람들이 물을 마구 쓰지는 않는다. 얼마간 낭비야 있겠지만 심한 정도는 아니고, 사람들은 그저 필요한 만큼만 물을 소비하고 있다.

자본주의가 식수를 위해 할 수 있는 일을, 사회주의 — 앞서 지적했듯이 생산력이 발전하는 — 에서는 더 완벽하고 광범하게 할 수 있을 것이다.

주택 문제도 분명 사회주의에서 해결해야 할 문제이다. 집이 필요한 사람들의 수보다 더 많은 집을 지어 필요한 사람들에게 나누어 주면 주택 문제는 간단히 해결할 수 있다. 이사를 하고 싶으면 집을 팔고 사는 게 아니라 빈 집으로 옮겨 가거나 서로 뜻맞는 사람끼리 집을 맞바꾸면 될 것이다. 이렇게 된다면 무주택자 문제도 자연스럽게 해결될 것이고, 현재의 지겹고 복잡하기 짝이 없는 주택거래 제도보다 일처리도 훨씬 손쉬워질 것이다.

교육과 의료 서비스가 완전히 무료로 제공되는 것은 두 말하면 잔소리다. 대중 교통은 무료로 제공될 것이며, 커다란 규모로 확충될 것이다(아마도 개인이 차를 가지는 게 거추장스럽게 여겨질 정도로).

각종 서비스가 무료로 되니까, 돈과 관련된 일을 하던 온갖 직종의 사람들 — 부동산 중개업자 같은 — 의 노동은 더 쓸모있게 활용할 수 있을 것이다.

자유로운 분배의 원칙은 식수, 주택, 의료, 교육, 교통에서 식량, 의복, 통신, 오락으로까지 확대돼 마침내는 모든 분야에 적용될 것이다. 이에 따라 사고 파는 행위가 차츰 사라지게 될 것이다. 돈 — 자본주의 사회에서 전지전능한 신처럼 보이지만, 실제로는 인간의 노동으로 만들어진 생산물들을 교환하는 수단에 불과한 — 은 갈수록 쓸모를 잃어 결국 그것이 없어도 생활에 아무런 불편을 느끼지 않는 날이 오게 될 것이다.

우리 모두 태어날 때부터 자본주의의 기준에 맞게 생각하고 행동하도록 주입받아 왔기 때문에, 이러한 일들이 과연 이루어질 수 있을까 하는 의구심이 들 수도 있다. 그러나 국제 사회주의가 지금까지 자본주의 아래서 극도로 제약당한 생산력을 해방시킬 것이라고 믿는다면, 사회주의에서 이런 일들이 가능하다고 보는 것은 결코 환상이 아니다.

다만 한 가지 중요하게 다루어야 할 반론이 존재하는 것은 사실이다. 모든 게 공짜라면 아무도 귀찮게 일하지 않을 거라는 주장이 그것이다.

노동 성격의 변화

노동은 인간 생활, 즉 개인과 사회 생활의 중심 요소이다. 인간과 다른 동물들을 구분하는 기본 특징은 바로 노동, 더 좁게는 생산적인 노동이다.

개인의 인격을 형성하는 주된 요인도 노동의 경험이다. 한 사회가 물건을 만드는 방식은 그 사회의 모든 사회·정치 관계의 기초가 된다.

그러나 자본주의 사회에서 노동은 절대다수의 사람들에게 — 즉 노동계급에게 — 몹시 불쾌한 경험이 되었다. 노동으로 사람의 몸과 마음이 모두 망가지기 때문이다. 노동이 파편화돼 있기 때문에, 사람들은 평생 단순하고 기계적인 일들을 끊임없이 반복하면서 살아가지 않으면 안 된다. 사람들에게 노동은 육체를 지치게 하고 굴욕감을 줄 뿐 아니라, 무엇보다도 지겨운 것이다. 자본가들은 사치와 안락한 휴식과 문화적 생활을 즐기지만, 노동자들은 인격을 발전시킬 기회도, 생활을 즐길 여유도 갖지 못한다.

따라서 노동의 성격을 바꾸는 일이 사회주의 혁명의 중심 과제이다. 장기적으로 보면 이것이 다른 무엇보다 중요한 과제이다.

혁명의 첫 단계 — 노동자들의 통제 아래 진행되는 산업의 국유화 — 가 노동을 지금처럼 끔찍한 것으로 만드는 착취와 이윤추구를 근절함으로써 노동의 성격을 변화시킬 수 있는 기초를 마련해 줄 것이다. 노동자들이 사회를 통제하게 되면 처음부터 노동의 경험이 다르게 다가올 것이다. 자본주의 아래서 노동자들이 사장과 경영자와 감독자 들에게 일상적으로 당하는 온갖 모욕도 자취를 감추게 될 것이다. 작업의 안전성이 지금처럼 최후의 고려 사항이 아니라 최우선의 관심사로 될 것이며, 직업의 이익이 최대한 보호될 것이다.

물론 처음에는 어쩔 수 없이 노동 — 기계를 다루고, 석탄을 캐고, 문서를 타이핑하는 등의 — 이 자본주의 아래서처럼 힘들 것이다. 그러나 생산력이 발전함에 따라 이 모든 상황이 완전히 바뀔 것이다. 이 변화에는 세 가지 서로 연관된 과정들이 포함될 것이다.

첫째, 노동일이 체계적으로 줄어들 것이다. 자본주의 아래서는 기술 발전이 노동자들을 일자리에서 쫓아 내는 데 이용된다. 그래서 수백만 명의 노동자들은 잔업을 하느라 허리가 휘어지는데, 다른 쪽에서는 수백만 명의 실업자들이 실업 수당으로 연명하는 게 현실이다. 사회주의적 계획이 시행되면, 필요한 총노동량이 모든 노동자들에게 동등하게 나누어지고 기술 발전의 성과물은 모두 필요한 육체노동량을 줄이는 데 활용될 것이다.

노동시간을 줄이는 것은 대단히 중요하다. 육체의 부담을 덜어 줄 뿐 아니라, 노동자들이 교육이나 문화 면에서 자신을 계발하고 사회를 운영하는 모든 일에 적극 참여할 수 있는 여유를 주기 때문이다.

둘째, 사람들이 가장 꺼리고 힘든 직업을 없애는 데 자동화를 활용할 수 있을 것이다. 자본주의에서 이미 달이나 화성에 로켓을 보낼 정도인데, 쓰레기 처리, 거리나 사무실 청소, 대부분의 집안일, 광산 일이나 생산라인 작업 등등을 자동화하는 것은 그리 어려운 일이 아니다.

셋째, 노동 분업도 점차 극복될 것이다. 노동 분업에는 두 가지 주요한 측면이 있다. 하나는, 정신노동과 육체노동이 완전히 분리 — 계획하는 자들과 계획에 따라 일을 해야 하는 사람들, 통제하는 자들과 통제받는 사람들 사이의 분리 — 돼 있다는 점이다. 이런 분리는 사회가 착취 계급과 피착취 계급으로 나뉘어져 있기 때문에 생긴 것이다. 다른 하나는, 생산과정이 기술이나 흥미나 창조성이 전혀 없는 점점 더 작은 작업들로 쪼개지고 있다는 점인데, 이것은 특히 자본주의 산업화의 산물이다.

노동 분업의 두 가지 측면을 제거하려면 이미 앞에서 개괄적으로 설명한 요소들 — 노동자 통제, 의무 노동시간의 단축, 생산의 자동화 — 이 결합되어야 한다.

사회주의 사회에서는 모든 사람이 생산자이자 생산의 계획자가 될 것이다. 또한 누구나가 인간이 사는 환경을 쾌적한 상태로 만드는 데 집단으로 참여할 수 있는 시간과 여유를 갖고 거기에 필요한 교육도 충분히 받게 될 것이다. 이러한 작업에는 예술, 과학, 기술 및 사회에 관한 지식이 한데 어우러져야 하고, 그것은 말 그대로 집단적이고 창조적인 과정이 될 것이다.

이런 조건들이 갖추어진다면 노동은 — 마르크스의 표현을 빌자면 — '단지 생활의 방편이 아니라, 생활의 으뜸가는 욕구'가 될 것이다. 노동은 어쩔 수 없이 하는 지긋지긋한 일이 아니라 하고 싶어 하는 즐거운 일 — 인간이 개인이나 집단으로 스스로를 표현하는 수단 — 이 될 것이다.

인간이 천성적으로 게으른 것은 아니다. 신비스런 존재인 '자연 상태의' 한 인간 — 갓난 아기나 어린이 — 을 자세히 관찰해 보면, 배우고 움직이고 살아가기 위한 호기심과 활력과 열정이 넘쳐 나고 있음을 알 수 있다. 사람들을 지쳐 쓰러지게 만들고, 타락시키고, 짓밟고, 그들의 열정을 파괴하고, TV 앞에 마음 편히 앉아서 지내는 시간이 가장 좋다고 생각하게 만드는 것은 바로 자본주의와 거기에서 파생되는 억압과 소외된 노동이다.

많은 노동자들이 취미 활동이나 자신의 일, 그리고 노동조합 운동에 들이는 커다란 노력을 생각해 보라. 노동이 착취 계급을 위한 것이 아니라 자신들을 위한 것이 되고 다양하고 흥미있게 된다면, 사회적으로 필요한 노동을 하게 하려고 육체적 강제나 경제적 강제를 가하지 않아도 될 때가 찾아 올 것이다.

사회주의의 높은 단계에서는 자발적이고 창조적인 노동과 인간의 필요를 충족하기 위해 생산을 계획하는 것, 과학과 기술의 발전, 충분히 공급되는 재화들을 자유롭게 분배하는 이 모든 일들이 함께 이루어질 것이다.

'각자의 능력에 따라, 각자의 필요에 따라.' 하는 사회주의의 최종 원칙이 실현되기만 한다면, 그 사회 앞에는 어떠한 장애물도 없을 것이다.

여성 해방

여성주의자들(feminists) 사이에서는 사회주의 혁명이 일어나도 여성해방이 자동으로 이루어지지는 않을 것이라는 주장이 통설로 돼 있다.

그들의 견해에도 물론 일리는 있다. 왜냐하면 혁명 이후에도 어떤 일이 저절로 이루어지는 것은 아니니까 말이다. 역사는 인간이 만드는 것이므로, 여성 억압을 해결하기 위한 투쟁도 목표를 향해 힘껏 싸워야만 달성할 수 있을 것이다.

그렇지만 사회주의 혁명을 통해, 케케묵은 여성 억압을 끝장내는 과정이 시작될 것이고 사회주의로 이행하면 그 과정도 완결될 것이다. 그 이유는 간단하다. 다른 무엇보다 사회주의는 노동계급의 자기 해방이고 여성이 노동계급의 다수를 이루기 때문이다. 따라서 여성들이 완전히 해방되지 않으면 노동계급이 완전히 해방됐다고 말할 수 없고, 사회주의라고 말할 수도 없다.

그렇다고 여성들이 저절로 해방된다는 얘기는 아니다. 여성 해방을 위한 투쟁은 사회주의로 이행하는 과정에서 중요한 과제이다. 더구나 노동계급의 아내들이 거대한 파업에 동참해 싸우는 경험 속에서 변하듯이, 혁명을 승리로 이끈 노동계급의 여성들이 결코 내조자의 역할에 만족할 리 없을 것이다.

그렇다면 여성 해방은 어떻게 이루어질 수 있을까?

우선 노동자 국가가 즉시 취할 수 있는 아주 직접적인 여러 가지 법적 조치들이 있을 것이다. 여기에는 다음과 같은 것이 포함된다. 남녀간 법률적 불평등의 모든 잔재를 일소하고 여성에 대한 온갖 차별을 법으로 금지하는 것, 자유롭게 피임할 수 있는 권리와 원할 때 언제나 자유롭게 낙태할 수 있는 권리의 확립, 원할 때 즉시 이혼할 수 있는 권리와 남성과 동일한 보수와 직업 선택의 기회를 누릴 수 있는 권리.

이러한 법률 조항들 가운데 많은 부분 — 전부는 아니지만 — 이 자본주의 체제에서도 이미 시행되고 있지만 실제로는 효과가 없지 않느냐는 반론이 제기될 수도 있다. 동일노동 동일임금법이 가장 좋은 예이다. 그러나 사회주의에서는 사정이 다르다는 것을 염두에 둬야만 한다. 노동자 국가는 세워지는 즉시 중요한 산업과 기업을 통제할 것이고, 사회의 주요 기관들 모두가 노동자들의 민주적인 통제 아래 놓일 것이기 때문에, 이러한 법률들이 현실적인 힘을 가지게 될 것이다.

다른 많은 사회적 변화들도 여성 해방에 기여하고 그것을 촉진할 것이다. 학교에서는 성차별에 반대하는 교육이 실시되고, 그런 생각을 가진 교사가 있으면 학생들이 그의 생각을 완전히 고쳐 놓을 것이다. 대중매체를 소유하고 통제하는 계급이 바뀌기 때문에 대중매체 또한 지금처럼 여성 차별을 조장하는 게 아니라 여성 차별을 없애는 데 크게 보탬이 될 것이다.

자본주의 경쟁이 철폐되는 것과 함께 상업 광고도 사라질 테니까, 상품 판매를 촉진하기 위해 여성을 성적 대상으로 그리는 일도 사라질 것이다. 여성들에 대한 온갖 형태의 폭력은 심각하게 도전 받게 될 것이다.

그러나 이 모든 조치들이 중요하고 또 필요하기는 하지만, 그것들 가운데 어느 것도 여성 억압의 핵심을 겨누고 있지는 않다. 이런 조치들은 여성 억압의 근원이 아니라 그 징후나 결과 들에 대한 조치이다. 여성 억압의 근원은 여성이 가족 내에서 차지하고 있는 위치와 가족이 전반적인 계급 사회, 특히 자본주의 사회에서 하는 역할에 있다.

오늘날 자본주의에서는 자녀를 양육하고 지금 세대를 돌보는 일

— 경제적인 용어로는 노동력의 재생산 — 이 주로 개별 가족에게 맡겨져 있다. 가족 내에서는 이런 부담이 주로 여성에게 지워진다. 이런 상황이 자본주의에 이익이 되는 것은 당연하다. 자본주의에서 가족은 최소한의 비용으로 노동력을 생산하고 재충전하는 제도이고, 노동계급을 분열시키고 파편화하는 역할을 한다.

여성들이 가족제도 때문에 불이익을 당하는 것도 마찬가지로 명백하다. 여성들이 보수를 받는 직장을 구하려면 걸리는 것도 많고 기회도 흔치 않다. 결혼을 하면 직장을 계속 다니기가 여간 힘든 게 아니다. 여성들은 결국 집에 틀어 박히거나, 정도는 다르지만 경제적으로 남편한테 의존하게 된다.

사회주의로 이행하는 과정에서 여성들이 완전히 해방되기 위해서는 이 문제를 반드시 해결해야 한다.

그러나 가족은 포고령을 발표한다고 해서 하루 아침에 없어질 수 있는 제도가 아니다. 가족은 다른 것으로 대체돼야 한다. 가족을 대신할 제도들은 지금의 가족제도보다 사람들의 필요를 더 잘 충족시켜야 할 것이고, 그러면 사람들이 자발적으로 그러한 제도들을 받아들일 것이다.

집안일과 자녀 양육을 효과적이면서도 신중하게 사회화하는 것이 핵심 과제이다. 그렇게 하려면 값싸고 — 결국에는 무료가 되겠지만 — 맛 좋은 음식을 다양하게 제공하는 공동 식당을 부족하지 않게 많이 세워야 할 것이다. 또한 공공 세탁소와 주택 청소 서비스도 공급될 것이다. 무엇보다 모든 어린 아이들을 위해 훌륭한 보육 시설과 탁아 시설들이, 그리고 부모들을 위해서는 아기를 대신 봐 주는 적절한 서비스가 제공될 것이다.

공동 생활이 여러 형태로 개발된다면, 이 모든 문제들을 해결하는데 크게 도움이 될 것이다. 이런 조건이 충족되면, 아이를 기르는 일이 사회에서 불이익을 겪는 부담으로 되지 않을 것이고 남성과 여성이 기꺼이 함께 하는 즐거운 경험이 될 것이다.

마찬가지로 어떤 사람과 얼마 동안 같이 살 것인가 하는 문제는 경제적인 압력이나 그런 압력을 반영하는 케케묵은 종교 법도나 사회 관습들에 구애받지 않고 전적으로 개인이 선택할 문제가 될 것이다.

여성들은 6, 7천 년 전에 계급 사회가 시작된 이래 계속 고통 받아 왔던 종속 상태에서 마침내 자유로워질 것이다.

이런 계획이 실현되려면 물론 경제 자원도 엄청나게 필요하고, 강력한 정치적 의지와 대중의 참여도 있어야 할 것이다. 자본주의 아래서는 어떤 정부도 이런 계획을 시도하려 하지 않을 것이고, 시도해도 이루지 못할 것이다. 바로 이런 이유 때문에 사회주의를 통해서만 여성 해방을 이룰 수 있다.

여성 해방과 함께 동성애자 해방도 이루어질 것이다. 당연히 여성 억압에 맞서기 위해 취하는 법적·교육적 조치들이 동성애자 문제에도 적용될 것이다.

그러나 동성애자에 대한 편견의 뿌리를 제거하려면 궁극으로 부르주아적 가족제도를 철폐하고 남녀간의 진정한 평등이 이루어져야 할 것이다. 더 이상 가족제도를 지킬 필요가 없고 '남자'라는 사실이 여자보다 우월한 존재임을 뜻하지 않는 세계에서는, 게이 남성과 레즈비언 여성을 누구도 더 이상 위험한 존재로 여기지 않을 것이다.

인종차별의 종식

인종차별은 자본주의 사회의 가장 추악하고 파괴적인 속성 가운데 하나이다. 사회주의 아래서 살 미래의 세대들이 인종차별을 이해하려면 비약적인 상상력이 필요할 것이다. 인종차별이 낳은 엄청난 범죄들 — 나치가 저지른 대학살이나 남아프리카 공화국의 흑백분리 정책(apartheid) 같은 — 은 말할 것도 없고, 동남 아시아의 노동자들이 이 나라에 들어온다고 해서 병적으로 신경질적인 반응을 보이는 것 같이 비교적 '사소한' 일까지도 말이다.

그들은 틀림없이 그런 우스꽝스런 일들이 일어났던 사회는 뿌리 깊이 썩은 사회라고 생각할 것이다. 왜냐하면 사회주의는 인종차별을 뿌리째 없앨 것이기 때문이다.

지금까지 한 주장이 사회주의가 인종차별에 맞서 싸울 것임을 뜻하는 것만은 아니다. 물론 사회주의 혁명은 어떤 형태의 인종차별에도 가장 단호하게 맞서 전쟁을 벌일 것이다. 노동자 국가는 모든 인종차별과 다른 인종에 속한 사람을 괴롭히거나 어떤 식으로든 인종차별적 이데올로기를 표현하는 것을 가장 심각한 범죄로 다룰 것이다. 학교와 대중매체의 도움을 받아 대중을 전투적인 반(反)인종주의 정신으로 교육할 것이다.

그러나 그 이상의 것이 필요하다. 사회주의 혁명이 인종차별의 뿌리 자체를 완전히 없애 버려서 어느 정도 시간이 흐르면 인종차별이 마녀 사냥처럼 시대착오적이고, 터무니없고, 얼토당토 않은 역사 유물처럼 되어야 한다.

이런 일이 어떻게 가능할까? 우선 인종차별의 근본 원인이 무엇인지 이해할 필요가 있다.

사실 인종차별을 옹호하는 자들이 내 놓는 이론들과는 달리 인종주의는 '이방인'에 대한 '자연스러운' 또는 '본능적인' 반응이 결코 아니다. 그렇다고 무지에서 나온 원시적인 미신의 유산도 아니다. 인종차별은 여성 억압과 달리, 모든 계급사회에 일반적인 현상도 아니다.

인종차별은 자본주의 경제 체제가 발전하면서 생겨난 아주 특수한 산물이다. 인종차별은 자본주의 이전 사회들에서는 존재하지 않았다. 심지어 그리스나 로마 같은 고대 노예제 사회에서도 인종차별은 존재하지 않았다. 그리스나 로마에서 노예들 ― 그리고 노예 소유주들도 ― 가운데는 흑인도 있고 백인도 있었다. 비록 노예를 천시하는 생각 ― '노예들은 천성이 열등하다'는 등의 ― 이 널리 퍼져 있었지만, 인종이나 피부색이 문제가 됐던 것은 아니었다.

인종차별은 노예 무역, 그러니까 수백만에 이르는 아프리카 흑인들을 플랜테이션 농장에서 노예로 부려먹기 위해 강제로 붙잡아서 배에 실어 아메리카 대륙으로 보냈던 데에서 시작되었다.

이런 노예 무역과 노예제도는 경제적인 이유 때문에 채택되었다. 그런 것들이 대단히 이윤이 남는 장사였고, 자본주의가 등장하는 데에서도 주된 역할을 했다. 그러나 온갖 형태의 착취가 그렇듯이, 거기에도 이데올로기적 정당화 작업이 필요했는데 바로 인종차별주의가 그 역할을 했던 것이다. 수백만의 사람들을 비인간적으로 다룬 만행을 흑인들이 열등한 인간이라는 이론으로 정당화했던 것이다.

노예 무역에서 생겨난 인종차별주의는 그 후에 제국주의에 의해 더욱 강화되고 부추겨졌다. 서유럽에서 처음 생겨난 — 특히 영국에서 발전한 — 자본주의는 경쟁의 속성 때문에 상품 시장과 원료, 그리고 투자 대상이자 값싼 노동력의 원천인 식민지를 찾아 전세계를 헤집고 다닐 수밖에 없었다. 그 과정에서 유럽 자본주의가 파견한 상인, 선교사, 사업가, 정치가, 군인 들이 아메리카, 아시아, 아프리카의 원주민들 — 흑인이나 다른 유색 인종들 — 과 마찰을 빚는 것은 너무나 당연했다.

다시 한 번 정당화가 필요하게 됐다. 유색 인종은 어린애 같고 원시적이며 무능력하다는 관념이나, 백인의 강도 행위와 약탈이 모두 사실은 유색 인종을 위한 선행이라는 — 즉 그들을 서서히 '문명'으로 인도하는 일이 '백인이 져야 할 짐'이라는 — 관념보다 더 좋은 핑계는 없었을 것이다.

그러나 인종차별은 단지 제국주의의 유산으로 그치지 않고 현대 자본주의에서도 끊임없이 되풀이되고 있다. 그 이유는 자본주의가 자본가들끼리의 경쟁뿐 아니라 노동자들 사이의 경쟁에도 의존하기 때문이다.

자본주의 경제 체제에서는 노동자들이 직업이나 주택 구입 같은 문제에서 다른 노동자들을 경쟁자로 보도록 부추겨진다. 노동자들은 이런 경쟁을 극복할 때에만 체제에 맞서 투쟁할 수 있다.

결국 성차별주의나 민족주의, 특히 인종차별주의처럼 노동자들이 서로를 적대하고 단결하는 것을 방해하는 사상들은 사장들에게 커다란 이익을 준다. 또한 인종차별주의는 실업처럼 자본주의가 낳은 모든 사회악에 대한 아주 편리한 희생양을 자본주의 체제와 지배계급에게 제공한다.

이러한 이유로 자본주의는, 때론 노골적으로 어떤 때는 은밀하지만 끈질기게, 인종차별주의에 불을 지펴 언제라도 필요하면 인종차별주의라는 카드를 써 먹는다.

그렇다고 인종차별 문제가 쉽게 해결될 거라고 주장하는 것은 아니다. 더구나 혁명이 일어난 후에도 하루 아침에 사라지지는 않을 것이다. 반대로 인종차별의 뿌리는 여간 깊은 게 아니다. 핵심은, 자본주의가 그 뿌리이고 자본주의가 무너지면 그 뿌리도 더 이상 영양분을 공급받지 못해 시들기 시작할 거라는 점이다.

게다가 혁명이 진행되면 인종차별주의는 수많은 공격을 당할 것이다. 첫째, 흑인 노동자들이 틀림없이 혁명에서 강력하고 지도적인 역할을 할 것이기 때문이다. 둘째, 흑인 노동계급과 백인 노동계급의 주된 부분이 단결하지 못하면 — 인종차별에 완전히 반대한다는 원칙 아래 — 혁명의 승리를 기대할 수 없기 때문이다. 셋째, 혁명 투쟁의 경험 속에서 정치적으로 각성해 자신감과 확신에 찬 노동계급에게는 더 이상 속죄양이 필요치 않기 때문이다.

이처럼 견고한 기초 위에 건설될 사회주의 사회는, 노동자들을 분리하는 게 아니라 생산의 집단적 소유자이자 통제자로서 단결시키고, 실업이나 무주택 그리고 가난 같은 문제들을 거뜬하게 해결하고, 제국주의적 정복이 아니라 국제적 연대를 통해 사회주의를 확산함으로써 인종차별의 마지막 잔재들도 꾸준히 제거해 나갈 것이다.

미래를 위한 교훈

사회주의 혁명은 노동계급과 모든 억압받는 사람들 사이에 지식과 교육에 대한 커다란 열망을 일깨울 것이다. 과거의 경험을 보면 이 점을 잘 알 수 있다. 러시아혁명 당시 노동자들이 그리스 희곡에 관한 강의를 듣기 위해 큰 운동장에 구름처럼 몰려들었던 것이나, 한동안 레닌의 저작인 《국가와 혁명》이 베스트 셀러 1위를 기록했던 1974년 포르투갈 혁명의 경험 등에서 볼 수 있듯이 그런 예들은 산더미처럼 많다.

여러 세대에 걸쳐 수백만의 사람들은 '네가 할 수 있는 일은 아무것도 없어', '현실은 결코 변하지 않으니까' 하는 이유로 세상에 관한 세련된 지식은 아무짝에도 쓸모 없다고 믿으면서 살아 왔다. 그러나 혁명이 일어나면 그들은 갑자기 자신이 힘을 가지고 있음을 깨닫게 된다. 그들은 사회의 모든 것을 통제하고 지시하도록 요청 받는다. '모든 일'이 가능해 보이고, '모든 일'을 알고 싶어한다.

이처럼 배우려는 욕구를 촉진하고 계발하는 교육 제도를 만들어 내는 일이 노동자 국가의 과제가 될 것이다. 사회주의 교육 제도는, 호기심 많고 배우는 데 열심인 여덟 살짜리 아이를 받아들여서 12년 후에는 신랄하고 냉소적인 사람으로 만들어 사회로 내보내는 지금의 자본주의 교육 제도와는 전혀 딴판일 것이다.

이 사회에서 교육을 삭막하고 뒤틀리게 하는 것은 단지 교육 기금이 모자라서가 아니다(물론 이 문제도 심각하지만). 교사와 학생들 사이에 존재하는 '서로 솔직할 수 없게 하는' 전쟁 상태 같은 여건 탓이기도 하다. 이것은 자본주의에서 학교가 사회의 계급 구조를 재생산하는 역할을 맡고 있기 때문이다. 학년이 올라 갈수록 학교는 중간계급이나 지배계급이 될 학생들을 골라 내고 — 시험제도의 진정한 역할이 바로 이것이다 — 나머지 학생들은 착취와 소외된 노동에 순응하도록 훈련한다. 대다수 사람들을 실패자로 낙인 찍을 수밖에 없는 현재의 교육제도는 결코 학생들의 열정과 협력을 계속 유지할 수 없다. 교사 개개인이 어떤 좋은 의도를 가지든 말이다. 이런 제도가 작동할 수 있는 유일한 방법은 권위적인 형벌뿐이다.

반대로 사회주의 사회의 교육은 선택된 소수만이 아니라 학생 누구나가 적극적이면서 계획과 관리에도 능한 사람이 되도록 가르칠 것이다. 충만한 인간성 계발이 교육 목표가 될 것이다.

학교는 경쟁 분위기가 아니라 협력하는 분위기가 감돌 것이다. 학생들끼리 서로 도와야 한다는 '기만적인' 훈계는 더 이상 없게 될 것이다. 또한 학교는 관료적 방식이 아니라 민주적 방식으로 운영될 것이다. 교장이 독재자처럼 지배하던 풍토는 사라지고 학생 대표들과 학교 직원들, 그리고 노동자 평의회가 임명한 대표들로 이루어진 학교 평의회가 구성될 것이다. 교사는 학생들의 조력자나 어떤 의미에서는 봉사자가 될 것이다. 규율을 강요하기보다는 집단적으로 문제를 풀어나갈 것이다.

교육이 이런 식으로 운영되면 모든 질서와 체계가 완전히 무너질 것이라고 걱정하는 사람들이 있다. 그런 사람들은, 지금 대부분의 교실에서 어떤 일들이 벌어지고 있는지 전혀 모르는 사람들이다. 지금 학교에서는 학생들끼리도 서로 상대방을 폭력으로 굴복시키는 끔찍한 일이 흔하게 벌어지고 있다.

사회주의에서는 노동일이 꾸준히 줄어들고 거친 일들이 점점 자동화되므로, 자본주의 사회에서처럼 일정한 나이가 되면 교육을 중단하는 일은 없을 것이다.

교육은 평생 동안 지속되는 과정으로, 새로운 사회에서 제기되는 현실의 과제와 문제 들을 해결하는 데 훨씬 더 밀접하게 관련될 것이다.

교육에 적용되는 것이 대개 문화에도 적용될 것이다. 혁명 이후의 사회에서는 새롭고 영감을 주는 주제들이 흘러 넘쳐서 예술가들이 위대한 예술의 꽃을 피우게 될 것이다. 또한 노동계급이 사회의 주변에서 중심 무대로 진출하면서 개성이 종합적으로 계발되면 예술에서도 새롭게 관중이 늘어날 것이다.

혁명 투쟁에서는 물론이고 사회주의를 건설하는 과정에서도 음악, 미술, 시(詩), 연극, 영화를 포함한 예술 전반이 해야 할 역할이 분명히 있을 것이다. 그러나 노동자 국가나 혁명정당이 예술창작을 지시하거나 통제하지는 않을 것이다. 특정한 예술 형식을 금지하거나 한 가지 유형의 예술 ― 그것을 소위 '사회주의적 사실주의'나 다른 어떤 이름으로 부르든 간에 ― 만이 정통성을 갖는다고 주장했던 스탈린주의의 파괴적인 예술 정책은 더 이상 되풀이되지 않을 것이다. 노골적으로 반혁명을 선전하는 행위를 금지할 권리야 여전히 유효하지만, 혁명 정부는 예술 분야의 자유를 최대한 장려할 것이다. 왕성한 비평 활동, 논쟁, 실험이나 다양한 유파들 사이의 경쟁이 없이는 예술 발전은 불가능하다.

분명 미래의 예술이 어떤 성격을 지닐지 미리 정확히 예측하거나 단정지을 수는 없다. 그러나 커다란 틀에서 본다면 예술과 사회의 관계가 근본으로 변할 것임을 예측할 수는 있다.

자본주의 사회에서는 노동이 정신노동과 육체노동으로 나뉘어져 파편화되고 소외되기 때문에, 예술과 예술가가 한편으로는 대중으로부터 다른 한편으로는 생산적인 노동으로부터 분리된다. 또한 이 두 가지 분열은 서로 영향을 미치며 더욱 강화된다. 극소수 사람들은 자신을 창조적으로 표현할 수 있지만 대부분의 사람들은 기계적이고 무미건조하고 전혀 창조적이지 않은 노동에 매여 있어야 하는 자본주의 사회에서는 예술이 특권층만 누릴 수 있는 사치로 되고 있다. 계급으로 나뉘어진 사회를 반영해서, 예술도 '고급 예술'과 '저질 예술'로 나뉘어진다. '고급' 예술가는 특권층의 생활에 활력을 주는 특권층의 구성원이 된다.

사회주의에서는 이런 분리가 극복되겠지만, 이 문제를 풀기 위해 예술가들에게 '대중적'으로 되라고 강요하거나 단순히 대다수 사람들의 문화 수준을 높이는 — 물론 이렇게 될 테지만 — 식으로 하지는 않을 것이다. 오히려 사회주의에서는 모든 일이 창조적인 활동으로 될 것이고, 그 결과 모든 생산자들이 어떤 의미에서는 예술가가 될 것이다. 마찬가지로 갖가지 예술 형식들 — 미술, 디자인, 건축, 저술 등 — 은 인간을 둘러싼 환경을 꾸미는 집단 작업에 반드시 필요한 요소들로 변할 것이다.

생산자가 예술가가 되듯 예술가도 생산자가 될 것이다.

필연에서 자유로

마르크스주의와 사회주의, 그리고 노동계급투쟁의 궁극 목표는 자유이다.

물론 부르주아지도 자신들이 자유를 위해 헌신한다고 기회 있을 때마다 주장한다. 그러나 지배계급이 말하는 자유란 의사 표현의 자유, 언론의 자유, 돈이 있으면 원하는 것을 마음대로 할 수 있는 자유이다. 지배자들은 자신들이 생산수단을 통제하고 이에 따라 부와 대중매체와 국가를 통제하는 한, 이런 자유들이 완전히 겉치레에 불과하고 대다수 사람에게는 거의 의미가 없음을 너무나 잘 알고 있다. 또한 그들은 필요할 때는 언제나 그런 자유조차 제한하거나 심지어는 짓밟을 수 있는 권력이 자신들에게 있다는 점을 알고 있다.

이와 반대로 마르크스주의자들은 적대적인 계급으로 나뉘고 착취를 바탕으로 자본이 지배하는 그런 사회에서는 '절대적인' 자유란 존재하지도 할 수도 없다고 생각한다. 우리는 실질적이고 구체적인 자유를 원하기 때문에 부르주아지가 인정하는 추상적인 자유는 속임수에 지나지 않는다고 폭로한다.

기아와 가난에서 탈피하는 것(이것이 없으면 다른 모든 자유들은 아무런 의미도 없을 것이다), 전쟁의 위협에서 벗어나는 것, 끝없는 고역과 같은 노동에서 자유로워지는 것, 착취에서 벗어나는 것, 인종·성적 억압에서 해방되는 것. 이런 것들이야말로 우리가 싸워서 쟁취하려는 참된 자유들이다. 이런 자유들은 노동계급이 능동적으로 사회를 운영할 수 있는 자유가 확립돼야만 실현할 수 있다.

또한 노동계급은 이런 자유들을 성취해 나가는 과정에서 부르주아지가 꿈조차 꿔 보지 못한 자유, 즉 국가의 감독 없이 살 수 있는 자유로 가는 길을 놓을 것이다.

흔히 마르크스주의자들은 국가를 '신봉하는 사람들'로 알려져 있다. 그러나 사실은 정반대이다. 마르크스주의자들은 국가를 반대하는 사람들이다.

국가는 본질적으로 지배와 억압의 도구일 수밖에 없다. 인구의 일부가 나머지 사람들을 강제로 억누르는 수단이 국가이다. 국가는 폭력 기구일 수밖에 없다. 엥겔스가 적절히 지적했듯이, 국가는 '무장한 사람들의 집단'으로 구성된다. 이들은 다른 사람들을 죽이거나 사람들에게 자신이 원치 않는 일을 하게끔 강제하기 위해, 한마디로 사람들에게서 자유를 빼앗기 위해 무력을 쓴다.

이런 규정을 자본주의 국가뿐 아니라 혁명이 성공한 후에 출현하는 새로운 노동자 국가에도 적용해 보자. 물론 둘 사이에는 차이가 있다. 자본주의 국가는 소수가 다수를 착취하는 체제를 유지하기 위한 도구이다. 그러나 노동자 국가는 다수가 한 줌밖에 안 되는 착취자들을 억누르기 위한 도구가 될 것이다.

노동자 국가가 아주 민주적이긴 하지만 노동자 국가도 여전히 인간의 자유를 여러 가지로 제한하는 제도인 것은 사실이다. 비록 노동자 국가가 노동계급 가운데 다수를 대표하고 포용하는 건 사실이지만, 과거의 지배계급을 억누를 뿐더러 노동계급 자신의 자유에도 일정한 제약을 가할 수밖에 없다.

노동자 국가는 계급 전쟁의 무기이고, 전쟁을 하려면 적을 공격할 뿐 아니라 자신의 군대도 훈련시킬 줄 알아야 하는 법이다. 마치 피켓 라인이 의식이 뒤떨어진 노동자들을 단련하는 역할을 함으로써 고용주들에게 대항하는 싸움의 무기가 되는 것처럼 말이다.

바로 이런 이유 때문에 노동자 국가마저 해체될 때까지는 어느 누구도 완전한 자유 — 모든 사람들을 위한 자유 — 를 얘기할 수 없다. 그리고 마르크스, 엥겔스, 레닌, 트로츠키가 거듭 강조했던 국가의 해체는 언제나 마르크스주의자들의 최종 목표이다.

그러나 마르크스주의의 주장 가운데 국가 사멸론만큼 공상적이라고 일관되게 무시당한 것도 없다. 이런 맥락에서 그 주장을 자세히 살펴볼 필요가 있다.

우선 마르크스주의자들이 혁명이 승리하자마자 국가가 없어도 된다고 — 이것은 무정부주의의 견해다 — 주장하는 게 아니라는 점을 분명히 해 두자. 일정한 전제 조건이 마련돼야 국가가 사멸할 수 있다. 이런 전제 조건에 관해서는 앞에서도 지적한 바 있다. 사회주의 혁명의 국제적 승리와 반혁명 부르주아지의 완전한 패배, 착취와 계급 분열의 뿌리가 완전히 제거되는 것, 재화가 필요에 따라 분배될 정도로 인류가 물질적 풍요를 획득하는 것.

이런 조건들이 갖추어지기만 하면 국가는 그 핵심 기능들을 모두 잃게 될 것이다. 더 이상 국가가 수호해야 할 억압 계급도 억눌러야 할 피억압 계급도 없을 것이다. 또한 세계 사회주의가 확립되면, 국가의(혹은 제국주의의) 이익을 역설할 필요도 외교적 이해를 둘러싸고 싸울 필요도 없을 것이다.

의심이 많은 사람은 범죄와 경제 운영 문제는 어떻게 되느냐고 물어 볼지도 모른다.

완전한 사회주의 사회에서는 범죄가 그 의도와 목적 모두에서 완전히 사라지게 될 것이다. 사회주의에서는 모든 사람들이 '착해'지거나 혹은 도덕적으로 완벽해지기 때문이 아니다. 구태여 범죄를 저지를 동기와 기회가 모두 사라질 것이기 때문이다.

가장 흔한 범죄 가운데 하나인 자동차 절도를 예로 들어 보자. 발달한 사회주의 사회에서는 다음의 두 가지 가운데 어느 하나가 교통 문제를 해결하는 방법으로 채택될 것이다. 개개인에게 충분한 교통 수단이 공평하게 제공되든가 아니면 공공 교통이 발달돼 개인용 교통 수단이 필요치 않을 정도가 되든가 할 것이다. 어느 경우든 훔친 차를 거래하는 시장도 형성될 턱이 없고 자동차를 훔칠 동기도 사라질 것이다. 이런 원리가 자동차뿐 아니라 모든 물건에 적용될 수 있다.

그러면 개인을 상대로 하는 범죄들 — 폭행, 살인, 성 범죄 등 — 의 경우는 어떨까? 지금도 이런 범죄가 전체 범죄에서 차지하는 비중은 작지만, 경쟁을 중심으로 움직이지 않는 사회주의 사회에서는 모든 사람들을 동등하게 대우할 것이기 때문에 이런 범죄들이 분명 크게 줄어들 것이다. 그 밖에 남아 있을지도 모를 반(反)사회적 행위들은 지역 공동체가 가장 잘 해결할 수 있을 것이다. 이런 일을 하는 데 군이 국가가 필요하지는 않을 것이다.

경제 운영과 관련해서 국가 문제를 생각해 보자. 최종으로는 경제가 국가의 운영 방식을 결정하는 것이지 그 반대가 아니라는 점을 명심해야 한다. 지금의 세계에서는 국가가 경제 운영에 개입하는 정도가 눈에 띄게 늘어났다. 여기에는 두 가지 이유가 있다. 그 하나는 자본주의의 내부 모순들을 완화해 보려는 시도 — 결국 실패하기 마련이지만 — 때문이다. 또 다른 하나는 다른 나라와 경쟁하기 위해 국민 자본주의의 힘을 조직하기 위한 것이다.

사회주의에서는 국가가 경제 운영에 개입해야 하는 이런 필요들이 모두 사라질 것이다.

따라서 미래의 사회주의 사회에서는 국가가 사멸해 나갈 것이고, 이렇게 되면 계급 사회가 남겨 놓은 지긋지긋한 유산의 마지막 흔적까지도 완전히 사라질 것이다. 인류는 마침내 필연의 왕국에서 자유의 왕국으로 마지막 도약을 하게 될 것이다. 이 도약이야말로 바로 사회주의의 핵심이다.

제11부
연속혁명의 이해

노동계급이야말로 변화를 지지하는 세력이다

　노동계급이 신뢰할 수 있는 세력은 누구인가? 민주주의가 확대되려면 어떤 방법으로 투쟁해야 하는가? 계급사회는 철폐될 수 있는가?

　이 질문들은 사회주의자라면 언제나 고심해 본 문제들 중 일부다. 카를 마르크스도 예외가 아니었다.

　마르크스는 1848년에 유럽을 휩쓴 혁명을 겪고 나서야 노동자가 "연속" 혹은 장기간 지속되는 혁명을 위해 싸워야 한다고 주장하게 됐다.

―――

에스미 추나라. 〈레프트21〉 56호, 2011년 5월 5일. https://wspaper.org/article/9658. 2011년 5월 중동에서는 혁명 물결이 리비아와 시리아 등으로 확대되고 있고, 튀니지와 이집트에서는 독재 정권과 주변 인사들 타도라는 정치적 요구를 넘어 사회적 정의를 요구하는 투쟁으로 심화하고 있었다. 20세기 초 러시아 혁명가 레온 트로츠키는 이미 이런 혁명의 심화 과정을 분석했다. 그의 '연속혁명론'은 오늘날 혁명을 분석하고 대안을 제시하는 데서 여전히 배울 점이 많다. 에스미 추나라는 오늘날에도 연속혁명이 필요하다고 주장한다.

1848년에 유럽의 지배자들은 군주들이었다. 독일과 이탈리아는 여전히 통일 국가를 이루지 못했다.

봉건제라는 이 낡은 체제는 자본주의적 세력들이 성장하게 되자 점차 이들과 갈등을 빚게 됐다.

조만간 자본가 계급으로 부상할 공장 소유자, 기업가, 상인 — 마르크스는 이들을 부르주아지라 불렀다 — 들은 자신의 성장을 가로막은 법적 구속 때문에 점차 좌절을 맛보았다.

유럽 전역에서 변화를 바라고 자유의 확대를 원하는 목소리가 커졌다.

그러나 자본가들만 이러한 변화를 바란 것은 아니었다. 빈농을 비롯해 산업이 성장하면서 그 수가 늘어난 노동자들 역시 불만이 산더미 같았다.

사회적 조건은 처참했다. 노동자들은 빈민가에서 몰려 살았다. 유럽 대부분의 지역에서는 식량이 부족해 폭동이 일어났다.

혁명은 1848년 2월 프랑스에서 일어났다. 당시 파리에서는 봉기가 일어나 군주 루이 필립이 쫓겨났다.

투쟁의 물결은 얼마 안 돼 독일, 오스트리아, 이탈리아와 헝가리로 번졌다.

혁명적 계급

당시 마르크스와 그 절친한 동지인 프리드리히 엥겔스는 망명 중이었다. 그들은 투쟁에 뛰어들기 위해 급히 독일로 돌아갔다.

마르크스와 엥겔스는 자신들이 광범한 민주주의 운동에서 급진 좌파 구실을 하게 될 것이라 이해했다.

엥겔스는 이후에 자신들이 이 운동을 지켜보기만 했다면 '황야의 설교자들'로 이루어진 '조그만 분파'에 그치고 말았을 것이라고 설명했다.

그러나 문제는 함께 할 세력이 누구인가 하는 문제였다.

오늘날 자본가 계급을 동맹 세력으로 신뢰해야 한다고 말한다면 얼토당토않은 생각처럼 들릴 것이다. 그러나 1848년에 자본주의는 아직 확립돼 가는 중이었다.

마르크스를 비롯한 혁명가들은 자본가들이 낡은 봉건질서를 분쇄하는 싸움에서 가장 선두에 서리라고 믿었다. 1789년 프랑스대혁명에서 이미 그러했다.

그러나 마르크스는 또한 자본가의 혁명에 이어 금세 노동자 혁명이 뒤따른다고 예측했다.

실제로는 자본가들이 너무 소심해서 군주에 대항해 과단성 있게 투쟁을 이끌 수 없음이 입증됐다.

거듭거듭 자본가들에게는 노동자들에 대한 두려움이 낡은 질서에 반대하는 것보다 더 큰 문제였다.

이것은 자본가들이 낡은 봉건 세력과 졸렬하게 타협함으로써 자신이 이룬 성과마저 포기했다는 것에서 사실로 드러났다.

마르크스는 자본가들이 심지어 작은 진보조차 지켜내지 못하는 것을 혹독하게 비판했다.

혁명이 나아갈 때마다 자본가들은 '질서' 회복의 깃발 아래 모여들었다. 그들은 잔인하게 노동계급 세력을 공격했다.

이 중 가장 냉혹한 사례는 1848년 6월 파리에서 일어난 노동자 대학살이었다. 마르크스는 이를 일컬어 "근대 사회를 양분하는 두 계급 사이에서 벌어진 최초의 대전투"라 말했다.

독일의 자본가들은 왕정이 주도력을 되찾아 노동자 운동을 엄중히 다스리는 것을 지켜만 보았다.

1849년에는 유럽 전역에서 반동적 억압의 물결이 도래하면서 노동자 운동의 지도자들이 감옥에 갇히거나 유형에 처해졌다.

명백히, 자본가들은 이제 더는 혁명적 계급이 아니었다.

마르크스는 독일 자본가들이 특히 "예상보다 느리게 겁에 질려 더욱이 활기마저 잃은 채" 성장하면서 낡은 질서에 맞서 싸워야 할 때에 이르러서도 노동자 운동에 겁을 먹은 나머지 아무런 엄두도 내지 못한다고 주장했다.

마르크스는 바로 이 점 때문에 사회주의자들이 반드시 해야만 하는 일들이 있다고 주장했다.

1850년에 마르크스와 엥겔스는 자신들이 가입한 사회주의자들의 조직인 공산주의동맹의 회원들에게 서신을 보냈다. 그 편지에서 그들은 노동자들이 독립적인 정치 조직을 건설하는 것이 반드시 필요하다고 주장했다.

편지에는 노동자들의 "슬로건이 연속혁명일 수밖에 없다"고 쓰여 있다.

마르크스는 혁명이 두 차원에서 연속적이라고 주장했다.

첫째, 노동자들은 모든 혁명적 투쟁을 밀어붙여 노동자가 권력을 장악하는 순간까지 투쟁하며 그 뒤 사적 소유와 계급을 완전히 폐지한다.

둘째, 혁명은 국제적일 수밖에 없다. 혁명이 전 세계에서 공고해지려면 확산돼야 한다.

이 두 가지는 투쟁의 중심지가 동쪽으로, 즉 혁명적 상황의 러시아로 옮겨 갈 때 다시 한 번 중요한 문제로 등장한다.

1848년 6월 파리 혁명 — 민주개혁과 노동계급

노무현 탄핵 사건을 계기로 "민주수호" 정서가 국민의 대중을 휩쓸고 있는 지금 시민·사회 단체들은 "민주개혁"에 대해 얘기한다. 한국 "민주화" 논쟁 때마다 '다함께'는 그 동력이 아래로부터의, 특히 노동계급의 대중 운동이었음을 역설해 왔다.

그러나, '탄핵무효 부패정치청산 국민행동' 지도부 내의 유력한 분위기는 노동계급의 참가를 고무하기는커녕 오히려 경계하는 경향이 있다. 심지어 국민행동 안에서 가장 영향력 있는 인사는 "노무현 정권의 역사적 사명이 민주개혁을 이루는 것"이라고 주장한다. 이것은 총선에서 열우당에 투표하는 걸로 나타날 수 있는 견해다.

그러나 자본가 계급의 자유주의적 정치인들이나 중간계급 시민들은 주요 민주개혁들을 이룰 수 없음을 1848년 6월 파리 혁명에서 알

최일붕. 격주간 〈다함께〉 27호, 2004년 3월 20일. https://wspaper.org/article/1175.

수 있다.(카를 마르크스, 《프랑스 혁명사 3부작》, 소나무 출간.)

마르크스는 1789년에서 1793년까지 프랑스 대혁명의 잇따른 급진화 양상을 묘사하는 데 "연속혁명"이라는 용어를 사용했다.

말뜻 자체는 처음에는 소박했다 — '중도에서 멈추지 않는 혁명'이라는. 그 뒤 마르크스는 이 용어를 1848년 유럽 혁명과 관련지어 사용했다. 1849년쯤엔 이 용어는 명확한 뜻을 갖게 됐다. 민주주의의 권리들, 민족 통일과 독립, 지주제도 폐지를 부르주아지나 프티부르주아지가 아닌 노동계급이 권력을 잡음으로써 성취할 수 있다는 것이다.

프랑스

1848년 6월 파리에서 일어난 나흘 간의 노동자 반란은 1848년 내내 혁명이 유럽 전역을 마치 회오리바람처럼 휩쓰는 가운데 벌어진 결정적인 전투였다.

유럽 대륙 전역에서 민중은 민주주의를 요구했다. 당시에 많은 유럽 나라들에서 민주적 권리는 거의 또는 전혀 없었다.

민중은 군주정의 전제적 권력 종식, 투표권 확대, 선거를 통한 의회 설립, 언론의 자유 등을 요구하며 일어섰다.

1848년 2월 프랑스에서 혁명이 일어나, 군주정이 타도되고 새로 개혁 정부가 수립됐다.

성인남자의 선거권이 도입돼, 유권자가 25만 명에서 8백만 명으로 확대됐다.

노동자이자 오랫동안 활동가였던 알베르가 정부에 입각했다.

새 정부는 하루 노동시간을 한 시간 반 줄이고, 실업자 노동권 보장책의 일환으로 "국립작업장"을 설립했다.

파리와 지방 도시들의 노동자들은 더 나은 삶에 대한 기대와 희망으로 마음이 설레었다.

이러한 기대에 근거해 클럽들과 정치단체들이 우후죽순처럼 생겨났다.

갑작스런 해방감과 정치 생활의 자각은 정부가 개혁 조처를 계속 내놓아야 한다는 압력으로 작용했다.

프랑스의 부유층과 보수파는 겁을 먹었고, 그래서 강력하고 권위주의적인 정부를 요구하기 시작했다.

국립작업장은 혁명의 성과를 상징하고 노동자의 희망을 상징했다.

하지만 우익이 보기로는, 국립작업장은 게으른 실업자들이 국민에게 손해를 끼치면서 아무 일도 하지 않고 놀고 먹는 대표적인 골칫거리였다.

노동자들은 점점 정부에 실망했고, 실업 증대에 실망했다.

국립작업장은 혁명의 상징이긴 했지만 커다란 실망거리였다

많은 사람들은 국립작업장이 생산자 협동조합이 되기를 바랐으나, 국립작업장은 최소한의 보수만을 받고서 힘들고 흔히 무의미한 일을 하는 곳이었을 뿐이다.

국립작업장은 새 사회의 기초가 되기는커녕 구빈원(救貧院: 영국의 자선 노역장)의 프랑스 버전(版)이었다.

1848년 6월 22일 정부는 그나마 국립작업장의 폐쇄를 발표했다.

이제 17~25살의 노동자들은 군에 입대하거나 아니면 농촌의 늪지대에 배수시설 설치 일을 해야 한다. 만일 이도 저도 안 하려는 노동자가 있다면 강제로 보내겠다고 정부는 협박했다.

노동자들은 자신들이 2월에 창출한 정권에 커다란 배신감을 느꼈다. 이제 반란을 다시 시작하는 것말고는 달리 도리가 없다고 그들은 느꼈다.

파리 시 곳곳에서 대중 집회와 시위가 열리기 시작했다. 노동자들은 "국립작업장"이라는 말을 적은 깃발을 들고 행진하면서, "부자들은 도둑들이다", "일, 일, 일", "우리는 [군대나 늪 지대로] 가지 않겠다" 등의 구호를 외쳤다. 그들은 의회에 맞서서 무장을 요구했다.

그들은 파리 동부 지구들에서 보도 블럭을 깨 바리케이드를 쌓고, 어디에선가 구해 온 총으로 무장하기 시작했다. 무장 시위대는 파리 중심가로 행진했다.

자연히 부자들의 얼굴이 창백해졌다. 그 때까지 유럽 전역에서 민주개혁 운동은 서로 다른 계급들의 이해관계를 통합시켰었다.

그 때까지 노동자, 자영 수공업자, 사업가, 전문직 종사자 등이 모두 옛 지주 계급의 권력에 직면해 민주주의의 확대를 요구했었다.

하지만 이번엔 달랐다. 이제 반란을 일으킨 사람들은 주로 노동자들이었다.

파리의 주요 저항 중심지는 각각 특정 업종의 노동자들이 주력을 이루었다. 짐마차꾼 노동자들이 주력을 이루는 구역, 부두 노동자들이 주력을 이루는 구역, 청동제품 제조 노동자들이 주력을 이루는 구역, 가구 제작 노동자들이 주력을 이루는 구역 … 식으로 말이다.

나중에 연행된 사람들 가운데 최대 집단은 건축노동자, 금속노동자, 인부와 일꾼, 가구제작공, 의류제조업 노동자 들이었다.

약 4만~5만 명이 반란에 참가한 것으로 추산된다.

많은 노동자들이 단지 부르주아 민주주의가 아니라 "사회적 공화국"을 요구했는데, 그들은 나중에 재판정에서 이 말이 무슨 뜻인지 밝혔다. 사회주의를 그렇게 불렀던 것이다.

"사회적 공화국"

"법질서" 세력이 노동자에 맞서 조직되고 있었다. 파리의 부유한 지구에 사는 가게 주인들과 전문직 종사자들 등으로 이뤄진 국민방위군이 결성됐다. 유산 계급들에게 이들은 진정한 영웅이었다.

언론은 이들을 자유와 문명과 프랑스공화국의 존엄을 상징하는 측으로, 노동자들을 무법·야만·학살·약탈을 상징하고 가정을 무시하는 난잡하고 불쾌한 일당으로 묘사했다.

나흘 간의 치열한 전투 끝에 노동자들은 국민방위군에 패배했다. 그 뒤 거리에서 수천 명의 노동자들이 학살당하고 12만 명이 연행됐다. 파리의 거리는 "시체와 피바다로 가득했다."

온건개혁파는 반란에 겁을 집어먹은 나머지 마침내 탄압을 지지했다. 그들은 한 군장성(루이 보나파르트 나폴레옹)에게 모든 권력을 이양했다.

반혁명 과정은 프랑스에서 시작돼, 몇 년 안에 프랑스는 루이 나폴레옹의 독재 하에 놓이게 된다.

유럽 전역에서 1848년은 전환점이었다. 프랑스 사태는 민주개혁을 위한 운동에 결정적인 영향을 미친 중대한 사건이었다.

유럽 전역에서 지배계급은 반란을 탄압했다.

사업가들(부르주아지)은 민주주의적 선동이 부를지도 모를 결과가 두려워 개혁 지지에서 반동(수구) 지지로 돌아섰다.

그들은 노동계급을 두려워한 나머지 자기들 자신의 민주주의 혁명도 이루려 하지 않았다.

카를 마르크스는 노동자들이 다른 사회계급들과 별도로 조직해야 함을 역설하면서 이렇게 썼다. "많든 적든 재산을 가진 계급들이 모두 유력한 지위에서 밀려날 때까지, 프롤레타리아가 국가 권력을 장악할 때까지 … 혁명을 연속적으로 만드는 것이 우리의 과제다."

러시아 혁명을 통한 검증

사회주의자라면 대부분 혁명에 참여하게 되길 꿈꾼다. 혁명가 레온 트로츠키는 두 번 — 1905년과 1917년 러시아혁명 — 이나 참여해 지도적 구실을 맡았다.

1905년 혁명은 젊은 트로츠키에게 깊은 인상을 남겼고 노동자 운동도 이루 말할 수 없는 영향을 받았다.

1905년 혁명을 촉발한 것은 빠르게 확산된 거대한 파업 물결이었으며 군대의 반란과 농촌의 봉기로 번졌다.

노동자들은 또한 러시아 최초의 민주적 기관인 소비에트, 즉 노동자 평의회를 수립했다. 그들은 소비에트 안에서 전술을 논의하고 노동자 투쟁을 조직했다.

투쟁의 한복판에 있었던 트로츠키는 당시 러시아의 수도인 상트페

에스미 추나라. 〈레프트21〉 57호, 2011년 5월 19일. https://wspaper.org/article/9680.

테르부르크의 소비에트 의장으로 선출됐다.

결국 1905년 혁명은 탄압으로 파괴됐지만, 이 혁명은 노동자들이 투쟁의 주역임을 확고히 증명했다.

또, 러시아에서 가능한 혁명은 어떠한 혁명인가를 둘러싸고 논쟁이 벌어졌다.

러시아는 당시까지만 해도 전제 군주가 통치하는, 인구 대다수가 농민인 농촌 경제였다.

사회주의자들 대부분은 낡은 질서를 완전히 무너뜨리고 사회주의를 일정에 올리기에 앞서 의회주의적 자본주의 시기를 통과할 수밖에 없다고 생각했다.

트로츠키의 견해는 달랐다. 그는 '연속혁명' 이론을 제기했다. 트로츠키는 1905년 경험을 고찰하면서, 노동자들이 혁명을 추진하는 과정에서 자본주의의 틀을 넘어서 사회주의의 가능성을 현실화할 만큼 충분히 강력하다고 주장했다.

트로츠키는 노동자들이 차르(러시아 황제)에 맞서는 성공적인 투쟁을 이끌면서 더 많은 정치적 자유를 얻어낼 수 있는 유일한 집단이라고 주장했다.

자유주의 자본가들은 급진적 변화를 너무 두려워했고 농민들은 변화를 위한 투쟁의 중심에 서기에는 개인적 생산에 너무 매여 있었다.

반대로, 노동자들은 정치적 자유를 위한 투쟁에서는 차르에, 경제적 자유를 위한 투쟁에서는 자본가들에 맞서 싸워야 했다.

따라서 노동자들에게는 자유로운 사회를 향해 혁명을 추진할 힘과 이해관계가 모두 있었다.

불균등결합발전

트로츠키는 러시아의 발전을 세계경제 속에서 분석했다. 자본주의는 서유럽 대부분의 지역에서 등장한 지 한참 뒤에 러시아에 도입됐다. 러시아에서 자본주의의 발전은 서유럽과 똑같은 단계, 즉 소규모 작업장에서 더 크고 선진적인 기업들로 나아가는 과정을 밟지 않았다.

오히려 아직 인구 대다수가 농민인 러시아에 최신기술이 바로 도입됐다. 이 때문에 발전 중인 러시아 경제 한가운데에 응집된 강력한 노동자 집단이 형성된 것이다.

트로츠키는 이 과정을 '불균등결합발전'이라고 불렀다. 세계 여러 지역마다 발전의 속도가 제각기 달랐기 때문에 발전 과정은 불균등할 수밖에 없다.

또, 발전은 발전의 여러 단계들이 압축되거나 서로 다른 발전 단계들이 나란히 존재할 수 있기 때문에 '결합 발전'이었다. 사방으로 자본주의가 확산되면서 세계는 변했지만 불균등결합발전은 오늘날에도 여전히 세계의 질적 특징이다.

대부분의 남반구 나라에서는 선진적인 기술과 제조 방식이 자급적 농업이나 대규모 슬럼가와 함께 상존한다.

이런 발전의 단계들이 한데 밀집되면서 폭발적인 정치적 혼합 상태가 이뤄진다.

트로츠키는 연속혁명의 발생이 필연이라고 주장하지는 않았다. 연속혁명은 결정론이 아니었다. 그는 러시아든 다른 나라에서든 혁명이 살아남으려면 국제적으로 확산돼야 할 것이고, 그렇지 않다면 파괴될 것이라고 예견했다.

트로츠키의 이론은 1917년 러시아 2월혁명으로 차르가 무너지고 새로운 정부가 들어서자 그 올바름이 입증됐다.

그러나 그 혁명으로 노동자와 농민이 직면한 문제들, 즉 공장에서의 착취, 농촌의 절망, 제국주의 전쟁이 해결되지는 못했다.

무엇을 할 것인가를 둘러싸고 여러 주장들이 난무했다. 10월에 이르자 상황은 양극화됐고 볼셰비키 당으로 조직된 노동자들은 혁명을 전진시켜 노동자 국가를 수립했다.

그렇지 않았더라면 반동 세력이 운동을 파괴했을 것이다.

10월혁명으로 역사상 유례없는 가장 민주적이고 자유로운 사회가 출범했다.

러시아혁명을 시발로 유럽과 식민지들에서 투쟁이 급증했다.

그러나 러시아혁명은 독일혁명 등이 실패하면서 국제적으로 고립됐고 외세의 침략, 내전, 기근으로 교살됐다. 덕분에 스탈린이 부상했고 혁명은 파괴됐다.

오늘날에도 트로츠키의 사상은 여전히 매우 유용하다. 연속혁명 이론은 변화를 가져 올 핵심 세력이 노동자일 수밖에 없다는 점을 보여 준다.

이 사상은, 진정한 민주주의를 향한 투쟁은 정치적 자유뿐 아니라 경제적 자유를 위한 투쟁이기도 함을 보여 준다.

오늘날의 연속혁명

마르크스주의는 사실들을 억지로 끼워 맞춰야 하는 원리들을 한 다발 묶어 놓은 게 아니다. 마르크스주의는 세계를 이해하고 변혁하는 수단이다. 현실에선 언제나 예상치 못한 사건이 발생하고 새로운 도전들이 나타났다.

연속혁명 이론은 제2차세계대전 이후에 바로 이런 일을 겪었다.

레온 트로츠키는 1905년과 1917년 러시아혁명의 경험을 근거로 노동자만이 진정 유일한 혁명적 계급이라고 주장했다.

그는 민주적 변화를 위해 투쟁을 이끌고 낡은 질서를 일소할 이해와 집단적 능력이 노동계급에게만 있다고 주장했다.

그 과정에서 노동계급은 자본주의의 한계를 넘어서 세계의 사회주의화를 향한 '연속적인'(장기간 지속되는) 혁명을 위해 투쟁해야 하

에스미 추나라. 〈레프트21〉 58호, 2011년 6월 2일. https://wspaper.org/article/9761.

는 처지에 놓인다는 것이다.

그러나 현실은 이와 사뭇 달랐다. 오히려 1940년대부터 연이어 혁명과 민족해방 투쟁들이 일어나 낡은 질서를 무너뜨렸지만 노동자들은 기껏해야 주변적인 구실을 했다.

1949년 마오쩌둥이 중국 혁명을 성공으로 이끌었을 때 그 바탕에는 농촌의 농민들이 있었다. 마오쩌둥이 이끄는 세력에 공산당이라는 꼬리표가 붙었지만 중국 혁명은 계급과 착취를 폐지한 사회주의 혁명이 아니었다.

1959년 피델 카스트로와 체 게바라가 이끈 쿠바 혁명에서도 노동계급은 대체로 비켜서 있었다.

노동자들이 그 혁명을 지지했을 수는 있으나 그들이 중요한 구실을 하지 못한 것은 분명했다.

오히려 혁명을 이끈 것은 주로 중간계급 출신으로 이루어진 소규모 게릴라 부대였다.

제2차세계대전 이후 수십여 년 동안 번번이 민족해방 투쟁을 이끈 것은 지식인·학생·변호사 들이었다.

어떻게 된 일인가? 트로츠키의 이론이 틀렸단 말인가?

영국 사회주의노동자당을 창립한 토니 클리프는 트로츠키 이론의 대부분이 여전히 올바르다고 주장했다.

자본가 계급 전체는 분명히 진정한 변화를 두려워하기 때문에 투쟁을 이끌 수 없었다.

노동자들은 여전히 사회주의를 실현할 수 있는 유일한 계급이었다.

그러나 혁명가들의 태도가 변했던 것이라고 토니 클리프는 설명했다.

빗나간 연속혁명

그 지도자들은 스스로 마르크스주의자를 자처했고 자본가 계급이 하지 못한 방식으로 독립을 위해 싸울 결의도 했다. 그러나 그들은 레닌과 트로츠키의 노동자 국제주의를 국민국가의 발전을 우선시하는 위계적 수단으로 왜곡한 스탈린주의 전통에 의지했다.

토니 클리프는 이 과정을 "빗나간 연속혁명"이라 불렀다.

수십 년이 지나자 스탈린주의의 영향은 줄어들었지만 마르크스와 트로츠키 이론의 핵심 요소들은 여전히 의의를 잃지 않았다. 노동자들이 혁명적 투쟁을 지도할 수 있는 독립적인 정치 세력으로 발전하는 것은 여전히 중요하다.

이것이 오늘날에도 중요한 까닭은 노동자가 사회주의를 실현하고 계급 자체를 폐지할 수 있는 능력을 가진 유일한 계급이기 때문이다.

노동자들은 변화를 바란다면 집단적으로 행동해야 한다. 만일 농민 집단이 토지의 일부를 차지한다고 해도 이들은 자기네들 사이에서 토지를 분배할 수 있을 뿐이다.

그러나 노동자 집단은 공장을 차지하게 돼도 공장에서 여전히 함께 일해야만 한다. 기계의 한 조각을 떼어내 혼자서 일할 도리는 없기 때문이다. 그래서 사회주의의 기초가 되는 노동자들의 힘의 바탕에는 집단적 소유가 있다.

좌파에게 이것의 함의는 명백하다. 세계 어느 곳에서든 노동자는 변화를 위한 투쟁의 중심에 놓일 수밖에 없다.

이 점은 선진국뿐 아니라 남반구에서도 마찬가지다.

투쟁하는 노동자들이 선두에 서서 소상인, 농민, 피억압자 들의 투쟁을 이끌 수 있다. 투쟁하는 노동자들이 여러 투쟁에 경제적·정치적 중요성을 부여할 수 있다.

이것이 오늘날 '연속혁명'에서 부각되는 한가지 측면이다. 나머지 하나는 국제주의다. 자본주의는 국제적 체제고 일국의 발전이나 투쟁은 세계적 차원에서 이해돼야 한다.

따라서, 예를 하나 들자면 팔레스타인들의 해방은 중동 지역에서 벌어지는 노동자 투쟁의 향배에 달려 있을 수밖에 없다.

어떤 혁명이든 살아남으려면 세계로 확산돼 '연속적'이 되는 수밖에 없다.

오늘날 세계에는 우리를 궁핍과 착취로 내모는 체제를 전복하는 것에 이해관계를 가진 수많은 노동자들이 있다.

그러나 노동자들의 이해관계가 체제 전복에 있다고 해서, 노동자들이 저절로 급진적 변화가 가능하다거나 심지어 그런 변화가 바람직하다는 결론을 내리는 것은 아니다.

언제나 무엇을 할 것인가를 둘러싸고 논쟁이 벌어진다. 이것은 결국 정치의 문제이자 설득과 투쟁의 문제이며 동시에 조직의 문제다.

연속혁명 이론의 몇 가지 문제들

트로츠키의 연속혁명 이론은 마르크스주의의 기초가 놓인 이래 그 발전에 이바지한 몇몇 가장 중요한 이론들 가운데 하나이다.

연속혁명론이 뜻하는 것은 무엇인가? 첫째, 가장 중요한 점으로서, 트로츠키는 제2인터내셔널의 진화주의와 결별하였다. 카우츠키와 플레하노프 같은 제2인터내셔널의 대표적인 이론가들은 생산력 발전에 대응하여 자동적으로 생산양식들이 차례차례 계승해 나아가는 그러한 교조(教條) 체계를 수립하였다. 그것에 의하면, 역사단계를 건너뛰려 한다거나 역사에 추동력을 주려는 어떤 시도도 파멸적인 실패로 끝나게 되어 있다. 반면, 때가 완전히 무르익을 때까지 기다린 사람들은 프롤레타리아 혁명으로 보상받을 것이다. 사회주

알렉스 캘리니코스. 이 논문은 미셸 뢰비가 지은 《연속혁명의 이론과 실제》(신평론, 1990년)에 대한 서평이다. 본문에서 출처를 밝히지 않고 그냥 괄호로만 처리한 페이지 수 표시 — 예컨대 (p.117.) 하는 식으로 — 는 모두 이 책의 페이지를 가리킨다.

의의 승리는 자본주의 발전 법칙에 의해 예정되어 있었다.

　트로츠키는 이 모든 것을 날려 버렸다. 가장 근본적으로 그는 분석의 틀을 개별 사회구성체들로부터 전체로서의 자본주의 세계체제로 옮김으로써 이를 해냈다. "마르크스주의는 세계경제를 그 출발점으로 삼는데, 여기서 세계경제란 단순히 일국적 부분들(국가경제들)의 총합이 아니라 국제분업과 세계시장에 의해 창출된, 그리고 우리 시대에 일국적 시장들을 전제적으로 지배하는 위력적이고 독립적인 실재이다."(p.152. 인용문에 다소의 수정 첨가.) 개별 나라들에서의 계급투쟁은 단순히 그들 내부의 발전이라는 견지에서는 이해할 수 없고 오직 세계체제의 맥락 속에 놓일 때만 제대로 이해할 수 있다. 그리하여 러시아 혁명에 관한 트로츠키의 저술들에서 제정 러시아 국가의 특수성에 관한 그의 논의는 항상 그것이 유럽의 국가체계 내에서 처해 있는 상황과, 그것에서 비롯하는 바로서, 보다 선진적인 서구 열강에 뒤쳐지지 않기 위해 러시아 사회를 근대화하지 않을 수 없도록 만드는 압력에 초점이 맞추어져 있다.

　세계체제는 오직 불균등·결합 발전이라는 법칙의 견지에서만 이해할 수 있다고 트로츠키는 주장했다. 인류 역사 전체는 불균등 발전 법칙에 의해 지배되고 있다. 자본주의는 서로 다른 발전단계에 있는, 각각 자신의 심원한 내부적 모순을 지닌 인류의 각종 부분들에 도달한다. 그와 동시에, 지구의 모든 부분들을 단일한 세계시장 및 통합된 국제분업 안으로 끌어들임으로써 자본주의는 "**결합 발전의 법칙**, 즉 발전 과정상의 상이한 단계들의 결집, 별개의 국면들의 결합, 태고적 형태와 보다 현대적 형태의 혼합을 뜻하는 이 결합 발전의 법칙"을 더욱 강화한다. 그리하여 진화주의적 마르크스주의의 가정과는 반대로, 역사 발전의 상이한 단계들에 속하는 사회형태들이 같은 사회 안에 공존할 수 있다. 트로츠키는 다음과 같이 주장하였다.

> 역사적 후진성의 특권은 … 당장 쓸 수 있는 것을 어느 지정된 날짜 전에 채택할 수 있도록 해주면서, 아니 보다 정확히 말하면, 그렇게 하지 않으면 안 되게끔 만들면서 일련의 중간 단계들 전체를 건너뛴다. 야만인들은 하루아침에 활과 화살을 내던지고 라이플 총을 사용한다. 그 두 무기 사이에 놓여 있던 과거의 길을 밟아 나아가지 않고서 말이다. 아메리카에 온 유럽인 식민 정주자들은 처음부터 완전히 다시 역사를 시작하지 않았다. 독일과 미국이 이제 영국을 경제적으로 앞질렀다는 사실은 그 나라들의 자본주의 발전의 바로 후진성 자체에 의해 가능해진 것이다. … 역사적으로 후진적인 국민들의 발전은 필연적으로 역사 과정상의 상이한 단계들을 독특하게 결합시킨다.(*The History of Russian Revolution*, 1권, p.23)

이러한 명제들은 트로츠키가 《평가와 전망》 및 《1905년》에서 제시한 러시아 사회구조에 대한 뛰어난 구체적 분석의 일반화이다. 거기서 그는 19세기말 러시아라는 특수한 경우에 "역사적 후진성의 특권"은 독일 및 오스트리아-헝가리 제국과의 군사적 경쟁 압력 아래 이루어진 가장 선진적인 공업 플랜트와 기술의 수입이었다고 주장한다. 제정(帝政) 국가가 후원하고 외국차관 및 직접투자가 재원(財源)이 된 산업화는 압도적으로 봉건적인 농업사회에 세계에서 가장 크고 가장 근대적인 공장들에 집중된 산업 프롤레타리아를 이식시켰다. 지주 귀족과 농민 사이의 해묵은 투쟁에 자본과 노동의 투쟁이 덧붙여졌다.

트로츠키의 둘째 주요한 혁신은 이러한 선구적인 이론적 분석으로부터 그에 조응하는 정치적 결론을 끌어내는 것이었다. 제2인터내셔널의 마르크스주의자들은 부르주아 혁명과 프롤레타리아·사회주의 혁명은 엄격히 별개인 과정들로 보았다. 플레하노프는 봉건 절대주의가 여전히 지배하는 러시아에서는 노동자 계급이 의회제를 도입하기 위해 투쟁하는 자유주의 부르주아지를 지지해야 한다고 주장하였다. 그러므로, 사회주의는 구래의 봉건 질서가 파괴된 후인 미래의 일이었다. 이 점에 멘셰비키가 동의하였다. 레닌과 볼셰비키도 당분간 러시아에서 가능한 것은 오직 부르주아·민주주의 혁명이라는 주장을 받아들였다는 뜻에서는 그 점에 동의하였지만, 그러나 그들은 이 혁명의 주체는 부르주아지가 아니라 — 제정(帝政)에 대한 그들의 의존이 1905년에 분명하게 드러난 것처럼 — 농민과 동맹한 프롤레타리아이며, 이들은 함께 "혁명적 민주주의 독재"를 창출할 것이라고 주장하였다. 그러나, 트로츠키는 이러한 정식을 가차없이 비판하였다. 노동자와 농민의 그 같은 연합은 그것이 담고 있는 모순에 불가피하게 굴복할 것이라고 그는 주장했다. 결국 다음과 같은 두 가지 경우 중 하나일 수밖에 없다는 것이다. 하나는 프롤레타리아가 자기 부정적인 법령을 채택하고, 자신의 경제적 이익을 추구하기 위한 정치권력의 이용을 거부하는 것으로서, 이 경우에 그들의 지위는 서서히 부르주아지에 의해 잠식될 것이다. 다른 하나는 그들이 자본의 경제력을 침해해 들어가도록 이끌리는 것으로서 — 예컨대 노동자들을 해고시킨 기업들을 장악해 버리는 것 — 이 경우에는 그들이 부르주아·민주주의 혁명의 경계를 넘어서 프롤레타리아 독재를 확립할 것이다. 트로츠키는 둘째 경로를 옹호하였다. 즉, 불균등·결합 발전 법칙 덕분에 민주주의 혁명과 사회주의 혁명이 단일한 과정으로 융합되고, 그 결과는 노동자 권력일 것이라는 주장이 바로 연속혁명론의 핵심이다.

두루 아는 바와 같이, 1917년 4월에 레닌은 프롤레타리아와 농민의 혁명적 민주주의 독재라는 정식을 포기하고 트로츠키의 전략을 채택하였다. 결과는 1917년 10월혁명이었다. 그러나 레닌의 이러한 이론적 전환 — 이것은 1914년의 세계대전 발발에 의해 촉진된 그의 제국주의 연구 덕분에 가능해진 것이다 — 은 결코 정식으로 시인된 적이 없었고, 게다가 스탈린의 승리의 결과로서 곧 부정되었다. 트로츠키는 1920년대에 스탈린과의 논쟁을 거치면서 연속혁명 개념을 단순히 러시아 사회의 분석뿐 아니라 제국주의 시대 혁명의 일반 이론을 포함하는 것으로 보게 되었다. 뢰비가 올바르게 지적한 것처럼, "트로츠키가 연속혁명론을 모든 식민지 및 반식민지(또는 전에 식민지였던) 세계로 일반화하는 데에는, 1925~1927년 중국 계급투쟁의 극적인 고양이 촉매 역할을 했던 것 같다. 마치 연속혁명론의 첫 정식화가 1905년 러시아혁명에 의해 촉발되었던 것처럼."(p.117. 서평자의 부분적 수정 첨가.) 사실, 중국에 관한 논쟁의 초기 단계에서는 트로츠키는 연속혁명이라는 시각을 세계 프롤레타리아 혁명의 발전에 전적으로 달려 있는 장기적인 대안에 지나지 않는 것으로 본 듯하다. 처음에 그의 관심은 국민당으로부터 중국공산당의 독립을 확보하고 노동자·농민 소비에트의 형성을 고무해야 할 필요 — 이것은

《평가와 전망》의 관점보다는 레닌의 혁명적 민주주의 독재에 더 가까운 관점이다 — 에 집중되었다. 공산당과 국민당을 융합시킨다는 스탈린의 전략의 최종적 실패 — 이 실패는 이 전략과 스탈린이 받아들인 별개의 부르주아 민주주의 혁명 '단계'라는 멘셰비키의 생각 사이에 밀접한 연관이 있음을 드러내 주었다 — 를 가리키는 1927년 4월 상하이 노동자 대학살 이후에야 비로소 트로츠키는 연속혁명의 정식을 중국에 적용하였다.

트로츠키의 이론의 셋째 요소는 1920년대의 논쟁에서 가장 걸출한 것이었다. 그것은 '일국 사회주의'라는 관념에 대한 그의 거부로서, 다음의 주장에서 명확하게 나타난다.

일국의 한계 안에서 사회주의 혁명의 완성은 생각할 수도 없는 일이다. 부르주아 사회에서 위기가 생겨나는 기본적 이유들 가운데 하나는 바로, 그것이 창출한 생산력이 더 이상 국민국가라는 틀과 조화될 수 없다는 사실에 있다. 이것으로부터 한편에서는 제국주의 전쟁이, 다른 한편에서는 부르주아적 유럽합중국이라는 유토피아가 생겨난다. 사회주의 혁명은 일국의 무대에서 시작되어 국제적 무대에서 전개되고 결국에는 세계적 무대에서 완성된다. 따라서 사회주의 혁명은 보다 새롭고 포괄적인 의미에서 연속혁명이 된다. 그것은 지구 전체에서 새로운 사회의 궁극적 승리에 의해서만 완결된다.(pp.291~2.)

이 테제는 10월혁명의 시기에는 볼셰비키에게 자명한 것이었는데, 레닌 사후에야 비로소 러시아 관료의 국익에 기초한 전략 전환의 일환으로서 포기되게 된 것이다. 물론 트로츠키는 세계혁명이 전 지구에 걸쳐 노동자들의 동시다발적인 봉기여야 한다고 말한 것은 결코 아니다. 이것은 스탈린이 슬그머니 그에게 전가시킨, 그리고 오늘날 여전히 일각에서 받아들여지고 있는 터무니없는 관념이다. 트로츠키 자신의 말을 빌면, "프롤레타리아의 국제혁명은 결코 단 한차례의 행위일 수 없다는 것에 대해서는 10월혁명, 즉 선진국 프롤레타리아가 '전선을 고르게 하는 것'을 결코 기다리지 않고도 역사적 필연의 압력 하에 후진국 프롤레타리아가 이룩한 저 10월혁명의 경험을 거친 성년들에게는 전혀 논란의 여지가 있을 수 없다."(Trotsky, *The Third International after Lenin*, pp.20~21.) 불가피하게 세계혁명은 하나의 과정, 즉 그 속에서 특정 나라들이 그들의 특수한, 즉 역사적으로 고유한 조건들 때문에 먼저 치고 나가는 그러한 과정일 것이다. 그러나, 그와 동시에, 이 과정은 전세계적 규모로만 완성될 수 있을 것이다. 국민국가들을 그 구성 부분으로 하는 세계경제의 형성은 개별 나라들이 그로부터 이탈해 나가 그것과 격리된 채 생산력을 발전시킬 수 없게 만든다. 국제체제의 압력은 심지어 가장 쇄국주의적 경제에까지도 영향을 미친다. 오직 혁명을 다른 나라로 확산시키는 것만이 그로부터의 탈출구가 된다.

이러한 세 가지 명제 — 자본주의의 국제적 성격, 민주주의 혁명이 사회주의 혁명으로 성장전화하는 경향, 세계혁명의 필수성 — 는 트로츠키 연속혁명론의 핵심을 이룬다. 《연속혁명의 이론과 실제》의 처음 세 장에서 뢰비는 그의 상당한 원전 지식에 기초하여 마르크스와 엥겔스의 저술들로 거슬러올라가 연속혁명 개념의 계보를 밝혀내고,

1906년에 트로츠키가 처음으로 정식화한 그 개념의 대요를 서술한 다음, 1920년대를 거치면서 그 개념이 일반화되는 것을 추적해 나아간다. 뢰비의 이러한 작업 덕분에 마르크스주의의 역사에 대한 우리의 이해는 보다 명확해지고 심화되게 되었다. 그러나 트로츠키의 개념들은 연구를 위한 것이 아니라 사용을 위한 것이며, 불행히도 뢰비가 그 개념들을 설명하는 것에서 적용하는 것으로 전환할 때 문제는 시작된다. 이는 특히 그가 제4인터내셔널의 교조적 트로츠키주의를 고수하는 데서 비롯하는 것으로서, 이 문제는 꼼꼼하게 검토해야 한다. 연속혁명론이 오늘날에도 여전히 적실성을 갖는다고 믿고 있는 뢰비나 우리 자신(IS) 같은 사람들에게는 두 가지 주요한 어려움이 있다. 그 첫째는 노동자 계급이 아주 사소한 역할만을 한, 후진국들 — 유고슬라비아·중국·쿠바·베트남 같은 나라들 — 에서 일어난 일련의 소위 '사회주의' 혁명들에 관한 문제이다. 둘째는, 트로츠키의 예견과는 명백히 반대되는 바로서 일부 제3세계 나라들 — 소위 '신흥공업국' — 이 역동적인 산업 경제를 발전시킬 수 있게 된 것에 관한 문제이다.

첫째 문제로 말하자면, 노동자 계급이 연속혁명의 주체라고 트로츠키가 믿었다는 점에는 아무런 의심의 여지도 없다. 예컨대, 《1905년》에서 제시된 분석 전체는 다른 계급들이 러시아에서 부르주아 민주주의 혁명을 주도할 능력이 없다 — 자본가들은 그들의 졸부적이고 제정(帝政)에의 의존적인 지위 때문에, 그리고 농민들은 그들의 생산관계가 그들의 사회적·정치적 결속의 발전을 방해하기 때문에 — 는 점에 초점이 모아져 있다. 그 과정의 논리 전체는 프롤레타리아가 다른 계급들이 남겨 놓은 간극을 메움으로써 낳는 결과 — 일단 노동자 계급이 무대의 중앙으로 나아가면 민주주의 혁명이 사회주의 혁명으로 성장전화하는 불가피한 경향 — 를 중심으로 전개된다. 뢰비는 연속혁명론에서 프롤레타리아가 담당하는 중심적인 역할에 대해, 그리고 중국 같은 경우들을 그 이론의 견지에서 해석하려 할 때 이로 말미암아 제기되는 문제에 대해 잘 알고 있다.

> 1917년 10월혁명에서 노동자계급은 스스로를 소비에트로 조직함으로써 혁명의 주된 사회적 행위자이자 건설자의 역할을 **직접** 담당하였다. 동시에 볼셰비키 당은 자신의 이데올로기와 강령에서뿐 아니라 사회적 구성에서도 프롤레타리아적이었다. 트로츠키의 기대와는 달리, 볼셰비키 당처럼 프롤레타리아트가 주도하는 당과 노동자계급의 거대한 자주조직이라는 형태는 중국혁명을 비롯한 1917년 10월혁명 이후의 모든 혁명들에서 다시는 되풀이되지 않았다.(p.260.)

그러나, 뢰비는 중국·유고슬라비아·베트남·쿠바를 "프롤레타리아적 기원을 갖는 관료 국가"로서 규정하고 있는데, "이 말의 의미는 그 국가들이 프롤레타리아적·사회주의적 당들의 지도 하에서 일어난 사회주의 혁명들의 산물이면서도 그들 국가에서의 실질적 권력은 고유한 사회경제적 이해를 갖고 있는 관료계층이 독점하고 있다는 것이다." (pp.262~3.)

여기서는 이 정식 — 그것은 '기형화된 노동자 국가'라는 교조적 트로츠키주의의 개념의 변종일 뿐, 결코 어떤 의미에서도 그 개념의 개선이라고는 할 수 없다 — 의 장단점에 대해서는 상술하지 않겠고, 다만 즉각적으로 드러나는 난점에만 집중해 보겠다. 예컨대 그 난점이란 다음과 같은 질문으로 표현될 수 있겠다. 중국 혁명에서 산업 노동자 계급이 그렇게도 사소한 역할을 담당했다고 할 때 어떻게 혁명 후 중국이 '프롤레타리아적 기원을 갖는 관료 국가'라고 말할 수 있는가? 뢰비는 중국·유고슬라비아·쿠바·베트남 혁명들이 '프롤레타리아적'이라는 주장을 어떻게 정당화시키는가? 그의 주장에는 두 개의 주요 논거가 있다.

첫째, 그는 "농민에 대한 트로츠키의 견해는 … 철저한 재평가가 필요하다"(pp.256~7)고 주장한다. 이것은 뢰비 자신의 입장에서 볼 때 필수적인 조치일 터인데, 왜냐하면 그가 말하는 소위 '프롤레타리아' 혁명들의 대중적 기반을 농민이 제공했기 때문이다. 뢰비는 트로츠키가 농민을 '낮게 평가한다'는 전통적인 스탈린주의적 중상에 맞서서 트로츠키를 방어한다. 트로츠키는 후진국에서의 "그 어느 진정한 혁명과정에서든 농민이 수행하는 결정적 역할"을 인정하였다. "트로츠키가 부정했던 것은, 혁명에서 농민이 결정적 중요성을 갖는다는 점이 아니라, 그들이 독립적인 정치적 역할을 할 수 있고 또 독자적인 지배계급이 될 수 있다는 생각이었다."(p.125.) 실제로 트로츠키의 농민 분석은 그들의 생활조건이 그들의 계급역량을 제한하는 측면에 초점이 맞추어져 있다.

부르주아 국민(nation)을 그 속박으로부터 해방시키는 임무를 역사는 무지크(가난한 농민)에게 맡길 수 없다. 그들의 고립분산성, 정치적 후진성,

그리고 특히 자본주의의 틀 안에서는 해결될 수 없는 그들의 깊은 내적 모순으로 인해 단지 농민은 한편으로 농촌에서의 자연발생적 봉기에 의해, 다른 한편으로는 군대 안에서의 불만을 일으킴으로써만 후위로부터 몇 차례 강력한 타격을 구질서에 가할 수 있을 뿐이다.(《1905》, p.237.)

이러한 관점의 연장선상에서 트로츠키는 중국공산당이 1927~28년의 재난 이후 추구한, 노동자 계급과 도시를 포기하고 농촌에서 농민군을 결성하는 전략에 대해 아주 비판적이었다. 대단히 통찰력 있게도 그는 그 같은 전략이 당의 관료화를 고무할 것이라는 점을 지적하였고 나아가 트로츠키주의적 노동자 계급과 스탈린주의적 농민군 사이의 내전 가능성을 내다보기까지 하였다.

이 모든 것은 뢰비를 매우 난처하게 만든다. 왜냐하면 그는 마오쩌둥의 지도 하에 농민군이 이룬 혁명을 '프롤레타리아' 혁명이라고 주장하고자 하기 때문이다. 그는 그 자신도 인정하는 "'비사회주의적' 계급으로서의 농민이라는 고전 마르크스주의적 관점"(p.250)에 맞서서 위와 같은 자신의 주장을 뒷받침할 그 어떤 실질적 논거도 제시하고 있지 않다. 그는 농촌 주민 가운데 사회혁명에서 가장 중요한 역할을 담당한 부문은 토지를 보유하고 스스로 경작하지만 자신의 생산물 중 일부를 수탈당하는 소토지 보유 농민이지, 결코 고용주의 감시와 통제를 훨씬 더 많이 받는 대사유지의 농업 노동자들이 아니었다고 올바르게 지적한다. 그러나 바로 이들 소토지 보유농들 — 레닌은 이들을 중농으로 보았다 — 이야말로 자신들이 경작하는 소토지에 대한 실제적 또는 잠재적 소유권을 위태롭게 할 가능성이 큰 생산수단의 사회화에 가장 적대적인 존재들이다. 프랑스혁명과 러시아혁명은 소토지 보유농의 경제적·사회적 비중을 크게 증대시켰고, 그리하여 19세기 프랑스에서 반동의 대중적 기반이 된 바 있고 1920년대에 러시아에서 볼셰비키 정권이 처한 곤경의 근원이었던 농촌 보수주의의 거대한 저수지를 창출하였다. 중국공산당은 지주의 농민 지배를 분쇄하고 농민을 정치에 동원하는 데 수십 년을 보내지만, 그렇게 함으로써 1949년 이후 그들 자신의 권력을 집중시키는 데 주요 장애물을 놓은 셈이 되었다. 농민에 관하여 뢰비가 트로츠키와 견해 차이를 보이는 것은 중국 혁명 — 그리고 그러한 유형의 여타 혁명들 — 이 '프롤레타리아' 혁명이라는 그의 가정을 반영하는 것이다. 결국, 뢰비의 주장은 프롤레타리아 혁명으로 가정된 이들 혁명에서 농민이 주된 대중적 동력이었기 때문에 농민에 대한 트로츠키의 견해는 명백히 잘못된 것이고, 농민이 그 혁명들에 참여했으므로 농민은 프롤레타리아라는 식의 순환론이 된다. 뢰비는 마침내 다음과 같이 인정함으로써 이러한 순환에서 벗어난다. "트로츠키가 농민은 오직 프롤레타리아적·공산주의적 지도 하에서만 일관되게 혁명적인 역할을 할 수 있다고 주장한 것은 올바른 것이었다."(p. 259.)

여기서 우리는 유고슬라비아·중국·쿠바·베트남 혁명들의 프롤레타리아적 성격을 주장하는 뢰비의 둘째 주요 논거로 넘어가 보자. "1917년 이후의 모든 혁명들은 혁명과정의 정치적 지도의 성격에 의해 간접적으로만 '프롤레타리아적'이라고 규정할 수 있다. 참으로, 프롤레타리아는 혁명의 직접적인 사회적 행위자가 아니었을 뿐 아니라, 혁명정당도 프롤레타리아의 직접적이고 유기적인 표현이 아니었다."

(p.261.) 달리 말하면, 산업 노동자는 베트남·중국·유고슬라비아 공산당들의 당원 구성에서 아주 사소한 비율만을 점했다.(쿠바는 약간 다른 경우인데, 왜냐하면 카스트로가 권력에 오른 뒤에야 비로소 '혁명적 당'이 나타났기 때문이다. 이 문제는 나중에 다시 고찰할 것이다.) 그러나 이 당들의 단순히 계급적 구성을 근거로 하여 그 당들이 '프롤레타리아'적임을 부정한다면 이는 "사회학주의적 환원론"이라는 것이다.(p.127.) 이는 두 가지 이유에서 그러하다고 한다. 첫째, "그 당들은 노동자 계급의 역사적 이익(자본주의의 폐지 등)을 옹호함으로써 프롤레타리아를 정치적으로 그리고 강령적으로 대표하였다."(p.261.) 둘째, "그 당들의 이데올로기는 프롤레타리아적이었고 당원들과 외곽 지지자들은 국제 노동자 계급 운동의 가치체계와 세계관을 받아들이도록 체계 있게 교육받았다."(p.261.)

먼저 둘째 점부터 살펴보자. 한 당이 노동자 계급 구성을 가졌다고 해서 그 당이 프롤레타리아의 '역사적 이익'을 대변한다고 할 수는 없다는 것은 물론 맞는 말이다. 사회민주당들을 보라. 레닌이 '부르주아적 노동자당'이라는 표현을 만들어 낸 것은 노동운동 내에서 부르주아지의 이익을 대변하는 바로 이 사회민주당들을 겨냥한 것이었다. 한 조직이 누구의 이익을 대변하는가를 판별하기 위해서는 확실히 그 조직의 공언된 이데올로기를 먼저 살펴보아야 한다. 그러나, 그것만으로는 안 된다. 당의 실천을, 특히 그 실천이 다른 계급들과의 관계 속에서 당을 어디에 위치시키는지를 살펴보지 않으면 안 된다. 볼셰비키 당은 일차적으로 그 당의 프롤레타리아적 이데올로기와 구성 때문만이 아니라 러시아 노동자계급에 대한 그 당의 관계, 즉 그 당의 일상 활동이 그 당으로 하여금 러시아 노동자와 맺게 하는 체계적인 연관 때문에도 노동자 당이었던 것이다. 확실히, 코민테른에서 '좌익' 공산주의에 대한 레닌·트로츠키·그람시 같은 사람들의 투쟁은 바로 노동자 당은 프롤레타리아 대중과의 항상적인 상호작용의 관계 속에서만 존재할 수 있다는 점을 확고히 하는 것과 관련된 것이었다. 물론, 그 상이한 요인들 — 이데올로기·구성·실천 — 은 서로 일치하지 않을 수도 있다. 선전 그룹 시절 영국 IS(현재 SWP, 즉 영국 사회주의노동자당)의 구성은 프롤레타리아적이지 않았지만, 이데올로기는, 그리고 가능한 정도까지는 실천도 프롤레타리아적이었다. 훨씬 더 중요한 예를 든다면, 1920년대초에 이르러 볼셰비키 당은 단지 그 당의 이데올로기와 역사 때문에만 노동자 당이었다. 그같은 불일치와 간극은 만일 해결되지 않는다면, 러시아의 경험이 보여 주는 것처럼 장기적으로는 당의 성격을 변화시킬 것이다.

어쨌든, 정당들의 계급적 성격을 그들의 공언된 이데올로기만으로 규정하는 것은 마르크스주의로부터의 심각한 일탈이다. 만일 이것이 일관되게 행해질 때는 관념론으로 굴러떨어질 것이다. 이 같은 경향의 좋은 예는 마오쩌둥주의자 샤를 베틀랭의 저작 《소련의 계급투쟁》에서 발견될 수 있는데, 거기서 그는 러시아 혁명의 타락을 "볼셰비키의 이데올로기적 구성"의 "경제주의" 탓으로 돌리고 있다. 같은 식으로 베틀랭에게 중국의 문화혁명은 거기에 수반된 이데올로기 때문에 — 거기서 노동자들이 담당한 역할은 전혀 고려하지 않고 — '프롤레타리아적'인 것이 된다. 이러한 오류는 뢰비의 경우에는 그가 자타가 공인하는 반스탈린주의자라는 점에서 특히 통탄스럽다.

유고슬라비아·중국·베트남 공산당들의 "당원들과 외곽 지지자들"은 "국제 노동자 계급 운동의 가치체계와 세계관"이 아니라 스탈린주의로 전락한 사이비 마르크스주의를 "받아들이도록 체계적으로 교육받았"던 것이다. 뢰비는 예컨대 마오쩌둥의 저술들에 내재해 있는 스탈린주의를 잘 찾아내고 그것을 비판할 수 있으면서도(pp.146~52), 이로부터 그 어떤 일반적 결론도 끌어내지 못하고 있다.

뢰비는 이데올로기로써 계급적 성격을 판별하는 주관주의적 극단에서, 1917년 이후 혁명들의 '프롤레타리아적' 지도라는 그의 논거에 내포된 객관주의적 극단으로 나아감으로써 그러한 어려움으로부터 빠져 나가려 한다. 즉, 뢰비는 이들 혁명의 지도자들이 가지고 있는 스탈린주의적 또는 민족주의적 신념과 관계없이 순전히 사태의 압력이 그 지도자들로 하여금 부르주아 질서를 침해하도록 몰아갔다고 주장하고 있는 것이다. 이러한 주장은 쿠바 혁명에 대한 뢰비의 논의에서 가장 명시적으로 나타난다. 거기서 그는 이데올로기의 역할에 호소할 수 없게 되는데, "왜냐하면 구 쿠바 공산당, 곧 인민사회당이 혁명에서 아무런 중요한 역할도 하지 못했을 뿐 아니라, 실제 혁명 지도부 — 반군과 '7월 26일 운동' — 는 이데올로기에서나 사회적 구성에서나 '프롤레타리아 전위'와는 거리가 멀었기 때문이다."(p.189.) 그리하여 다음에 일어난 일은 '7월 26일 운동'이 1958년말~1959년초의 바티스타 타도 후에 혁명적 마르크스주의자들로 대량 개종하는 것이었다. "진정한 촉매제는 혁명과정 자체의 논리였다. 즉, 첫째, '7월 26일 운동'이 1959년까지 빈농층과, 그리고 그 이후 프롤레타리아와 맺게 된 역동적 관계. 둘째, 억압적 국가기구를 파괴함으로써 열린 새로운 정치영역. 셋째, 혁명적 민주주의의 최초의 개혁으로 촉발된 제국주의 및 민족 부르주아지와의 피할 수 없는 대결."(p.197.)

이러한 주장에는 두 가지 주된 문제가 있다. 첫째는 그 주장이 사회주의 혁명의 성공에서 마르크스주의 당이 수행하는 필수적인 역할이라는 레닌주의적 명제와 모순된다는 점이다. 즉, 어째서 "혁명과정의 논리"가 선택적으로 ─ 어떤 경우에는 승리를 가져오고 다른 경우에는 그렇지 않은 ─ 작용하느냐는 것이다. 순전히 객관적인 요인들로 말하자면, 1918년에서 1923년 사이의 독일이야말로 뢰비가 논의하는 그 어느 사례보다도 프롤레타리아의 권력 획득에 훨씬 더 유리한 상황이었다. 트로츠키는 독일에서 혁명이 실패한 이유는 결국 효과적인 혁명 지도부가 없었기 때문이라고 주장하였다. 뢰비에게는 이러한 주장이 잘못된 것일 것이다. 왜냐하면 그에게 역사는 헤겔의 이성의 교지처럼 작동하여, 무엇을 하고 있는지를 그 행위주체들이 의식하지 못하는 사회주의 혁명을 일으키기 때문이다. 그리하여, 뢰비에 따르면, 객관적 상황이 호찌민으로 하여금 스탈린주의와 '경험적'으로 결별하고 민주주의 혁명을 그 사회주의적 종결로까지 밀고 나아가도록 만들었다는 것이다.(pp.165~177.)

둘째 어려움은 혁명과정의 결과에 있다. 여기서 뢰비의 논거는 다시 한번 순환론에 빠진다. 그는 1917년 이후에 일어난 혁명들의 '사회주의적' 성격은 유고슬라비아·중국·쿠바·베트남 정권들이 취한 조치 ─ 특히 사적 소유의 국유화 ─ 에 의해 입증된다고 말한다. 그러나 과연 생산수단의 국가 소유가 자본주의적 생산관계 폐지의 충분조건인가? 우리 국제사회주의자들은 지금까지 소련뿐 아니라 뢰비가 말하는 "프롤레타리아적 기원을 갖는 관료 국가들"도 사실상 국가자본주의라고 주장해 왔고, 따라서 우리는 국유화를 반(反)자본주의와 동일시하는 그 어떤 입장도 거부해 왔다. 그러므로, 뢰비의 주장에 동의하는 사람들은 혁명 후 카스트로의 사적 소유 수용(몰수)을 "노동자 계급의 역사적 이익을 관철"시킨 증거로서 우리에게 제시할 수 없을 것이다.

지금까지의 우리의 논의는 유고슬라비아·중국·쿠바·베트남 혁명들이 트로츠키의 연속혁명론을 지지하는 실례로서 제시될 수 있다는 뢰비의 주장이 전혀 근거없음을 보여 준다. 뢰비의 주장이 연속혁명론과 멀어지는 것은 어디서인가? 이 물음에 대답하기에 앞서 먼저 연속혁명론은 대안에 대한 이론이라는 점을 강조할 필요가 있다. 연속혁명론은 역사발전의 불가피한 행로를 그리는 이론이 아니다. 그것은 단순히 하나의 역사적으로 예정되어 있지 않은 가능성, 즉 어떤 특수한 조건들 — 종종 실현되지 않는 — 과 결부된 한 가지 가능성을 도모하는 이론이다. 이 조건들 가운데 가장 중요한 것은 혁명적 지도 하의 계급의식적 프롤레타리아의 존재이다. 이 조건의 의의가 모호해진 것은 연속혁명론을 처음 정식화할 때(1906년) 트로츠키가 레닌주의적 당 개념을 거부하고 당을 단순히 교육과 선전의 수단으로 보았기 때문이다. 한 부르주아 주석가가 그 당시에 트로츠키가 지녔던 견해를 요약한 것처럼, "당은 **혁명 이전** 시기 동안에는 노동자들의 조직이다. 그러나 **혁명적** 시기 동안에는 조직이기를 멈추고 노동자들 자신 — 그리고 소비에트 — 의 부속물이 된다."(B.Knei-Paz, *The Social and Political Thought of Leon*

Trotsky, p.210.) 즉, 일단 투쟁에 연루되면 프롤레타리아는 필연적으로 혁명을 향해 질주한다는 것이다. 1917년의 혁명과정에서야 비로소 트로츠키는 대중의 에너지와 열망을 권력 투쟁에 집중시키는 데 필수불가결한 혁명적 당의 역할을 인정하게 된다.

어쨌든, 레닌의 당 이론에 비추어 볼 때, 노동자 계급이 혁명적 의식에 도달하는 데, 그리고 사회주의 혁명 자체에, 불가피한 것은 아무것도 없다. 마찬가지로, 노동자 계급 지도 하에 민주주의 혁명이 사회주의 혁명으로 전화하는 것도 불가피한 사태는 결코 아니다. 1930년대 이래 노동자들 속에서 혁명적 의식의 형성을 가로막는 육중한 장애물들 가운데는 스탈린주의와 민족주의의 영향, 순전한 탄압의 중압, 제3세계에서 노동자 계급이 여타 근로대중에 비하여 소수파였고 때때로 특권적 지위를 누렸다는 사실 등이 포함된다. 그러나, 많은 제3세계 나라들의 객관적 상황은 그 나라 인민들로 하여금 근본적인 변화를 갈망하도록 이끌고 있다. 프롤레타리아와 민족 부르주아지의 취약함으로 인해 남겨진 사회적 진공은 전통적 소부르주아지와 밀접하게 연결된 인텔리겐챠에 의해 채워져 왔다. 뢰비는 이 집단이 제3세계 혁명에서 수행한 심대한 역할 — 트로츠키가 거의 예상하지 못한 상황발전 — 을 올바르게 지적한다.(pp.253~6.) 그러나 그가 "반제국주의적 인텔리겐챠"가 1917년 이후의 혁명들에 대한 지도를 통해 반자본주의 세력이 되었다고 믿은 것은 완전히 잘못되었다. 확실히 제3세계의 교육받은 중간계급은 자신들을 권력과 이윤으로부터 배제시키는 **외국** 자본과 **현지의 사적** 자본에 대해 적대적이었다. 예컨대, 카스트로가 기꺼이 전면적인 국유화에 착수한 이유를 설명해 주는 것은 바로 이러한 배경이다. 그러나 이러한 수용 — 그리고 여타의 비슷한 수용 조치들 — 은 국가를 통제하는 자들, 즉 당의 권력 독점으로부터 혜택을 입고 대중의 이름으로 지배하는 중앙 정치관료의 확대 강화를 가져왔다. 국가는 인텔리겐챠가 자신들과 사적 자본 사이의 불균형이라고 본 것을 바로잡는 동시에 자본축적의 보다 효과적인 — 보다 집중화된 것이기 때문에 — 초점을 형성하기 위한 수단 역할을 하고 있다. 바로 이것이 국제사회주의 전통에서 "빗나간 연속혁명"이라고 부른 과정이다. 이 과정에서 대중은 구체제를 타도하는 데 동원되지만, 그들 자신은 새로운, 국가자본주의 질서에 종속되는 처지에 놓이게 될 뿐이다.

고전적인 형태의 연속혁명론의 계속되는 적실성은 또 다른 문제에 부딪혀 멈칫거린다. 트로츠키가 생각한 것처럼 정말로 제국주의 시대에 부르주아 혁명의 과제는 오직 노동자 권력의 확립을 통해서밖에는 달성될 수 없는가 하는 문제가 그것이다. 트로츠키는 이 문제에 관해 아무런 의심도 가지지 않았다. "부르주아적 발전이 지체된 나라들, 특히 식민지 및 반식민지 나라들에서 연속혁명론은 민주주의와 민족해방의 성취라는 과제가 오직 종속된 민족 — 특히 그 농민 대중 — 의 지도자로서의 프롤레타리아의 독재를 통해서만 순수하고 완전한 해결을 기대할 수 있다는 것을 의미한다."(p.289.) 트로츠키가 그 가능성을 고려하지 않은 것으로 보이는 탈식민지화는 일반적으로 이러한 단언과 모순되지 않는 것으로 여겨진다. 왜냐하면 탈식민지화는 효과적인 경제력의 수단들을 서방 자본주의 나라들의 손에 그대로 남겨놓았기 때문이다. 그러나 '신흥공업국' — 브라질·대만·싱가포르·남한·멕시코·아르헨티나 등 — 의 부상은 어떻게 설명할 것인가?

로비와 에르네스트 만델 모두 이러한 발전이 연속혁명론에 대한 반박임을 부정한다.(Mandel, *Revolutionary Marxism Today*, 제2장.) 그들의 주장에는 몇 가지 타당하고 중요한 점들이 담겨 있기도 하다. 예컨대 산업화 자체가 부르주아 혁명과 같은 것이 아니라는 점, 산업화는 흔히 서방 자본의 요구에 가장 고분고분한 바로 그러한 나라들에서 일어난다는 점, 그리고 산업화는 어느 경우에든 위기에 처한 세계경제의 운명에 달려 있다는 점 등이 그것이다. 그러나 다른 문제가 있다. 예컨대, 부르주아 혁명의 과제에 대한 "완전하고 진정한 해결"이라는 관념은 오늘날의 제3세계 나라들에게 불가능하리만치 높은 기준을 설정하는 것은 아닌가? 로비는 트로츠키를 좇아서 이러한 "완전하고 진정한 해결"의 세 가지 구성부분들을 제시한다. 첫째, 전자본주의적 착취양식의 제거 — 대규모 토지 재산의 해체 등 — 라는 의미에서의 농업문제 해결, 둘째, 민족해방, 셋째, 민주공화국.(p.200.) 우리는 여기서 로비가 부르주아 민주주의 혁명을 그것의 여러 사례 중 하나일 뿐인 것 — 프랑스 대혁명 — 과 동일시하는 부주의를 범하고 있다는 느낌을 지울 수 없다. 이러한 논리적 부주의는 사실 마르크스주의의 전통에서 빈번히 행해져 온 것이라는 점에서 이해할 수 있는 일이다. 그것은 1789년의 프랑스 대혁명을 부르주아 혁명의 모델로 삼아 그 혁명의 고유한 특징들 — 왕정의 폐지, 민족 통일과 독립, 농민들에게 대토지의 분할 — 을 모든 '진정한' 부르주아 혁명의 필수적 성분들로 여기는 데서 비롯하는 것이다.

여기서 발생하는 곤란은, 뢰비가 시인하는 것처럼, 현존의 주요 자본주의 강대국들의 확립을 가져온 과정들이 이 모델에 들어맞지 않는다는 것이다. 즉, 영국 혁명의 주된 수혜자는 자신의 토지 소유권을 확고히 하고 왕정 자체가 아니라 왕만을 제거한 유사 자본가적 토지 소유 계급이었으며, 한편 독일, 이탈리아, 일본은 봉건 지주들이 구 사회의 구조들 중 많은 것을 건드리지 않고 그대로 남겨놓은 채 점차 산업 자본주의에 적응해 간, 그람시가 '수동 혁명'이라고 불렀던 것을 경험하였던 것이다. 그러나 뢰비는 그가 '고전적' 부르주아 혁명들에 대해서 적용하는 것보다 더 엄격한 기준을 제3세계에 적용하면서, "어떤 나라도 그 세 가지 혁명적 민주주의 변혁들 모두를 성공적으로 결합시키지는 못하였으며, 그 결과로서 이들 사회구성체의 핵심부에는 해결되지 못한 폭발적인 모순들이 온존되어 왔"기 때문에 오직 프롤레타리아만이 부르주아 혁명의 과제들을 "완전하고 진정으로 해결"할 수 있다는 트로츠키의 주장이 옳다고 강조한다.(p.203.) 만일 이것이 옳다면, 봉건적 농업 질서의 잔재가 금세기 전반부의 정치적 동란들을 낳는 데 중요한 요인으로서 작용한 독일, 이탈리아, 일본의 경우들에도 마찬가지로 옳다.

해당 혁명이 자본축적의 자율적인 중심을 확립하는 데 어느 정도 성공하느냐에 따라 — 비록 그 혁명이 정치질서를 민주화하는 데 또는 봉건적 사회관계를 제거하는 데 실패하더라도 — 부르주아 혁명의 성사 여부를 판정하는 것이 "완전하고 진정한 해결"이라는 형이상학적 개념에 호소하는 것보다 확실히 더 분별 있는 일일 것이다. 그 같은 과정은 순수히 경제적인 것일 수는 없는데, 왜냐하면 국민국가가 자본축적을 가능케 하는 틀을 제공하고 어느 정도까지는 직접 축적을 조직하는 역할을 수행하기 때문이다. 이러한 견지에서 볼 때, 오늘날 제3세계의 관건적인 문제는 서방 다국적 자본의 지배 하에서든 또는 토착 세력의 지배 하에서든 산업화가 이루어지는 정도에 관한 것이다. 종종 토착 세력의 의의는 과소평가되는데, 왜냐하면 대부분의 논자들이 그것을 사적 자본의 견지에서만 파악하려 하지 제3세계 산업화에서 명백히 중심적인 중요성을 갖는 국가와 연결지어 생각하지 않기 — 자유방임 경제의 진열장이라고 일컬어지는 동남아시아에 대해서조차 — 때문이다. 여기서 제기된 문제에 대한 대답은 경험적 조사연구에 의존하는 것으로서, 지금으로서는 더 깊이 논의될 수 없지만, 적어도 만델이 확신하는 것처럼 그렇게 간단하지는 않다. 뢰비는 이 점을 의식하고 있지만, 그의 교조적 트로츠키주의에 대한 신앙은 그가 현실적 문제들과 대면하는 것을 가로막고 있다.

끝으로, 오늘날의 연속혁명론에 대한 뢰비의 논의에는 결정적으로 한 가지 빠진 것이 있다. 우리는 트로츠키의 시야가 진정으로 국제적이라는 것을 알고 있다. 즉, 그는 "마르크스주의는 세계경제를 그 출발점으로 삼는다."고 분명히 지적했다. 그러나 뢰비의 책에는 그 어디에서도 제3세계 혁명들의 국제적 맥락 및 그 혁명들에 대한 국제적 제약에 관해 논의하는 곳이 없다. 세계 자본주의는 그저 어떻게 베네수엘라 또는 이집트가 그 속박으로부터 벗어나지 못했는가를 보여 주는 데 필요한 때에만 들먹여진다. 세계경제가 "프롤레타리아적 기원을 갖는 관료 국가들"에게 특정 선택을 강요하고 그들이 매우 희소한 자원을 이용하는 데 특정의 우선순위를 부과하면서 그 체제를 주조하고 왜곡시키는 측면에 대해서는 아무런 분석도 없다. 이것은 연속혁명론에 대한 연구에서 확실히 일급의 중요성을 갖는 문제인데, 왜냐하면 다음의 두 가지 이유에서 그러하다. 첫째, 트로츠키는 사회주의가 국민국가의 경계 내에서 건설될 수 있다는 생각을 논박하는 과정에서 그 이론을 일반화하였다. 둘째, 소위 '노동자 국가들'로 일컬어지는 사회들에 대해서까지 자본주의 세계경제가 행사하는 힘은 최근의 동유럽 대격변을 통한 세계경제로의 그 나라들의 거의 완전한 통합에 의해 그리고 외국 무역 및 투자에 대한 중국경제의 개방에 의해 명백하게 입증되고 있다. 이 모든 것은 연속혁명론과 그리고 세계혁명의 필수성을 확증해 주는 가장 현저한 예이다. 물론 이러한 사태 전개는 뢰비가 이 책을 쓰던 시점(1981년)의 일이 아니었다. 하지만 이미 그 시점에서도 헝가리나 폴란드 같은 코메콘 국가들의 대서방 채무는 급격히 증가하였고 세계경제에 점점 더 깊숙이 통합되어 갔으며, 중국도 외국 무역 및 투자에 부분적으로 개방되었다. 그런데 뢰비 같은 연속혁명론의 빈틈없는 수호자가 어째서 그러한 상황전개에 대해 한마디도 하지 않는지 정말 의아스러울 따름이다.

아마 그 해답은 "프롤레타리아적 기원을 갖는 관료 국가들"이 자본주의를 지양하는 데 어쨌든 성공했다는 뢰비의 믿음에서 찾을 수 있을 것 같다. 여기서 우리는 그의 책의 중심적인 약점과 만난다. 즉, 그의 고전적 마르크스주의의 칼날, 그것의 과학적 엄밀함과 프롤레타리아 혁명에 대한 확신은 그가 교조적 트로츠키주의를 받아들임으로써 무디어지고 있는 것이다. 한편으로 고전적 마르크스주의와 현실의 역사적 발전, 그리고 다른 한편으로 교조적 트로츠키주의 사이의 갈등은 뢰비를 1917년 이후 혁명들의 '프롤레타리아적' 성격 및 부르주아 혁명의 과제에 대한 그의 논의에 전형적으로 나타나는 형이상학적 모호함으로 이끈다. 사실, 뢰비는 특히 후자의 문제를 놓고 교조적 트로츠키주의의 입장이 직면하는 곤란을 잘 알고 있는데도 그것을 고수하기 때문에 순박한 교조주의자보다 더 큰 혼동에 빠져 있다. 우리를 안타깝게 하는 것은 그가 여기서 명확성 이상의 것을 잃어버리고 있다는 것이다. 청년 마르크스의 혁명이론에 대한 뢰비의 탁월한 연구는 노동자 계급의 자기 해방을 그 핵심 명제로 삼는 역사유물론이 초기 사회주의 운동을 풍미한 저 '구세주' — 외부로부터 그의 자애로운 개입이 대중을 해방시켜 줄 그 구세주 — 사상과 어떻게 결정적인 단절을 이루고 있나를 잘 보여 주고 있다고 한다. 그런 그가 다른 사회세력이 노동자 계급의 '구세주' 역할을 하면서 노동자 계급을 대신한 혁명들을 '프롤레타리아' 혁명이라고 부르는 것을 보고 우리는 비애를 느끼지 않을 수 없다.

결론적으로, 연속혁명론은 오늘날 여전히 타당성을 가지고 있다고 말할 수 있다. 두 가지 유보를 달면서 말이다. 그 첫째는 부르주아 혁명에서 프롤레타리아가 지도를 떠맡는 것이 불가피한 것은 결코 아니라는 것이다. 프롤레타리아가 그것을 수행하지 못하면, 다른 사회세력 — 특히 인텔리겐챠 — 이 그 진공을 메울 것이다. 그러나 결과는 노동자 국가가 아니라 관료적 국가자본주의이거나 아니면 제3세계에서 가장 빈번히 나타나는, 사적 자본주의와 국가자본주의의 불안정한 혼성물(앙골라, 짐바브웨, 이집트, 이란, 니카라과를 생각하라) 같은 것일 것이다. 둘째, 전에 식민지였던 국가들 가운데 일부가 자본축적의 자율적인 중심으로서 부상하는 '수동 혁명'의 과정은 선험적으로 배제되어서는 안 된다. 인도와 브라질 및 남한은 이미 그 과정이 일어난 대표적인 사례들이라고 할 수 있다. 이것은 물론 이들 나라에는 제기될 아무런 민주주의적 요구도 존재하지 않는다고 말하는 것이 아니다. 마치 1918년 이전의 독일에서 '수동 혁명'의 과정을 겪었지만 아직 효과적인 보통선거와 의회 주권체제가 성취되지 못한 상황에서 민주주의적 요구가 여전히 제기될 수밖에 없었던 사정과 다를 바가 없다. 이러한 단서를 단다고 해서 트로츠키의 주된 이론적 혁신 — 세계혁명의 시야와 불균등 결합 발전 법칙 — 이 기각되어서는 결코 안 된다. 우리가 단 단서는 또한 마르크스주의의 핵심, 즉 트로츠키의 추종자들이 그렇게도 자주 잊어버리는 노동자 계급의 자기 해방이라는 그 핵심에도 영향을 미치지 않는다.

상대적 후진국에서의 연속혁명

머리말

　20세기 초에 유럽의 사회주의 노동자 운동은 20년 동안 지속되었던 경제성장으로 말미암아 생긴 문제들과 마주치게 되었다. 그러한 성장 자체는 제국주의 시대 자본주의 경제의 발전과 연관되어 있었다. 그러한 성장 덕택에 생활수준과 환경과 노동조건, 그리고 정치활동과 노동조합 활동의 자유 등에서 노동자들에게 많은 개선책이 보장되었다. 그리고 그러한 성장은 특히, 사회주의 즉 계급 없는 사회를 향한 전진 또한 필연적이라는 엄청난 자신감과 신념을 불러일으켰다.

　그러나 그러한 사회주의 사회가 어떠한 방식으로 도래할 것인가에 관해서는 전혀 아무것도 밝혀지지 않은 상태였다. 또한, 자본주의

──────

이것은 국제사회주의자들(IS)이 1996년에 발간한 소책자에 실린 글이다.

체제 자체의 기능에 제국주의가 미친 영향 때문에 일어난 구조적 변화들에 대한 어떤 체계적인 분석이 이루어졌던 것도 아니었다. 더구나 사회주의 성취 방법에 관한 그러한 논의들은 대중적 기반을 지닌 각국 사회민주당들이나 노동조합들의 일상 활동과는 더욱 관계가 없었다. 그러한 조직들의 일상 활동은 거의 전적으로 선거운동 준비와 임금인상과 그 밖에 노동자 계급의 다른 정치적·경제적 당면 요구들을 위한 투쟁 준비에 집중되었다.(벨기에나 오스트리아 같은 나라들에서는 특히 보통선거권 요구를 위한 투쟁이 중심 활동이었다.)

《사회주의의 전제조건들과 사회민주당의 임무》라는 베른슈타인의 책이 유발한 수정주의 논쟁의 충격은 바로 이러한 역사적 맥락에서 이해해야 한다. 그 책에서 베른슈타인은 많은 사회민주주의 활동가들과 지도자들이 본능으로 느끼고 있던 것을 설명해 놓았다. 즉, 운동의 이론적 사고와 장기적 전망은 일상의 실천과 서로 조화되지 않고 있다는 사실이었다. 그는 이 모순을 기존의 실천에 대한 일종의 합리화를 통해 이론과 전망을 수정함으로써 해결하려 했다. 지도부의 주된 조류(중도주의)는 자신들이 지니고 있던 온갖 모순된 태도들과 더불어 현상 유지에 급급했다. 즉, 일상 활동에서는 개량주의적 실천을 하는 동시에 이론으로는 자본주의의 종말론적 '붕괴'라는 모호한 혁명적 전망을 가지고 있었던 것이다.

돌이켜보건대, 제1차 세계대전 이전 노동운동 내부의 세 가지 주된 경향들 가운데 중도파 경향(카우츠키와 아들러 등)이 살아남을 수 있는 기회가 가장 희박했던 것임은 명백한 일이었다. 이 경향이 다른 두 경향 — 즉, 개량주의와 혁명적 사회주의 — 보다 우세할 것이냐는, 공황과 전쟁으로 나아가고 있던 제국주의 체제와 더욱더 힘과 자신감을 얻어가고 있던 노동계급 사이의 유지하기 어려운 균형을 그들이 감당할 수 있느냐에 달려 있었다 — 그것도 다음과 같은 조건들과 결부되어서 말이다. 즉, 공황에 의해서도 이 균형이 깨지지 않아야 하며, 자본가 계급이 노동운동을 결정적으로 도발하지 않음과 동시에 노동자 계급도 자본주의에 정면으로 도전하지 않아야 하고, 그러면서도 계급간의 타협이야말로 정면충돌을 피하는 방법이라는 주장을 이론으로나 정치로나 승인하지 않아야 한다. 이 조건들은 완전히 비현실적인 것들로서, 그 가운데 어느 하나도 실제로는 성립할 수 없었던 것이다.

한편, 자본주의 체제의 점증하는 모순들이 노동자 계급의 중요한 부분을 급진화시켜 최종 폭발점에 도달하지 않는 경우에만, 다시 말해서 전쟁이나 혁명이 터지지 않는 경우에만, 베른슈타인과 밀랑을 추종하던 수정주의자들은 자신들이 여유 있게 득세하리라는 희망을 가질 수 있었다. 오직 이 경우에만, 자본주의가 점진적으로 변화되리라는 생각과 따라서 개량주의적 실천이 실질적이고 지속적인 성과들과 더불어 무한정 연장될 수 있다는 생각이 대다수 노동자들에게 사회체제의 변화를 위한 가장 안전하고 가장 실질적인 최상의 길로서 받아들여질 수 있었다.

제정 러시아와 일본 사이의 전쟁 동안(러일전쟁: 1904년 2월~1905년 8월)과 바로 그 뒤에 일어난 제1차 러시아 혁명은 노동자 운동으로 하여금 금세기의 두 가지 기본적인 현실들과 급작스럽게 맞부닥치게 했다. 즉, 전쟁과 혁명은 광적인 과격파들의 환상이 아니라 현실의 가능성으로 대두되었던 것이다. 그런데 베른슈타인의 수정주의는 그러한 현실을 피할 수 있으리라는 희망을 갖고 있었다.

1905년 러시아 혁명은 34년 전에 일어난 파리코뮌 이후에 나타난 최초의 생명력 있는 혁명이었으며, 이 혁명의 경험으로부터 "사회주의자들은 어디로 가야 하는가" 하는 질문에 대한 제3의 대답이 나타났다. 그리고 이 대답은 베른슈타인의 수정주의나 카우츠키 같은 정통 마르크스주의자들의 숙명론적인 결정론과도 다른 것이었다.

이러한 제3의 대답은 처음에는 전적으로 러시아 상황에만 국한되어 있던 레닌의 볼셰비즘, 트로츠키의 연속혁명론, 그리고 로자 룩셈부르크의 대중파업론이라는 세 가지 주된 '변종'들이었다. 그러나 이 '변종'들이 새로운 강령과 새로운 전략 개념으로 종합되기 위해서는 1905년 혁명보다도 훨씬 더 충격적인 경험들 — 제1차 세계대전, 러시아 10월 혁명의 승리, 1918년 11월부터 1919년 1월에 걸친 독일 혁명의 패배 — 이 필요했다. 그리고 이렇게 종합된 혁명적 마르크스주의의 강령과 전략은 1919년부터 1922년까지 코민테른의 처음 네 번 대회들에서 채택된 각종 문건들 속에 표현되어 있다.

트로츠키는 마르크스주의가 그 사상과 실천에서 이처럼 거대한 발전을 하는 데 필수적인 공헌을 했다. 그리고 이 글은 그러한 공헌들 가운데 주요한 것들만을 골라서 소개한 어떤 프랑스어 저작을 번안한 것이다. 트로츠키의 공헌들은 그의 정치적·지적 발전의 각 단계마다 더욱더 정교화되고 서로 유기적인 관련을 지니게 되었다. 이 같은 과정들을 특징짓는 사건들 가운데 주요한 것만 열거하면 다음과 같다. 1917년 볼셰비키 당에 입당하기로 한 결정, 브레스트리토프스크(Brest-Litovsk) 강화조약과 적군의 창설과 코민테른 창립에서 한 역할, 소련에서 관료의 등장과 코민테른의 타락에 맞선 투쟁, 파시즘의 부상과 제2의 제국주의 전쟁에 맞선 투쟁.

마르크스주의 사상의 발전에서 트로츠키가 행한 공헌들을 차례로 펼쳐감에 따라서, 우리는 거기서 다름 아니라 바로 우리 시대의 모든 근본적인 추세들에 대한 일관된 설명을 제시하려는 시도, 즉 **20세기를 설명하려는 시도**를 발견하게 될 것이다. 따라서 이 글에서는 연대기적인 순서가 아니라 논리적인 순서에 따라서 트로츠키의 사상을 소개해 나갈 것이다. 더욱이 이 글은 그의 전기가 아니라 그의 독창적인 사상들 가운데 일부에 대한 분석이기 때문이다.

우리는 절대로 오류가 없는 천재적인 인간 같은 것은 있을 수 없다고 믿는다. 또한 절대로 오류가 없는 당이나 중앙위원회 또는 지도자나 지도부가 존재할 수 있으리라고도 믿지 않는다. 트로츠키 역시 오류를 저질렀으며, 그 오류들은 우리가 분석해 나가는 동안에 언급하게 될 것이다. 그러나 오늘날 우리는 트로츠키의 영향력이 세월의 흐름에 따라 끊임없이 증대해 갈 것이라는 것을 40여 년 전 우리 선배들이 혁명적 마르크스주의를 위한 정치적 투쟁을 시작하던 당시보다도 훨씬 더 확신하게 되었다.

1. 상대적 후진국에서의 사회주의 혁명

일반으로, 정통 마르크스주의는 상대적 후진국 — 동유럽과 남유럽의 나라들, 그리고 아시아와 라틴 아메리카의 나라들 ― 을 다음과 같은 마르크스의 유명한 공식에 비추어 분석했다. 즉, 더 선진적인 나라들은 더 후진적인 나라들에게 그들의 고유한 발전 모습을 마치 거울처럼 비추어 준다는 것이다. 정통 마르크스주의는 이 공식으로부터 사회주의 혁명은 우선 선진국에서 일어날 것이며 선진국의 프롤레타리아트는 더 후진적인 나라들의 프롤레타리아트보다 훨씬 앞서서 권력을 장악하게 될 것이라는 결론을 내렸다. 후진국에서는 ― (반)식민지뿐 아니라 러시아나 스페인 같은 나라에서도 ― '민주주의 혁명'이 일어날 것이며, 그러한 혁명은 비록 과거의 부르주아 민주주의 혁명을 정확히 재현하는 것은 아닐지라도 부르주아 민주주의 공화국의 수립으로 귀결된다는 것이었다. 그리고 단지 그러한 공화국이 수립될 경우에만 노동자 운동은 자본주의의 가속된 발전에 기초해서 부르주아 지배계급의 권력에 도전하는 데 필요한 힘을 끌어모을 수 있다는 것이다.

어떤 마르크스주의자도 이러한 기본 가정, 즉 후진국에서 일어날 혁명이 해결해야 할 객관적 과제들은 전통적인 부르주아 민주주의 혁명의 과제들과 비슷하거나 아니면 완전히 똑같을 것이라는 가정을 의심하지 않았다. 결국, 후진국 혁명이 해결해야 할 과제는 다음과 같은 것들이라는 것이었다 ― 즉, 절대주의나 전제주의 독재의 타도, 민주주의적 자유들과 보통선거, 그리고 정당과 노조의 자유로운 활동 보장, 농촌에서(특히 지주와 귀족 계급이 소유한 대영지에서) 조세제도 등의 봉건·반봉건적 잔재 제거, 국내시장의 통합(농업혁명과 아울러 이 과제는 국가산업의 신속한 발전 및 완전한 근대화를 위한 전제조건으로 여겨졌다), 외국 자본에 대한 종속적 조건들의 청산(국민국가의 독립이 형식으로조차 존재하지 않았을 경우에는 이 과제가 바로 최우선의 과제였음은 자명한 일이었다), 그리고 역사에 의해 결정된 한 국가의 국경 안에서 현재 살고 있는 소수민족 문제를 해결하는 것.

이 과제들을 완결하기 위한 방법에 관해서는 마르크스주의자들 사이에 많은 이견들이 있었다. 그러나 혁명을 통해 착수해야 할 가장 시급한 당면 과제들이 바로 그러한 것들이라는 점에 대해서는 일반으로 동의하고 있었다. 결국 혁명의 과제는, 예를 들자면, 산업의 전반적인 사회화 같은 것은 결코 아니라는 얘기였다.

그런데, 다가올 혁명의 과제에 대한 이 같은 규정은 통상, 그러한 혁명에 내포되어 있는 정치적 문제들에 대한 평면적이고 지극히 기계적인 접근방식과 결합되어 있었다. 이러한 사고방식 때문에 위에서 우리가 언급한 전제들로부터 곧바로 형식논리적인 방식으로 다음과 같은 일련의 결론들이 도출될 수밖에 없었다. 즉, 당면한 부르주아 민주주의적 과제들 때문에 혁명은 부르주아 민주주의적일 수밖에 없다. 그리고 혁명의 이러한 부르주아 민주주의 성격 때문에, 노동자 계급과 노동자 당이 부르주아지와 그들의 정당을 대체해서 혁명의 주도권을 잡을 수 없다. 부르주아지를 대체하는 것이 불가능하기 때문에, 프롤레타리아 당(당시에는 통상 사회민주당이라는 이름으로 불렀다)의 전술은 1일 8시간 노동제, 파업과 노조 결성의 자유 같은 문제들과 관련된 노동자들의 특수한 요구들을 옹호하는 반면, 부르주아지를 겁먹게 해서 반혁명 진영으로 넘어가게 만들 수 있는 어떠한 과도한 행동도 조심스럽게 자제해야 한다. 부르주아지가 반혁명 진영으로 넘어갈 경우 혁명은 틀림없이 패배하고 말 것이기 때문이라는 것이다.

이러한 기계적 접근방식을 가장 명확하게 대변했던 것은 러시아 마르크스주의의 시조인 플레하노프였다. 그러나 그것은 점차 1905년 러시아 혁명 동안과 그 직후 몇몇 러시아와 폴란드 및 독일의 마르크스주의자들로부터 호된 비판을 받았다. 그들은 마르크스 자신도 1848년 이래로 독일 부르주아지가 진정한 부르주아 혁명을 지도할 수 있을까 하는 데 회의를 품었다는 사실을 상기시켰다. 그로부터 58년이 지난 지금, 부르주아지의 그러한 능력은 훨씬 더 축소된 것이 아닐까? 그리고 1789년 프랑스 대혁명 자체도, 부르주아지를 대체해서 혁명 과정의 선두에 선 프티부르주아 자코뱅 지도부의 존재가 바로 승리의 선행조건이 아니었을까? 그런데 지금 러시아나 폴란드 또는 스페인의 경우 도대체 어떤 세력이 과거 프랑스의 자코뱅과 비견될 수 있다는 말인가? 보수적이며, 무장봉기를 지도하기는커녕 바리케이드를 구축할 용기마저도 없는 전통적인 자유주의 부르주아 정치가들은 확실히 그러한 세력이 될 수 없지 않은가.

후진국의 발전에 관한 논쟁과 트로츠키의 주장

이 같은 반론은 아주 다양한 사상가들로부터 제기되었다 — 파르부스, 레닌, 카우츠키, 로자 룩셈부르크, 프란츠 메링 그리고 트로츠키. 그런데 트로츠키는 세 가지 체계적인 고찰을 통해서 이러한 반론을 좀더 보안했다. 그의 고찰은 상대적으로 후진적인 자본주의 국가들의 사회·경제적 성격에 대한 뛰어난 통찰을 보여주고 있다.

우선, 트로츠키는 외국 자본의 상대적 영향 때문에 현대 프롤레타리아트는 그 비율로 보아 소위 "민족 부르주아지"보다 훨씬 더 강력하게 되는 경향이 있다는 사실을 강조했다. 왜냐하면 프롤레타리아트는 "민족" 자본뿐 아니라 외국 자본에도 고용되기 때문이라는 것이다. 민족 부르주아지는 자신들에게 불리한 이러한 정치·사회적 세력관계를 잘 알고 있으며, 또한 바로 이 객관적 이유로 그들은 혁명을 마치 죽음처럼 두려워한다는 것이다. 따라서 트로츠키는 부르주아지가 반혁명 진영으로 넘어가 버리지나 않을까 하는 두려움 때문에 프롤레타리아트가 자신들의 요구를 자제하는 관대한 모범을 보인다는 것은 전혀 무의미하다고 결론짓는다. 그 나라의 정치 발전을 좌우하는 특정한 세력관계가 존재하고 있는 이상 프롤레타리아트의 전술과는 관계없이 자본가들은 어쨌든 반혁명 진영으로 넘어간다는 것이다.

둘째, 20세기의 여러 조건들로 보아 대지주와 자본가 사이의 관계는 16~18세기에 존재하던 관계나 심지어 19세기 초반에 존재하던 관계와도 전혀 다르다는 것이다. 이제 대토지는 신용, 은행, 고리대, 공동소유권 등을 통해서 자본과 밀접히 연결되어 있다. 더구나 상당수의 부르주아지가 이미 전체 농경지 가운데 많은 부분을 소유하고 있는 이상, 급진적 농업개혁 — 그것이 비록 진정한 농업혁명, 즉 일종의 현대판 농민반란이 아니라 할지라도 — 은 부르주아지의 경제적 이익뿐 아니라 그들의 사회적·정치적 이익에도 타격을 가하게 될 것이다. 지주들에 대한 어떠한 공격도 생산수단의 사적 소유 일반에 대한 도전을 촉발하게 될 것이다. 즉, 사회주의의 유령을 불러일으키는 것이 될 것이다. 따라서 상대적 후진국의 부르주아지는 참다운 급진 농업개혁을 완수할 수 없으며 또한 그럴 의사도 없다. 그리고 이미 이 사실만 보더라도, 상대적 후진국에서 부르주아지의 지도에 머물게 될 혁명은 그것이 어떠한 것이든 간에 패배로 귀결될 것임이 확실하다.

끝으로, 트로츠키는 외국 자본의 엄청난 비중 — 당시에는 주로 영국·독일·프랑스·이탈리아·네덜란드·벨기에·오스트리아의 자본이 지배적이었으며, 미국과 일본 자본 역시 비록 부차적인 위치로나마 새롭게 대두되고 있었다 — 과 세계시장에서 제국주의 국가들의 산업이 점하고 있는 압도적인 우위를 고려해 볼 때 — 즉 이러한 제국주의 시대에 — 러시아나 폴란드 또는 터키 같은 나라들이 충분히 자본주의 산업을 발전시킬 수 있을 만한 자리가 세계시장에 아직 남아 있을까 하는 질문을 해볼 수밖에 없었다(그리고 이러한 사정은 브라질·인도·중국의 경우에는 더 말할 나위도 없었다). 상대적 후진국이 이처럼 자본주의의 틀 안에 머물러 있는 한 완전한 공업화와 근대화를 이룩할 가능성은 없는 것처럼 보였다. 더구나 제국주의 시대에 자본주의의 틀이라는 것은 외국 자본의 압력과 선진 자본주의 국가들에서 생산된 상품과의 경쟁을 뜻하기 마련이었다. 따라서 농업혁명의 부재와 선진국들이 지배하는 세계시장으로의 편입이라는 이 두 조건은 서로 결합되면서 해당 국가의 철저한 공업화를 이룩하려는 모든 시도에 엄격한 제약을 가하기 마련이었다 — 비록 그러한 시도를 반드시 실패로 끝나게 만들지는 않는다 하더라도 말이다. 러시아

·터키·브라질·중국·인도는 독일·이탈리아·오스트리아나 심지어 일본이 거쳐 온 자본주의 발전의 길을 다시 반복할 수는 없었다. 왜냐하면 세계 자본주의 시장에는 새로운 공업 강국들을 위한 자리가 더 이상 없었기 때문이다. 이 모든 것은 새로운 진정한 역사법칙, 즉 불균등·결합 발전의 법칙에 대한 발견으로 이어졌다.

여기서 트로츠키 자신의 표현을 인용해 보자. "역사 발전 과정의 가장 일반적인 법칙인 발전 리듬의 불균등성은 후진국의 운명에서 가장 첨예하고 가장 복합적으로 나타난다. 외부적인 필연성의 채찍질 아래서 후진적인 문화는 도약적인 방식으로 전진하도록 강요받는다. 따라서 발전 리듬의 불균등성이라는 보편 법칙으로부터 또 다른 법칙이 도출되는데, 적당한 명칭이 아직 없기 때문에 우리는 그것을 결합 발전의 법칙이라 부르겠다. 즉, 다양한 단계들의 결집, 상이한 국면들의 결합, 낡은 형태들과 가장 현대적인 형태들의 융합 등을 뜻하는 것으로서 말이다."

인민주의자들과의 논쟁이라는 절박한 필요성 아래 저술한 책인 《러시아에서 자본주의의 발전》에서 레닌은 그러한 발전의 "고전적"이고도 "유기적"인 측면을 강조한 반면, 트로츠키는 이와는 대조적으로 러시아 발전의 특수성을 강조했다. 러시아 자본주의의 "유기적" 발전이 아직 유아기에 있던 시기에, 그리고 상품생산을 목적으로 하는 장인과 소자본가 계급이 경공업 분야에서 막 형성되고 있던 시기에, 국가와 외국 자본의 합작을 통해서 많은 대규모 중공업들이 후진적인 러시아 경제에 이식되었다. 그리고 대다수 임금 생활자들은 이 분야에 집중되었다. 러시아에서 발생한 사건들을 이해하려면, 그

가운데서도 특히 1905년과 1917년 사건을 이해하려면, 먼저 경제발전의 후진적 형태들과 최신 형태들 사이의 이러한 **결합**을 파악하는 것이 필수적이다.

연속혁명론의 기초를 정식화한 트로츠키

레닌과 로자 룩셈부르크 — 카우츠키나 프랑츠 메링과 마찬가지로 — 는 러시아에서의 혁명이 부르주아지의 지도 아래서 성공할 가능성은 별로 없다는 점에 대해서 트로츠키와 의견을 같이했다. 그러나 레닌은 트로츠키의 셋째 고찰, 특히 결합 발전에 대해서는 동의하지 않았다. 그리고 로자 룩셈부르크는 — 카우츠키와 마찬가지로 — 그 점에 대해서 명쾌한 태도를 표명하는 것을 주저했다.

이러한 차이는 정치적으로 중요한 결과를 낳았다. 레닌은 러시아 사회민주당 — 정식 명칭은 러시아사회민주노동당(RSDLP) — 의 임무는 잠재적으로 반혁명적인 부르주아지를 혁명 과정의 선두에서 배제하고 프랑스 대혁명 당시 자코뱅이 했던 것과 유사한 역할을 할 수 있는 어떤 다른 사회·정치세력들을 그 자리에 대체하는 것이라고 보았다. 그러나 이러한 혁명 세력들은 부르주아지를 대체하고 또한 그들을 정치적으로 분쇄하는 반면 러시아 자본주의 발전의 길을 새롭게 열어 줄 것이라는 것이었다. 그리고 그것은 프러시아형(型)의 농업에 기초를 둔 자본주의가 아니라 아메리카형(型)의 농업에 기초를 둔 자본주의일 것이다. 즉, 다수의 독립 자영농들이 공산품을 위한 대규모 국내시장을 형성시켜 줄 것이며, 그것은 러시아 공업으로 하여금 이미 자리가 다 차 있는 세계시장에서 경쟁하도록 강요할 것이라는 것이다.

　정치적 실천이라는 점에서 볼 때, 이러한 것은 필경 노동자 당과 급진적인 농민의 당이 동맹한 혁명 지도부(정부)를 수반하는 것이었다. 즉, 프롤레타리아 독재뿐 아니라 부르주아 독재와도 다른 "노동자와 농민의 민주주의 독재"라는 저 유명한 공식 말이다. 그러나, 그러한 독재로부터 — 즉, 그러한 혁명정부로부터 — 탄생하게 될 국가는 부르주아 국가일 것이며, 승리한 혁명으로부터 발전하게 될 경제는 자본주의 경제일 것이다. — "혁명은 단계를 건너뛸 수 없다."

　매우 대담하게도 청년 트로츠키는 이러한 입장에 내재해 있는 모순들과 부적합성을 단숨에 해결한다. 그는 레닌과 마찬가지로 혁명에서 농민이 어떤 중요한 역할을 할 것이라는 점을 강조했지만, 그와 동시에, 농민은 프롤레타리아트나 부르주아지에 대해서 정치적으로 독립적인 역할을 할 수 없을 것 — 특히 혁명의 시기에! — 이라고 하면서 레닌의 입장을 예리하게 비판했다. 본질적으로 트로츠키는 농민의 이러한 정치적 독립성의 결여에 대한 원인을 그들이 분산되어 있고 소자산가이며 소규모 상품 생산자로서 자본과 노동 사이에서 유동적이라는 사실에서 찾았다. 즉, 농민 계급의 사회적 이질성으로 말미암아 하층은 끊임없이 프롤레타리아나 반(半)프롤레타리아로 몰락해 가는 반면, 상층은 항상 노동력을 착취하는 농업 자본가들의 편으로 넘어간다는 것이다.

　산업 자본주의의 출현 이후 일어난 근대의 모든 혁명들의 역사적·정치적 경험 전체가 이러한 분석의 타당성을 이미 완전한 사실로 입증했다. 소위 말하는 농민 정당과의 연합은 항상 부르주아지와의 연합으로 될 위험이 있었다. 즉, 전통적인 멘셰비키적 전술이 내포하고 있는 바로 그 함정을 수반할 위험이 있었던 것이다. 그런데 레닌과 볼셰비키가 피하고자 한 것은 바로 그러한 함정이었다("자유주의" 부르주아지와의 연합을 배제할 필요성에 대해서는 레닌과 트로츠키 사이에 완전한 동의가 이루어져 있었음은 물론이다). 오직 혁명의 전개 과정을 통해서 사회민주당이 농민에 대한 정치적 헤게모니를 획득하고 농민 대중을 동원할 수 있을 때만, 또한 농민 봉기들을 **노동자 계급의 지도** 아래 결집시킬 수 있을 때만, 혁명의 역사적 과제들이 완전히 달성될 수 있었다.

다시 말해서, 상대적 후진국에서 혁명의 전개 과정을 특징짓는 여러 사회·정치세력들 사이의 상호관계는 혁명이 오직 프롤레타리아트의 지도 아래서만 성공할 수 있게끔 만들었다. 러시아·스페인·중국·터키·인도·브라질 등지에서는 오직 노동자 계급의 당만이 프랑스 대혁명 당시 자코뱅이 했던 역할을 담당할 수 있었던 것이다.

파르부스나 레닌과는 반대로, 트로츠키는 일단 국가권력을 쟁취한 노동자들이 충분히 자제력을 발휘하여 여전히 자본가들이 이전처럼 자신들을 착취하도록 놔두면서, 자신들의 고유한 계급적 요구들의 옹호를 단지 즉각적인 민주주의적 요구들을 위한 투쟁으로 한정시킬 수 있으리라고 생각하는 것은 전적으로 비현실적이라는 점을 명확히 지적했다.

트로츠키는 파르부스나 레닌처럼 그의 입장과 가장 가까우면서도 여전히 최종 결정을 내리는 것을 거부하는 이들에게 다음과 같은 식으로 이야기했다. "상황을 좀더 명확히 상상해 보시오. 그러면 당신은 비단 전제주의뿐 아니라 노동자들을 착취하는 부르주아지를 위시한 모든 보수적 정치세력들에 대해서도 이제 막 최상의 승리를 거둔 노동자 계급을 보게 될 것이오. 이 노동자 계급은 국가권력을 쟁취한 것이오. 이들은 이제 막 혁명정부를 세우고 국가를 통치하고 있습니다. 이들은 무장하고 있으며, 자신들이 지니고 있는 사회·정치적인 힘에 대한 자신감으로 넘쳐 있습니다. 그런데도 이들이 그 다음날 조용히 공장과 작업장으로 되돌아갈 것이라니! 상대적 후진국에서 이전부터 지금까지 여전히 계속되고 있는 저임금·장시간 노동 착취를 생각해 보시오. 이들 노동자 계급이 무장해제된 자본가들에게 착취당하는 것을 고분고분 응할까요? 즉, 이들이 공장 밖에서는 나라를 통치하지만 공장의 철책 안에서는 부르주아지에게 복종한다는 것에 동의할까요? 이들의 삶 가운데 가장 길고도 고통스러운 부분을 차지하는 것이 바로 공장에서의 생활인데 말입니다! 그런데 몇몇 관념론자들이 단지 이들에게 '우리 나라는 아직 사회(주의)화를 실행할 수 있을 정도로 성숙되어 있지 못하다' 하고 말한다 해서 이들이 그러한 것들을 감수할 것이란 말입니까? 정치적으로 승리한 계급의 편에서 본다면 그러한 자제, 그러한 자기 거세야말로 전적으로 가당치 않은 일이 아닙니까."

따라서 러시아나 그와 유사한 나라들의 경우 혁명의 승리에 "단계"라는 것은 결코 존재하지 않을 것이다. 혁명은 농민의 지지에 기초한 프롤레타리아 독재를 이룩함으로써만 승리할 수 있다. 그리고 바로 그 같은 독재는 "일국" 내지는 "국제적"인 자본주의의 틀 안에 머무르지 않을 것이다. 상대적 후진국의 프롤레타리아 독재는 부르주아 민주주의 혁명의 전통적인 과제들에서 사회주의 혁명의 핵심 과제들로 연속적으로 전환해 갈 것이다. 특히, 자본가 계급의 수중에 있는 생산수단들의 사회화로 나아갈 것이다. 요컨대, 사회주의 사회의 건설이라는 과제를 즉시 시작할 것이다. 바로 이상과 같은 내용이 1905~1906년 이래로 트로츠키가 정식화한 연속혁명론의 가장 중요한 첫째 테제였다.

그러나 만일 프롤레타리아트가 국민 전체에 대한 지도력을 얻지 못한다면 혁명은 패배할 것이며 반혁명이 득세할 것이다. 그리고 반혁명이 승리할 경우, 그 나라의 완전한 근대화와 산업화에 대한 모든 희망은 한낱 공상으로 바뀔 것이다.

프롤레타리아트가 자제해야 한다는 주장이 비현실적이라는 트로츠키의 반박은 훗날 예기치 못한 상황에서 입증된다. 볼셰비키가 1917년 10월 혁명을 통해 권력을 쟁취했을 때, 그들은 용의주도하게 마련된 국유화 계획안을 시행하려 했다. 즉, 먼저 일정 기간 노동자 통제를 전반적으로 선행함으로써 노동자들로 하여금 기업들을 관리하는 법을 배우게 만들고, 그 다음에 공업·금융·수송·도매업 등의 분야에서 단계적으로 차례차례 국유화를 시행할 생각이었다. 이처럼 치밀하게 준비된 계획안은 산산이 부서지고 말았는데, 그것은 단지 부르주아지가 소비에트 권력에 맞서 내전을 일으켰기 때문만은 아니었다. 자신감에 충만해 있던 노동자들은 더 이상 자본가들의 착취와 오만, 명령과 사보타주 등을 참을 수 없었던 것이다. 노동자들에 의한 공장 점거는 확산되어 가기 시작했으며, 결국 삶은 — 계급투쟁은 — 현명하게 미리 고안된 도식대로 통제될 수 없다는 것이 입증된 것이다.

레닌도 마침내 트로츠키의 입장을 받아들이다

상대적 후진국에서 노동자 계급이 부르주아지보다 "앞서서" 그리고 부르주아지를 "대체해서" 권력을 쟁취할 수 있다는 생각은, 러시아와 그 밖의 유럽 나라들의 마르크스주의자들 거의 모두에게 정신 나간 환상으로 여겨졌다. 러시아 노동자들이 엄청난 혁명적 의지와 활력을 보여 주었으며 대담성에서도 코뮌 당시의 파리 노동자들을 훨씬 능가했던 1905년 봉기 이후에도 그러한 사정은 마찬가지였다. 연속혁명론은 트로츠키의 가장 가까운 동료들과 협력자들을 제외하고는 거의 반향을 불러일으키지 못했다. 그리고, 비록 로자 룩셈부르크가 트로츠키의 입장에 가장 가까이 접근했다는 것은 사실이지만, 이 위대한 혁명가조차도 자신의 생각으로부터 도출되는 논리적 귀결 앞에서는 물러섰으며, 러시아에서 프롤레타리아 독재가 사회주의 정책을 시작할 것이라는 전망을 받아들이기를 거부했다.

특히 레닌은 이러한 개념을 받아들이지 않았다. 혁명의 전개 과정 내내 부르주아지를 비판적으로 지지한다는 멘셰비키의 계획을 집중적으로 공격하면서도 레닌은 간혹 연속혁명론도 조롱거리로 만들었다. 그러나 레닌이 1917년 혁명 이전에 트로츠키의 《평가와 전망》(1906)을 읽어보지 못했다는 것은 틀림없는 사실이다. 트로츠키의 연속혁명론에 대한 레닌의 비판도 사실은 멘셰비키가 — 마르토프 등이 — 트로츠키에게 가한 비판들로부터 간접 인용된 구절들에 의거한 것이었다. 그 좋은 예가 1917년 '4월 테제' 발표 후 볼셰비키 당

내의 반발을 무마하기 위해 레닌이 작성한 '4월 테제에 대한 설명'(레닌, 《전집》, 제24권)에서도 나타난다. 여기서 레닌은 자신의 입장과 트로츠키의 입장과의 차이를 해명할 목적으로, 자신의 테제는 '차르타도, 노동자 정부 수립'이라는 트로츠키의 구호와는 구별되는 것이라고 설명하고 있다. 그러나 실상 이 구호는 트로츠키의 것이 아니라 1905년 당시 파르부스가 제시한 것이었다. 그리고 레닌이 트로츠키의 연속혁명론을 비판할 때도 정확히 그 이론의 내용을 문제삼은 것은 아니었다. 레닌의 비판은 트로츠키가 1916년까지 줄기차게 주장해 온 '볼셰비키와 멘셰비키의 단결'이라는 내용의 이론적 배경을 이루고 있는 것이 바로 이 연속혁명론이 아닌가 하는 의심에 초점을 맞추고 있었다.

레닌은 부르주아 민주주의 혁명, 즉 러시아에서 자본주의 발전의 길로 통하는 농업혁명 단계가 필수적이라는 생각에 집착하고 있었다. 이러한 단계에 도달한 다음에야 사회주의 단계에 대한 문제가 제기될 수 있다는 것이었다. 레닌은 아주 직접적이고도 명확하게, 다가올 혁명은 부르주아 혁명이라고 규정했다. 즉, 그 혁명이 수립할 정치 체제는 민주 공화국이며, 그것의 사회·경제적 내용 역시 자유 자본주의 경영 방식의 자영농들에 기초한 자본주의의 제약 없는 발전이 될 것이라는 것이었다. 1905년부터 1916년 사이에 볼셰비키가 강령으로 채택한 "프롤레타리아트와 농민의 민주 독재"의 목표는 바로 위와 같은 정치적 과제와 사회·경제적 과제의 결합을 실현하는 데 있었다. 볼셰비키의 중핵들은 이러한 노선에 입각한 교육을 받았는데, 그것은 장차 1920년대와 그 이후에, 태어난 지 얼마 안 되는 후진국의 공산당들 속에서 많은 혼란을 일으키게 된다. 트로츠키조차도 러시아를 특별한 경우로 여기는 경향을 보였으며, 비로소 1927년 중국 혁명을 보고 나서야 정치권력의 쟁취가 실제로 가능할 수 있을 정도로 프롤레타리아트가 이미 충분한 힘을 지니고 있는 상대적 후진국에 대해서 연속혁명이라는 테제를 일반화시켰다.

레닌과 로자 룩셈부르크로 하여금 전에 그들이 보였던 망설임을 극복할 수 있게 만들어 준 것은 바로 러시아의 1917년 2월 혁명이었다. 2월 혁명 직후에 구성된 최초의 볼셰비키 지도부(카메네프, 몰로토프, 스탈린)는 이전의 낡은 공식들에 집착하려는 경향을 보였으며, 멘셰비키와의 통합과 임시정부에 대한 비판적 지지를 고려하고 있었다. 그러나 볼셰비키 당 내 선진 노동자들의 열광적인 지원을 얻은 레닌은 그의 '4월 테제'를 통해서 "모든 권력을 소비에트로"라는 목표, 즉 프롤레타리아 독재의 확립이라는 목표로 향하는 전환을 이룩한다. 레닌은 러시아 혁명의 역학에 관한 문제에서 "트로츠키주의자"가 된 것이다. 그리고 바로 그 순간에 트로츠키는 조직 문제에서 "레닌주의자"가 되고 있었다.

그의 오랜 동지들을 설득하기 위해서 레닌이 몇몇 애매모호한 표현들을 사용한 것은 사실이다. 그리고 그러한 표현들을 근거로 해서 훗날 그의 아류들은 러시아 혁명에서 두 개의 단계가 존재했다는 주장을 하게 된다. 즉, 전제정을 붕괴시키고 부르주아 민주주의 공화국을 수립한 2월 혁명이 그 첫째 단계이며, 노동계급이 권력을 쟁취한 10월 혁명이 바로 그 둘째 단계라는 것이다. 그러나 레닌이 여전히 연속혁명론을 배척하고 있었다는 증거로서 그 당시 그의 애매모호한 표현들을 인용하는 것은 전적으로 사기행위와 하등 다를 바 없다.

아무도 2월 혁명이 부르주아 민주주의 혁명의 역사적 과제들, 그 중에서도 특히 급진 농업개혁을 실현시켰다는 주장을 진지하게 할 수 없을 것이다. 만일 그러한 농업개혁이 실제로 이루어졌다면, 10월 혁명은 결코 승리할 수 없었을 것이다. 왜냐하면 노동계급은 국민의 대다수로부터 고립되었을 것이기 때문이다. 10월 혁명의 승리가 가능할 수 있었던 것은, 트로츠키가 예견했던 대로, 오직 승리한 프롤레타리아트만이 ― 승리한 부르주아지가 아니라 ― 농민에게 토지를 분배해 줄 수 있었기 때문이다. 이러한 확고한 물질적 토대 위에서 ― 그리고 오직 그 위에서만 ― 노동자 국가에서의 프롤레타리아와 농민의 동맹이라는 것을 설정하는 것이 가능했다.

"프롤레타리아와 농민의 민주주의 독재"가 실제로 러시아에서 실현된 적이 있다는 주장은 더더구나 할 수 없다(그러한 체제로 말하자면 다른 어떤 나라에서도 이루어진 적이 없다). 2월 혁명 이후에 구성된 임시정부가 그러한 민주 독재와는 전혀 별개의 것이었음은 틀림없는 사실이다. 그것은 오히려 부르주아지와 사회민주당의 타협주의자들 간의 연합이라는 멘셰비키의 전통적인 계획과 일치하는 것이다. 그리고 10월 혁명에 의해 탄생한 혁명정부 역시 그러한 민주 독재는 결코 아니었다. 그것은 프롤레타리아 독재였던 것이다. 역사는 러시아 혁명의 동학에 관한 한 모든 점에서 트로츠키가 옳았음을 입증했다.

1917년 3~4월 이후에 레닌은 적어도 두 가지 핵심 문제에서는 극히 명확한 태도를 표명했다. 1905~1906년 트로츠키가 설정한 전망과 동일한 노선을 따르면서, 레닌은 프롤레타리아 독재, 즉 프롤레타리아트에 의한 권력 쟁취와 노동자 국가의 건설이 바로 볼셰비키의 목표라고 규정하는 데 조금도 주저하지 않았다. 또한 그는 농촌 소부르주아지(농민)와 도시 소부르주아지가 프롤레타리아트나 부르주아지로부터 독자적인 정치세력으로 행동하는 것이 역사적으로 불가능하다는 트로츠키의 오래된 입장을 천명했다. 즉, 소부르주아지는 프롤레타리아트와 부르주아지라는 두 개의 주요 계급 가운데 어느 한 편을 따를 수밖에 없다는 것이다.

그 당시의 결론은 명확했다. 즉, 프롤레타리아트가 권력을 쟁취하고 농민과 동맹 관계에 있는 노동자 국가를 수립하느냐 아니면 반혁명이 득세하느냐, 이 둘 중의 하나였다. 결국 불가능한 몽상으로 여겼던 것이 옳았음이 판명되었다. 다시 말해, 프롤레타리아트는 상대적 후진국에서 "부르주아 혁명의 단계를 뛰어 넘어" 권력을 쟁취할 수 있었던 것이다. 그리고 프롤레타리아트는 그렇게 할 능력이 있었을 뿐 아니라 또한 그렇게 해야만 했다. 그들이 그렇게 하지 않았다면, 러시아는 여전히 후진성의 늪에서 헤어나지 못하고 있었을 것이다.

2. 상대적 후진국에서 사회주의 혁명의 한계점들

만일 트로츠키가 상대적 후진국에서 충분히 발전된 자본주의 산업이 출현하기 전에, 그리고 산업 부르주아지가 스스로 권력을 장악하기도 전에 노동계급이 권력을 쟁취할 수 있고 계급 없는 사회의 건설을 시작할 수 있다고 예측하는 것으로만 그쳤다면, 그는 이론 체계의 내적 정합성을 유지하지 못한 채 마르크스주의 이론을 발전시켰을 것이다. 오히려 이 이론 체계 내에 엄청난 균열을 발생시켰을 것이다. 더구나, 멘셰비키와 정통 사회민주주의자들이 트로츠키는 처음부터 오류를 범하고 있다고 비난한 것도 바로 이러한 이유에서였다.

마르크스의 사상에서 사회주의라는 개념은 자본주의가 계급 없는 사회의 건설을 가능하게 하는 물질적·사회적·주관적 조건들을 창출한다는 가정과 밀접히 연결되어 있다. 마르크스가 민중주의의 영향을 받은 최초의 러시아 사회주의자들로부터 질문을 받았을 때, 전통적으로 유럽적인 발전의 길 밖에 있는 나라들이 자본주의 단계를 "건너뛸" 수 있다는 생각을 그가 배격하지 않았던 것은 사실이다. 즉, 그러한 나라들이 촌락공동체에 기초해서 서구의 공업 기술을 도입함으로써 산업혁명이 이루어질 경우, 민중이 치를 수밖에 없는 과중한 사회적 희생을 피할 수 있다는 생각을 해볼 수 있었던 것이다. 그러나 마르크스는 이러한 것은 촌락에서 어떤 선행적인 계급 분화나 토지의 사적 소유제가 존재하지 않는 경우에나 가능할 것이라고 보았다. 다시 말해서, 그러한 비자본주의적 발전의 길은 자본주의의 맹아적 발전조차 존재하지 않으며 따라서 촌락공동체의 내적 결속에 대한 화폐와 시장경제의 해체 효과들이 전무한 경우에나 가능할 수 있다는 것이었다. 그리고 이토록 난해한 조건들이 충족되어야만 그 같은 "도약"이 현실적인 것이 될 수 있으므로, 프리드리히 엥겔스는 그로부터 몇 년 후 이 같은 가정을 이미 역사적 사건들에 의해 부정된 것으로 폐기해 버렸다. 그것은 하등 놀라운 일이 아니었다. 사실,

그러한 가정이 과연 현실과 일치한 적이 있었는지 의심스러울 따름이다.

마르크스의 저술들 전반에 걸쳐, 사회주의를 위한 토대를 마련해주는 것으로서 자본주의가 발휘하는 "문명화 효과들"이 강조되어 있다. 이 같은 강조는 이전에 일어났던 모든 사회혁명들 — 생산력의 절대적 한계에 부딪혀 평등주의적 취지가 좌절되고 만 — 에 대한 비판적 검토와 밀접히 연결되어 있다. 마르크스는 계급 없는 사회가 가능할 만큼 사회적·물질적 조건들이 선행적으로 성숙하지 못했다는 사실로써 그 이유들을 명확히 설명했던 것이다.

마르크스에 따르면 사회주의자를 위한 물질적 전제조건은 생산력의 발전이 지배계급의 존재를 객관적으로 무용한 것으로 만들 수 있는 단계에까지 도달하는 것이다. 다시 말해서, 모든 남성과 여성 들이 자신의 물질적 생활수단들을 직접 생산하는 것으로부터 — 이 노동은 그들 생애의 대부분을 차지한다 — 해방되고 그러한 해방을 통해서 노동자와 경영자로 나뉘는 근본적인 사회적 분업이 철폐될 수 있을 정도로 생산력의 발전이 이루어져야 한다는 것이다. 그리고 사회주의를 위한 사회적 전제조건은 그 자신의 존재조건과 투쟁을 통해서 기꺼이 사적 소유와 경쟁을 동기로 하는 모든 형태의 활동을 일반적인 협동과 유대로 대체하고자 하는 계급의 출현이다. 따라서 오직 산업 자본주의가 고도로 발전하는 것과 근대적인 강력한 산업 프롤레타리아트의 출현만이 위의 두 전제조건들을 충족시켜 줄 수 있다.

물론 마르크스는 자본주의 산업이 충분히 발달하고 충분히 강력한 프롤레타리아트가 잘 조직되기만 하면 어떤 신비스런 "최종 붕괴"를 통해서 사회주의가 도래할 것이라고는 결코 선언하지 않았다. 마르크스는 사람들이 단순히 그 날을 기다리기만 하면 된다고 생각하지 않았다. 그 같은 조악한 경제 결정론은 그의 변증법적 정신과 전혀 다른 것이었다. 마르크스에게 사회 변혁은 어떤 사회구성체를 가능하게 하는 물질적 조건들과 그러한 가능성을 실현시켜야 하는 인간의 혁명적 실천 사이의 상호작용에 기초하는 것이었다.

그러나 결국 결정적인 혁명적 행동을 낳는 가능성들은 경제적, 물질적 그리고 사회적으로 결정되는 것이다. 그러한 가능성들은 물질적 요소와 인적 요소를 동시에 포괄하는 생산력의 발전 수준과는 상관 없이 어떠한 상황에서도 임의로 발생할 수 있는 것들이 아니다. 만일 만족할 만한 조건들이 존재하지 않는다면, 마르크스가 일찍이 분노에 차서 말한 바와 같은 "모든 낡은 쓰레기들"이 다시 등장하게 될 것이다. 그렇지 않을 수도 있다고 믿는 것은 마오쩌둥 및 김일성의 방식대로 주체적 사상 의지에 의해서 모든 것이 결정될 수 있다는 가장 조야한 주의주의(主意主義)에 빠지게 될 뿐 아니라, 마르크스 사상의 본질적인 부분들을 전도시키고 그것의 내적 일관성을 파괴하는 일이 될 것이다.

후진국 혁명에 대한 두 가지 예견

트로츠키는 레닌과 로자 룩셈부르크와 마찬가지로, 아니 오히려 그들 이상으로, 베벨·카우츠키·플레하노프 및 오스트리아 마르크스주의의 결정론적인 전통에 맞서 사회주의를 위해서는 프롤레타리아트의 적극적인 그리고 의식적인 투쟁이 필수적이라는 점을 강력하게 주장했다. 그러나 트로츠키는 혁명적 실천에 가차없는 제약을 가하는 경제적·물질적 조건들을 결코 그냥 지나치지 않았다. 그렇기 때문에 그는 다음과 같은 이중적인 발견 및 이중적인 예언을 할 수 있었다. 즉, 상대적 후진국의 노동계급이 선진국 노동자들보다 먼저 권력을 쟁취하는 것이 가능할지라도, 그러한 상대적 후진국에서 사회주의를 완성하는 것은 불가능하다는 것이다. 그가 1906년에 저술한 《평가와 전망》의 후반부에 명확히 정식화되어 있는 이러한 예견들을 결합해 볼 때, 러시아 혁명의 비극적 운명은 충분히 예상할 수 있는 일이었을지도 모른다.

사물을 객관적으로 올바로 바라보려는 사람이라면 어느 누구도 트로츠키가 추론한 논리를 회피할 수 없을 것이다. 그런데도, 대단히 많은 저자들이 트로츠키가 실제로 무엇을 말했는지를 이해하지 못했다는 것은 주목할 만하다. 트로츠키를 말살하기 위해서 고용된 삼류 문필가들뿐 아니라 진지한 관심을 지닌 역사가들이나 평론가들 역시 그랬던 것이다. 상대적 후진국에서 먼저 사회주의 혁명이 일어날 수 있다는 명제와, 그러나 그 곳에서 사회주의 건설의 완성은 불가능하다는 명제는 상호보완적인 것인데도, 많은 경우 이 두 명제가 서로 모순된다고 이야기되어 왔던 것이다. 그러나 트로츠키가 설명한 것의 본질은, 러시아의 프롤레타리아트가 영국이나 미국의 프롤레타리아트보다 더욱 쉽게 권력을 쟁취하도록 만든 바로 그 이유로 계급 없는 사회를 향해 결정적인 전진을 하는 데서는 전자의 경우가 후자의 경우보다 비할 바 없이 훨씬 더 험난하다는 것이었다.

여기서 그 이유라는 것을 간단히 요약해서 말한다면, 그것은 바로 부르주아지의 상대적 취약성, 아니 더 일반으로 이야기해서 자본주의 문화의 전반적인 취약성이라고 할 수 있다. (유럽의) 동쪽으로 갈수록 부르주아지가 진정한 부르주아 혁명을 지도할 용기나 의지가 없었던 것은 바로 부르주아지가 프롤레타리아트에 비해 상대적으로 열세였기 때문이다. 따라서 부르주아지는 프롤레타리아트가 민족해방과 근대화를 위한 투쟁의 주도권을 잡을 수 있는 가능성을 할 수 없이 허용했던 것이다. 산업화·근대화와 더불어 강력한 사회적 해체의 경향들이 대두했으며, 그리하여 노동계급 및 그 사회의 많은 다른 계층들이 혁명적으로 된 것도 바로 부르주아지가 그러한 경향을 제어하거나 흡수 또는 무력화시킬 역량이 없었기 때문이었다. 그러나 상대적 후진국에서는 자본주의가 자신의 역사적 과제를 완수하지 못했다는 바로 그 이유 때문에, 권력을 장악한 프롤레타리아트는 정말로 계급 없는 사회로 나아가는 길에서 극복할 수 없는 장애물들에 직면할 수밖에 없는 것이다. 이러한 나라들에서는 자본주의가 기본적인 사회적 분업, 즉 직접 생산자와 경영자 사이의 분업을 신속히 철폐하기 위한 물질적 선행조건들을 창출해 내지 못했기 때문이다. 그리고 노동계급 스스로가 그 같은 선행조건들을 창출해 내려 할 때, "사회주의적인 본원적 축적"의 조건들 자체가 노동계급의 직접적인 통치 권력을 유지해 나가는 데 막대한 장애물로 작용하게 된다.

한편 근대적 문화의 미약함은 ─ 낮은 수준의 문화와 기술, 노동계급 및 프티부르주아지 하층의 정치적 지도 경험 부족 등 — 프롤레타리아트의 혁명 정책을 더욱더 제한된 가능성의 틀 안에 한정시킨다. 주관적 측면과 객관적 측면이라는 양 측면 모두에서 극복할 수 없는 장애들이 후진국에서 사회주의 건설의 길을 가로막는 것이다.

저발전의 과거 및 현재에서 비롯한 이러한 제약들 이외에도 훨씬 더 결정적인 사실을 고려해야 하는데, 그것은 상대적 후진국이 자본주의 세계시장에 끼어드는, 즉 전체로서의 세계 속에 자리를 잡는 방식이다. 이 점과 별개로 상대적 후진국을 고찰할 수는 없다. 물론, 트로츠키가 1914년 이전에 벌써 그의 모든 논거들을 확립했다고 말한다면 잘못일 것이다. 그 가운데 일부는 그가 1920년대에 "일국사회주의론"에 맞서 확립한 것이다. 그러나 1905~1906년의 그의 많은 저술들과 제1차 세계대전 중 그가 쓴 글들을 통해 볼 때, 트로츠키는 명백히 선진국들과 후진국들 간의 관계에서 제국주의의 출현이 가져온 변화들을 아주 잘 알고 있었다. 또한 그가 제국주의의 가공할 동력에 의해 경제 분야에서 생긴 사회적 결과들과 정치 분야에서 생긴 군사적 결과들을 명확하게 의식하고 있었다.

세계 자본주의가 '혁명 이후 사회'에 가하는 세 가지 압력

어느 한 나라의 노동계급이 반봉건 또는 부르주아 국가권력을 타도할 수 있다 할지라도, 그 노동계급은 다음과 같은 세 측면에서 세계 자본주의의 압력을 피할 수 없을 것이다.

첫째, 정치·군사 분야에서의 압력이다. 자본주의는 사회주의 혁명의 승리로 인해 더 이상 잉여가치를 직접적으로 갈취하는 것이 불가능해진 지역을 다시금 손에 넣으려는 시도를 결코 포기하지 않을 것이다. 자본주의는 그 속성상 전세계를 포괄할 때까지 끊임없이 확장하려는 경향을 가지고 있다. 자본주의는 배척당했을 경우에도 상황을 결코 그대로 받아들이지 않는다. 최상의 경우 그것은 일시적이고 유동적인 휴전 상태를 받아들일 뿐이다. 자본주의에 의한 정치·군사적 압력들은 전쟁을 통한 재탈환 위협, 혁명정부를 전복하려는 기도, 내전의 촉발과 그러한 내전에서 반혁명 세력의 지원 등이 포함된다. 바로 그렇기 때문에, 승리한 혁명은 반드시 그리고 어쩔 수 없이 군사적으로 자기방어를 해 나가야 한다. 즉, 강력한 군사력을 조직하고 유지해야 하는 것이다. 해당 국가가 상대적으로 후진적이고 빈곤할수록 그 같은 군사력을 위한 경제적 부담은 더욱더 증가되기 마련이다. 그리고 정치적·이념적·도덕적 부담 또한 계급 없는 사회의 탄생에 엄청난 장애가 될 수 있다.

자본주의에 의한 둘째 압력은 경제적인 것이다. 선진국들보다 먼저 사회주의 혁명이 승리한 나라의 후진성으로 말미암아, 그 나라는 자본주의 세계시장의 좀더 발달된 기술과 좀더 값싼 생산품들의 항구적인 압력을 받을 수밖에 없다. 물론, 그 나라는 생산수단의 사회화 — 비록 그러한 사회화가 국유화라는 가장 기본적인 형태를 띨지라도 말이다 — 에 없어서는 안 될 보조수단인 대외무역의 독점을 유지함으로써 얼마간은 그러한 압력으로부터 자신을 방어할 수 있다. 그리고 이렇게 해서, 탈자본주의 사회의 경제발전이 더 이상 가치법칙의 지배를 받지 않도록, 즉 제국주의가 자신의 고유한 이익과 일치하는 발전 모델을 그 사회에 더 이상 강제할 수 없도록 확실한 방어를 할 수 있다. 그러나 그 같은 자기방어로써 세계시장의 압력이 간접적으로 끼치는 부차적 효과들을 사회화된 경제의 내부에서 제거할 수 있다거나 또는 그 압력을 완전히 해소할 수 있는 것은 아니다.

자본주의 세계시장은 국제 분업이 지니는 거대한 이점을 활용함으로써 앞으로 예측할 수 없는 일정 기간은 더욱 증대된 노동생산성을 유지할 것이다. 따라서 바로 이 때문에, 노동자 권력이 국가와 경제를 운용하는 데 가장 유리한 상황에서조차도 사회화된 경제는 이중의 과제를 동시에 헤쳐나갈 수밖에 없다. 즉, 모든 노동자들간의 평등과 우애와 유대에 기초한 사회로 재구성함과 **동시에,** 자본주의의 속성 자체로 인해서 무정부적이고 무질서하며 불연속적일 뿐 아니라 폭발적인 성장을 지향하는 외부 사회체제와의 경쟁을 수행해 나갈 수밖에 없는 것이다. 사회 재구성은 "사회주의적인 본원적 축적", 그리고 나아가서는 "발전된 사회주의적 축적"과 결합할 수밖에 없을 것이다 — 그것도 사회 재구성 자체에서 겪게 될 모든 냉혹함 그리고 불가피한 제약들과 더불어 말이다. 결국, 제국주의의 강력한 군사력보다도 자본주의의 발전된 기술과 값싼 생산품들이 "일국사회주의"의 건설에 더욱 위협적인 장애물임이 판명될 것이다.

셋째 형태의 압력은 사회적이고 심리적인 것으로서, 앞에서 말한 군사·경제적 압력들에서 비롯하는 것이다. 일정한 전제조건들이 얼마나 충족되어 있느냐에 달려 있는 사회주의 사회의 출현은, 또한 보통 남녀의 심리, 습관, 사고방식, 동기 그리고 일상 행위의 급진적 변화를 필요로 한다. 다시 말해서, 일종의 거대한 "문화혁명"이 요구되는 것이다 — 이 용어 자체는 마오쩌둥에 의해 사용되기 40년 전에 이미 트로츠키가 고안해 낸 것이었다. 이 같은 급진적인 변화들이 실현되기 위해서는 생산력의 높은 발전, 생활수준의 신속한 향상, 기본적인 물질적 욕구들의 충족, 개별적 임금에 비해 사회적 임금의 증가 — 즉, 개인의 개별적인 생산 노력과는 별도로 더욱 많은 욕구들을 사회적인 방식을 통해 간접적으로 충족시키는 것 — 등으로 특징지워지는 유리한 환경을 창출해 내는 것이 필요하다. 요컨대, 개개인을 물질적으로 보상하고 처벌하는 — 이 경우 보상이나 처벌은 화폐나 재화로 계산된다 — 상벌제도가 필요한 것이 아니라, 평등한 방식으로 모든 기본적인 물질적 욕구들을 충족시키기 위한 사회적 협동 및 유대에 대한 신념의 확산이 필요한 것이다. 만일 여러 세기 동안 지속되어 온 개인적 축재와 번영을 위한 다툼을 우애적 협동과 유대로 바꾸려면, 그래서 그것이 대다수 남녀의 일상적 행위의 토대로 자리잡으려면, 바로 위와 같은 선행조건의 충족이 필수적일 수밖에 없다.(이러한 우애적 협동과 유대가 가능하며 공상이 아니라는 점은, 개인적 축재의 성향이 인간 본성에 속하는 것이 아니라 특정한 사회·경제 상황 — 상품생산과 시장경제의 출현 — 의 산물이라는 사실에 의해서 입증되었다. 그리고 그 같은 상황은 역사적으로 결정된 것이다. 인류에게는 과거 수십만 년 동안이나 그 같은 상황이 존재하지 않았으며 따라서 그것은 앞으로 언제까지나 지속되지는 않을 것이다.)

그럼에도 불구하고, 사회화된 경제가 고립된 채 머물러 있을 수 없는 이 세계에서 그와는 다른 사회·경제적 조건들이 우세한 위치에 있는 이상, 그리고 적어도 일군의 자본주의 국가들이 역사적으로 먼저 산업 발전을 이루었고 평균 노동생산성이 발전한 덕택에 더 높은 생활수준을 향유하고 있는 이상, 또한 이러한 높은 생활수준이 "사회주의적 인간"의 개화(開花)로 귀결될 수 없는 소비 행태와 결합되어 있는 이상, 사회화된 경제 내부에 그러한 소비 행태를 추종하고 모방하려는 아주 강력한 동기가 존재하게 될 것이다. 그리고 이로부터 온갖 심리적·사회적·경제적 왜곡 현상들이 발생하게 될 것이다.

후진국 혁명의 고립은 결코 숙명이 아니다

상대적 후진국의 사회주의 혁명이 그 나라를 발전된 사회주의 사회로 변화시킬 수 없다는 사실은, 승리한 프롤레타리아트와 그들을 지도하는 당이 절망적인 모험 — 전세계에 사회주의 혁명을 확산시키기 위한 혁명 전쟁 — 속으로 돌입하는 것 말고는 다른 선택이 존재하지 않는다는 것을 의미하는 걸까? 그러한 모험이 없다면 프롤레타리아트와 그들의 당은 필연적으로 권력을 상실하게 될까? 몇몇 사람이 주장하는 것과는 달리, 트로츠키의 입장은 결코 그러한 것이 아니었다. 그러한 질문들은 볼셰비키가 10월 혁명을 통해 실제로 권력을 쟁취하기 전에는 결코 구체적으로 제기된 적이 없었던 반면, 1920년대부터는 공산주의자들 사이에서 더욱더 분열점의 역할을 하게 되었다. 그러나 거기에 대한 트로츠키의 대답은 명확한 것이었다. 즉, 승리한 프롤레타리아트는 권력을 유지하고 자본주의의 부활을 억제하기 위해 가능한 모든 것을 해야 한다는 것이었다 — 단, 계급 없는 사회의 건설이라는 목표와 합치할 수 있는, 그리고 사회를 그 목표로부터 이탈시키는 것이 아니라 거기에 근접시킬 수 있는 정책과 방법들을 활용해서 말이다. 이에 따르면, 노동자 국가는 군사적으로 자기방어 능력을 유지하고, 또 세계 프롤레타리아트의 투쟁 능력과 신념을 증대시키는 것에 부합할 수 있는 모든 종류의 외교적 술수를 발휘해서 부르주아 정부들 사이의 상충된 이해관계들을 십분 활용해야 한다는 것이다. 또한, 그와 동시에, 자본주의를 타도한 당사국 자신의 국가 경제를 그 사회에서 프롤레타리아트가 차지하는 비중을 더욱 강화하는 방식으로 활기차게 발전시켜야 한다는 것이다. 즉, 프롤레타리아트의 힘, 자질, 문화적 수준, 정치의식, 경제와 국가를 지도할 수 있는 능력, 이 모든 것을 강화시켜 나가는 방식으로 말이다.

이것은 마르크스주의와의 공상적 단절을 의미하는 것이 아니었다. 오히려 마르크스주의의 이론과 실천에서 거대한 새로운 장을 여는 것이었다. 적대적인 자본주의 환경에서 일시적으로 고립되어 있는 승리한 혁명의 과제들은 어떠한 것들인가? 다른 곳에서 사회주의 혁명을 향한 새로운 전진이 이루어질 때까지 숨 돌릴 겨를을 얻고자 노력해야 하는가? 그렇다면 승리한 혁명은 새로운 사회주의 혁명이 일어날 때까지 그 사이에 무엇을 해야 하는가? 트로츠키는 상대적 후진국의 승리한 프롤레타리아트에게 열려 있는 선택의 가능성들을 제한하는 경제적·사회적·정치적 제약들을 잘 알고 있었다. 적대 계급에게 자발적으로 권력을 넘겨주는 것은 배신행위인 반면, 협소한 일국적 경계 내에서 계급 없는 사회를 완성하려는 시도는 공상적이고 반동적인 몽상이며 파국적인 결과를 낳게 된다는 것이었다. 이 같은 두 극단 사이에 다른 많은 선택 가능성들이 여전히 존재했다. 비록 그러한 선택에 부수적인 제약들이 따르기 마련일지라도 말이다. 따라서 어떠한 숙명적인 경제 결정론도 스탈린주의는 1920년대 러시아의 물질적 조건들의 필연적인 귀결이었다고 감히 말할 수 없다.

경제·사회·문화 정책에서 다른 대안들을 선택했더라면 소련의 사회적 세력관계는 달라졌을 것이며, 따라서 스탈린주의가 득세하는 것도 불가능했을 것이다. 특히, 만일 코민테른이 소련 관료의 정치적 대변자인 소련공산당 내 스탈린 분파에 더욱더 종속되어 가지 않고 그와는 다른 전략과 전술을 채택했더라면, 러시아 혁명의 존속을 위한 국제 환경은 근본적으로 다르게 조성되었을 것이다. 그것은 또한 소련 내부의 발전에 결정적인 영향을 미쳤을 것이다. 제2차 중국 혁명의 패배, 히틀러의 승리, 제2차 세계대전으로 치달은 인류의 몽유병적인 행진. — 이 모든 것은 20년대 초부터 또는 레닌의 사후부터 미리 예정되어 있었던 것이 결코 아니었다.

다시 말해서, 상대적 후진국은 자신의 노력만 가지고는 "사회주의의 건설"을 결코 완성할 수 없다는 트로츠키의 예언은 기계적이고 숙명적인 경제 결정론으로 다시 추락하는 것을 의미하는 것이 절대로 아니었다. 트로츠키가 연속혁명론을 정식화하면서 그러한 경제 결정론과 이미 단절했다는 것은 두말할 나위도 없다. 그와는 반대로 트로츠키의 그 같은 예언은 불균등·결합 발전의 법칙을 세계적 차원에 대담하게 적용한 결과였다. 자본주의의 가장 약한 고리인 러시아라는 광대한 나라에서 자본주의를 타도하는 데 승리한 프롤레타리아트는 세계의 정치·사회적 세력균형을 뒤흔들어 놓았으며, 그 결과 러시아 혁명은 세계 사회주의 혁명의 전개 과정에 실로 위력적인 추진력을 불어넣어 주었다. 따라서 러시아 혁명은 더 높은 단계로 상승해서는, 사회적으로 적대적이며 경쟁적인 계급들 — 부르주아지와 그리고 사회의 모든 억압당하고 착취당하는 부분들과 연합한 프롤레타리아트 — 간의 결정적인 대결의 장을 지리적으로 더욱 폭넓은 틀 안에 위치시키게 될 것이었다. 사회주의 혁명은 일국에서 시작되었지만 국제적으로 확산될 것이었다. 그리고 그것은 장기적으로는 세계 전체 차원에서 승리하거나 아니면 패배하는 것으로 종결될 것이었다.

"일국사회주의," 코민테른의 관료적 타락, 그리고 소련 관료의 특정한 이해관계에 코민테른의 종속 등이 가져온 부정적인 결과들은 세계 노동계급의 결정적인 패배를 촉발시키는 데, 그리고 또한 소련의 방어 능력 자체를 약화시키는 데 핵심적인 역할을 했다.

3. 세계혁명

"동시다발 혁명"과는 다르다

경제·사회·정치 세력들 사이의 독특한 상관관계를 직시한 트로츠키는 상대적 후진국의 프롤레타리아트가 선진국의 프롤레타리아트보다 먼저, 그리고 자국의 부르주아지가 모든 국가권력을 채 행사하기도 전에 앞질러서 권력을 쟁취할 수 있으리라고 생각했다. 그러나 후진성이라는 바로 그 똑같은 이유로, 그러한 나라의 승리한 프롤레타리아트는 단지 자신들의 한정된 힘만 가지고는 완전히 발전된 사회주의(즉, 계급 없는) 사회를 건설할 수 없다. 그들에게는 세계혁명이라는 구체적인 과정을 시작하는 역사적 기회, 즉 사회주의 혁명을 선진 공업국들에 확산시키는 역사적 기회가 주어진다. 그리고 선진국들은 승리한 최초의 혁명들과 더불어 사회주의 사회로 향하는 결정적 전진을 하는 데 필요한 사회적·경제적 수단들을 가지고 있었다. 다시 말해서, 정통 마르크스주의자들이 그랬던 것처럼, 러시아는 "사회주의를 위해 성숙되어 있는가?" 하는 질문을 제기하는 것은 일방적이고 기계적이며 따라서 적어도 부분적으로는 틀렸다는 것이 트로츠키의 생각이었다. 올바른 접근방식은 세계가 사회주의를 위해 성숙되어 있는가, 그리고 러시아가 이 세계에 구체적으로 그리고 모순적으로 개입하는 것이 이중적으로 — 즉 국내 차원과 국제 차원에서 — 규정되는 혁명 동력을 촉발시킬 것인가 하는 문제를 검토하는 것이었다.

이처럼, 그의 논거의 처음 두 부분에 명백히 존재하는 모순은 — 만일 역사적 목표를 실현할 수 없다면 도대체 왜 권력을 쟁취해야 하는가 하는 질문을 던지게 만드는 모순 — 변증법적으로 해결되었다. 즉, 러시아 혁명은 해결될 수 없는 자신의 고유한 모순을 세계혁명을 발전시킴으로써 해결한다는 것이다.

차츰 사그라들고 있는 허무맹랑한 주장과는 반대로, 이 같은 기본 접근방식은 특별히 "트로츠키주의적"인 것이 전혀 아니다. 제1차

세계대전 동안 그리고 그 이후에도 모든 좌파 마르크스주의자들은 상당히 폭넓게 그 같은 견해를 공유하고 있었다. 파르부스는 러시아에서 사회민주주의 정부가 수립될 수 있다는 그의 구상의 한계 내에서, 트로츠키가 한 것보다 더 명확한 방식으로 그 같은 생각을 정식화했다. 로자 룩셈부르크도 1905년에서 1914년 사이에 그 같은 생각을 공유했으며 1917년과 1918년 사이에는 더욱 공공연히 지지했다. 반면에 레닌과 볼셰비키 지도자들이 그 같은 생각을 이해하게 된 것은 1914년 이후로서, 특히 1917년의 일이었다. 레닌이 1917년에 쓴 "볼셰비키는 권력을 유지할 것인가?" 하는 글과 부하린이 1918년에 쓴 "제정의 타도로부터 부르주아지의 타도로"라는 글을 보기만 해도 그 점은 충분히 명확히 알 수 있다. 카우츠키와 메링조차도 1905년 러시아 혁명에서 비롯한 당시의 전반적인 흥분에 영향을 받았을 때는, 비록 똑같지는 않다 하더라도 아주 비슷한 견해를 표명했다. 오직 정통 마르크스주의 문화의 끔찍한 쇠퇴만이 — 이 과정은 개량주의와 스탈린주의 그리고 수십 년 동안 지속되어 온 노동운동의 패배 및 쇠퇴와 결합되었다 — 그 자체로서 자명한 이 명제들을 선진 노동자들의 의식에서 제거해 버렸던 것이다. 그 결과, 이 명제들은 이제 "트로츠키주의"라고들 부르는 "종파주의적" 조류의 명예로움을 드러내는 것으로 나타나게 된 것이다.

트로츠키는 세계혁명을 결코 단 한 번에 세계 모든 나라에서 — 아니면 적어도 가장 중요한 나라들에서 — 이루어지는 대변혁으로, 즉 마치 다연발 최루탄 같은 "동시다발 혁명"으로 생각하지 않았다. 그 반대로, 그에게 세계혁명은 제국주의 체제이며 그와 동시에 부르주아 사회인 세계 자본주의의 내적 모순들에서 비롯하는 아주 구체적인 과정이었다. 그러나, 또한 그것은 노동계급이 타도해야 하는, 개별적인 권력들을 지닌 개별적인 국가들로 구조화된 세계 자본주의의 모순들에서 비롯하는 것이기도 했다. 트로츠키는 생산력의 발전 수준과 부르주아 국민국가의 유지 ― 혹은 폭발적인 민족 문제를 내포하고 있는 전(前)부르주아 국가들의 존속 ― 사이에 발생하는 모순이 쇠퇴기에 있는 자본주의의 주요 모순들 가운데 하나라는 것을 파악하고 있었다. 그렇지만 그는 그로부터 기존의 국민국가들이 정치적·사회적 투쟁의 틀로서 지니는 의미가 더욱더 축소되고 있다고 결론 맺는 것을 삼갔다. 그리고 그의 이러한 조심성은 완전히 정당한 것이었다. 올바른 논리적 결론은 연속적인 위기들이 일련의 국민국가들 안에서 전개될 것이며, 그것은 노동계급과 혁명적 전위에게 더 많은 승리의 기회들을 제공한다는 것이었다. 바로 이것이 세계혁명이 발전하는 구체적인 방식이었다. 즉, 세계혁명은 일국 혁명들의 사슬, 그것도 불연속적인 사슬로서, 개개의 혁명은 자신의 성공을 통해 다른 혁명들을 양육하며 그 혁명들이 실패할 경우 그 대가로 고통받는다.

구체적인 과정으로서의 세계혁명이라는 트로츠키의 개념은, 1905년 이래로 혹은 적어도 제1차 세계대전 이래로 자본주의 사회가 겪어 온 실제 변화들에 대응하는 여러 이론적 분석틀에 핵심고리를 제공한다(트로츠키의 그러한 개념은 대부분 코민테른 제1차~제4차 대회까지의 강령적 문건들에 구현되었다. 그리고 그것을 레닌과 트로츠키의 개념이라고 보는 것이 아마 더 정확할지도 모르겠다. 그 개념을 최초로 정식화했다는 역사적 공헌이 트로츠키에게 있다면, 레닌 역시 거기에 수많은 기여를 했던 것이다). 이러한 세계혁명 개념의 기초가 되는 것은 세계경제와 계급투쟁이 불균등·결합 발전 법칙을 따르는 하나의 전체(totality: '총체성'이라고도 함)라는 개념이다. 비록 트로츠키가 제국주의에 관한 상세한 이론은 정립하지 않았지만, 그리고 금세기 초에 파르부스가 한 경제학 연구들의 영향을 크게 받았지만, 그는 1905년부터 생애의 마지막까지 이러한 세계혁명 개념을 확고하게 고수했다. 그것은 그가 1928년에 쓴 《코민테른 강령 초안 비판》에서도 아주 훌륭하게 설명되어 있다. 그리고 오늘날 그 어느 누구도 그러한 개념의 타당성을 부인하지 못할 것이다. 계급투쟁과 정치적 투쟁을 궁극으로 결정하는 것은, 경제라는 마르크스의 개념을 제외하고는, 아마도 오늘날 비부르주아적 기원을 지니는 어떠한 혁신적 이론도 트로츠키의 이러한 기본 개념들만큼 폭넓게 수용되지는 못했을 것이다. 비록 그의 생각들이 종종 그의 이름으로 제시되지 않았지만 말이다.

세계경제 체제의 어느 한 부분에서 발생하는, 일시적인 균형의 모든 급진적인 동요 — 일국에서의 계급세력 균형의 동요, 제국주의 열강들 사이의 균형의 동요, 제국주의 국가와 그 식민지 간의 균형의 동요, 생산의 발전과 시장의 발전 사이의 균형의 동요, 자본 축적과 잉여가치량 증대 간의 균형의 동요, 혹은 이상과는 아주 판이한 경우로서 대중운동과 그것을 지도하고 통제하는 보수적인 관료기구(공산당이나 개량주의적 노동조합 등) 사이의 균형의 동요 — 는 그 체제의 다른 곳에 반향을 미치게 될 것이다. 어느 한 곳에서의 그 같은 균형 파괴는 격동적인 풍랑을 불러일으킬 것이며 이것은 여러 나라들에서 혁명의 전개 과정을 가속시킬 수 있을 것이다. 이 같은 과정을 아주 잘 보여주는 예를 한두 개 정도만 들어본다면 다음과 같다. ① 앙골라, 모잠비크, 기니비사우의 민족해방 투쟁들 간의 상호작용, 포르투갈에서의 독재체제의 붕괴, 포르투갈의 식민지들의 독립 쟁취, 앙골라와 모잠비크 해방 투쟁의 짐바브웨로의 확산, 포르투갈 반독재 투쟁의 스페인으로의 확산. ② 1974~1975년의 전반적인 경기후퇴가 이란 혁명 과정의 가속화에 미친 충격.

이 같은 접근방식은 단순한 일반화와는 아주 거리가 먼 것이다. 이것은 세계경제와 그 변동에 대한 상세한 분석을 필요로 한다. 또한 다음과 같은 점들도 반드시 고려해야 한다. 즉, 개별 자본주의 국가들이 세계경제와 그 변동에 각자 관련을 맺고 또 거기에 통합되는 방식들. 특히 각국의 특수성에 따라 그 같은 변동이 미치는 상이한 충격들. 개별 국가마다 역사적으로 발생된 자본과 노동(그리고 여러 사회계급들) 간의 관계. 역사 발전의 현단계에서 각 나라마다 고유한 정치적 투쟁 및 활동의 특수한 형태들 — 이것은 지금까지 열거한 모든 요인들에 의해 결정된다 — 의 급격한 변동에 관여하는 제반 요인들. 각국 노동운동의 특수한 형태들과 그 성분들 및 그것들의 역학, 그리고 국제적 계급투쟁과 그것들 간의 관계 … . 트로츠키 스스로가 여러 개별 국가들을 대상으로 이 같은 분석을 아주 예리하게 적용했는데, 그 가운데 가장 주목할 만한 것은 제정 러시아, 20년대 중반의 영국, 20년대 말과 30년대 초의 독일, 30년대의 프랑스와 스페인에 관한 분석들이다. 그리고 30년대의 미국에 대한 분석과 같이 아주 간략한 것들도 그 폭과 넓이에서 그리고 추상과 구체, 일반과 특수, 역사성과 정세적인 것 사이의 결합에서, 과거에 대한 통찰과 미래에 대한 예측에서 실로 주목할 만하다.

제국주의 전쟁과 세계혁명

자본주의 세계를 하나의 유기적인 그러나 구조화된 전체로서 규정하는 이러한 개념은 제1차 세계대전을 기점으로 자본주의의 역사적 몰락이 시작되고 있다는 생각과 밀접히 연결되어 있다. 아주 일반으로 말해서, 이러한 생각은 다음과 같은 총체적인 역사적 전망으로 요약될 수 있다. 즉, 제1차 세계대전 이래로 자본주의 생산양식의 문명적(진보적) 기능은 그 자신의 야만적이고 퇴보적인 경향 속에서 소멸해 버렸다. 그리고 자본주의가 해방시킨 생산력은 이제 주기적으로 파괴력으로 바뀌고 있으며, 그러한 파괴력은 더욱더 끔찍한 결과를 낳고 있다. 요컨대, 두 번에 걸친 세계대전, 파시즘 그리고 핵무기의 위협은 자본주의의 역사적 퇴보 경향을 단적으로 보여주는 것이다.

특히, 제1차 세계대전은 트로츠키와 로자 룩셈부르크, 레닌 그리고 당시의 모든 좌파(즉, 국제주의적) 사회주의자들에게는 자본주의가 퇴행적 역할로 넘어가는 분기점으로 인식되었다. 그들의 이러한 판단은 바로 그 어느 때보다도 오늘날 더 정당한 것으로 나타나고 있다. 그것은 자본주의의 이러한 퇴행 과정의 한 측면만 보아도 쉽사리 알 수 있다. 19세기에 식민지 정복을 위한 전쟁을 벌이는 과정에서 무수한 많은 범죄들이 자행됐다. 북아메리카 인디언들과 아르헨티나 그리고 그 밖의 지역 원주민들의 철저한 학살은 두말하면 잔소리다. 그리고 확실히 군비 증강 현상은 제1차 세계대전보다 먼저 나타났으며, 만일 이러한 군비 증강이 없었다면 제1차 세계대전은 실제로 불가능했을 것이다. 그러나 이러한 현상들과 관련지어 볼 때, 결정적으로 질적인 전환의 전기를 마련해 준 것이 제1차 세계대전이었다는 점은 명확하다. 폭력, 사회의 군사조직화, 개인적 자유의 제약, 전쟁과 연결된 국수주의와 인종차별주의 등 가공할 만한 사태발전이, 부르주아 사회의 탄생과 더불어 내재해 있던 일련의 가증스러운 경향들을 더욱 고차원적인 방식으로 전세계에 확산시켰다. 그리고 그 이후로 세계 인민은 그 모든 죄악들과 함께 살 수밖에 없게 되었다. 바로 이런 의미에서, 그 때부터 인류를 강타해 온 온갖 파국들 — 히틀러, 스탈린, 아우슈비츠, 히로시마, 영구 무기 경쟁, 제3세계의 기아, 핵폭발에 의한 인류의 전멸 위협 — 은 그 직접적인 기원이 제1차 세계대전에 있는 것이다. 물론 이 온갖 재난들의 근본적인 뿌리는 자본주의가 지니는 팽창 및 경쟁의 본성 자체와 연결되어 있다.

트로츠키는 이 같은 전환의 위기를 명확히 깨닫고 제국주의 전쟁을 처음부터 고발하고 나선 영향력 있는 국제주의자들 가운데 한 사람이었다. 전쟁에 반대하는 사회주의자들이 최초로 국제적으로 모인 치머발트 회의의 유명한 선언문을 작성한 사람이 바로 트로츠키였다. "사회애국주의자들" — "조국 수호"라는 구실 아래 전쟁 추종자들의 진영으로 넘어간 사회주의자들 — 에 대한 국제주의자들의 격렬한 공격은, 특히 노동운동이 자본주의의 가장 극단적인 타락의 형태들과 어떠한 양상으로든 결합한다면 세계적 위기가 유리하게 해결될 희망이 완전히 사라져 버릴 것이라는 사실에 자극받은 것이었다.

개량주의자인 장 조레스조차도 제1차 세계대전 직전에 제2인터내셔널의 바젤 대회에서 유명한 반전 연설을 했다. 그의 연설에 따르면, 만일 자본가들이 인류를 수백만의 생명과 수십 년 간에 걸친 문명의 결실들을 파괴하는 도살장으로 몰아 넣는 범죄를 저지른다면, 그러한 전쟁이 야기하게 될 불만과 분노를 자본주의의 혁명적 타도를 위한 강력한 지렛대로 조만간 전환시키는 것이 노동운동의 의무라는 것이었다. 훗날 레닌은 조레스의 이 같은 생각을 "제국주의 전쟁을 내전으로(프롤레타리아트에 의한 권력 쟁취를 위한) 전환시키자"는 유명한 공식으로 정식화했다. 마르크스주의자들은 인류에게 수많은 죄악을 저지른 제국주의 전쟁과 식민지 정복 전쟁을 맹렬히 반대하는 동시에, 그러한 것들이 세계혁명을 낳을 수 있는 자본주의 위기의 극단적인 표현들로 여겨야 하는 것이다.

현시기가 자본주의 생산양식의 역사적 쇠퇴기라는 생각은 반드시 생산력의 절대적 쇠퇴 ─ 즉, 물질적 생산과 노동계급의 수적인 힘과 자질의 절대적 쇠퇴 ─ 를 의미하는 것이 아니다. 그 같은 것은 봉건적 생산양식의 경우에도 사실이 아니었다. 하지만 트로츠키가 이 문제에 관해서 언제나 명확했던 것은 아니었다. 특히 《이행기 강령》에서 그는 명백히 반대되는 말을 하고 있다. 그러나, 더 심층적인 정치적 분석들 속에서는, 특히 그가 1921년에 작성한 《코민테른 3차 대회의 보고서》와 1928년에 쓴 《코민테른 강령 초안 비판》에서, 트로츠키는 자신의 입장을 올바르게 그리고 총체적으로 제시하고 있다. 생산양식의 역사적 쇠퇴가 생산력의 절대적 쇠퇴를 뜻하지 않는다는, 이론적으로 중요한 문제 속에는 일련의 본질적인 논리적 귀결점들이 내포되어 있다. 왜냐하면 만일 제1차 세계대전부터 지금까지 인적·물적 생산력이 끊임없이 절대적으로 쇠퇴해 왔으며 또 앞으로 정해지지 않은 일정 기간에도 계속 그럴 것이라면, 세계혁명과 세계 사회주의를 위한 전망은 최초의 중요한 싸움에서의 패배 이후 더욱더 불리해질 것이기 때문이다. 또한 세계 사회주의의 승리를 위한 전제조건들은 항구적으로 악화되어 갈 것이기 때문이다. 다행히 역사는 그와는 반대되는 일이 일어나고 있음을 보여 주었다. 그리고 트로츠키 자신도 역사의 이러한 판결을 거리낌 없이 받아들였을 것이다.

계급투쟁에는 그 나름의 주기가 있다

구체적 전개과정으로서의 세계혁명이라는 이러한 개념은 계급투쟁이 상대적으로 자율적인 주기성을 띤다는 개념과 밀접히 연결되어 있다. 즉, 경제공황에 더하여 노동계급의 힘과 전투성과 자신감의 증대 그리고 계급의식의 불균등한 발전이 대중파업 또는 총파업이나 봉기 같은 거대한 폭발, 아니 문자 그대로의 혁명적 위기를 낳는다.

마르크스 자신은 프롤레타리아 혁명을 언제나 과잉생산이라는 경제공황과 엄격히 결부시켰다. 이 같은 상관관계는 제국주의 이전 시대의 초기 자본주의의 경우 직접적인 것이었다. 반면, 제국주의 시대에 와서는 그리고 자본주의의 쇠퇴기에 와서는 양자간의 정확한 관계는 더 복잡해졌다. 그러나, 그렇다 할지라도, 우리가 경제적 주기와 계급투쟁 주기 사이의 **상관관계**를 배척한다면 그것은 우리가 유물론과 결별한 것과 다름없음을 뜻한다. 단지 양자간의 정확한 관계를 결정하기 위해서는 20세기에 세계 노동계급의 가장 중요한 지역에서 발생한 계급투쟁의 고양과 쇠퇴의 연속적인 과정을 자세히 분석해 보는 것이 절대적으로 필요하다. 트로츠키가 이러한 분석을 체계적으로 시도한 적은 결코 없었다. 그러나 러시아·독일·영국·프랑스·스페인·중국 같은 나라들의 계급투쟁에 관해서 그가 쓴 정세적인 글들에서 그러한 분석을 위한 핵심적인 요소들이 발견되고 있다.

마찬가지로, 계급투쟁 주기가 상대적으로 자율적이라는 개념에서 우리는 모든 형태의 기계적인 경제 결정론에 대한 트로츠키의 철저한 결별을 예시적으로 살펴볼 수 있다. 그는 노동계급의 상황이 더욱 악화될수록 — 생활수준이 낮아지고 궁핍이 심화될수록 — 세계혁명을 위한 기회는 더욱더 커질 것이라는 생각을 거부했다. 또한, 1920년~1921년 그리고 1928~1933년에 코민테른에 의해 저질러진 초좌익적 오류들도 맹렬히 공격했다. 트로츠키는 계급투쟁의 고조가 일반으로 실업과 공황의 첨예한 국면보다는 경제적 환경의 급격한 변동 — 공황에서 회복 국면으로의 급속한 전환, 혹은 호황에서 공황으로의 급격한 하강 — 과 일치한다는 것을 강조했다. 이러한 이유는 명백하다. 대량 실업은 경제적 조건에 기초한 노동계급의 동원 능력을 약화시킨다. 대량 실업에 따라 혁명의 기회가 증가할 수 있는 것은 오직, 정치가 극도로 급진화되고 긴장됨으로써 자본가 계급의 세력이 극도로 약화되고 강력한 혁명정당이 존재하는 경우뿐이다.(1923년 당시의 독일이 이 경우인데, 이것은 아마도 지금까지 발견된 유일한 예일 것이다.)

계급투쟁의 주기가 상대적으로 자율적이라는 개념은 간접적으로는 세계혁명 과정의 구체적 발전과 연관되어 있다. 우선, 그 개념은 자본주의의 쇠퇴기에조차도 모든 자본주의 국가들에서 혁명이 영구적으로 가능하지는 않다는 것을 시사한다. 오히려 그 반대로, 그 같은 가능성은 단지 주기적으로만 나타나는 것이다. 즉, 부르주아 사회의 전반적 위기와 부르주아 국가의 점증하는 위기가 — 다시 말해서 부르주아지의 지배 능력의 위기가 — 노동자 투쟁의 급진화 및 일반화와 더불어 급격한 계급의식의 발전과 일치할 경우에만 혁명이 가능한 것이다. 어떤 한 나라에서 이 같은 상황이 실제로 발생하고 있는가를 알려면, 단순한 사변이 아니라 그야말로 "구체적인 상황에 대한 구체적인 분석"이 필요하다. 이 점에서 레닌과 마찬가지로 트로츠키도 혁명적 위기를 촉발할 수 있는 요인들로서 다양한 현상 — 경제적 어려움, 통화 위기, 정치적 위기, 군사적 위기(전쟁에서의 패배, 식민지 전쟁, 전쟁이나 전쟁 준비에 대한 대중의 저항 등), 그리고 심지어 특정한 경우에는 선거 결과 — 을 고려 대상에 포함시켰던 것이다.

그러나 혁명적 위기의 주기성에 관한 개념은 또한 그 같은 위기의 기간이 상대적으로 짧다는 생각을 전제로 한다. 바로 이 때문에, 적대적인 계급세력들 사이의 첨예한 양극화 국면을 혁명의 승리로 종결짓기 위해서 혁명정당의 지도력이 결정적인 역할을 하는 것이다. 또한 바로 이 때문에, 그와는 상반되는 해결 가능성, 즉 자본주의 질서의 안정 — 그것은 언제나 일시적이지만 말이다 — 으로 끝날 수

도 있는 것이다. 트로츠키는 특히 이러한 생각을《10월 혁명의 교훈》
과 그의 기념비적 저작인《러시아 혁명사》의 둘째 권에서 설명하고
있다. 그러나 그것은 또한 개별 국가들 내의 계급투쟁의 구체적인 고
양 현상들에 대한 그의 모든 분석들을 관통하고 있는 기본축이기도
하다.

결합 발전 법칙과 국제주의

트로츠키의 사상에서 이러한 생각은 또한 노동계급 전체가 혹은
그 대다수가 계급 내의 이질성을 극복하는 것은 오직 예외적인 상황
에서만 가능하다는 생각과 연결되어 있다. 즉, 일상 시기에는 프롤레
타리아트의 상이한 집단들이 각자 다른 시기에 투쟁을 시작하거나
종결지으며, 각 집단의 투쟁에서 그 강도와 기간이 서로 상이하다는
것이다. 명백히, 이 모든 사회심리적 요인들은 부르주아 질서에 대한
총공격을 지향하는 데 커다란 장애물인 것이다.

우리는 여기서 트로츠키가 동시대의 현실을 이해하고 변혁하기 위
해 변증법을 적용하는 데 사용한 방식인 불균등·결합 발전의 법칙을
다시금 확인하게 된다. 트로츠키는 그가 연구하고자 하는 개별 자
본주의 국가의 사회구조, 여러 모순들, 그리고 계급투쟁의 일국적 특
수성을 아주 정교하게 분석하는 동시에, 이러한 분석을 그 나라가
세계 자본주의 체제에서 차지하는 위치와 끊임없이 연결시켰다. 또한
그것을 한 나라에서의 혁명의 승리가 — 혹은 패배가 — 세계 자본
주의 체제 전체에 미칠 수 있는 결과들과도 연결시켰다.

분석에서의 이러한 결합 방식은 서로 연관된 두 개념을 낳는다.

첫째, 계급투쟁은 어떠한 경우에는 그리고 어떠한 나라에서는 세계 상황에서 결정적인 전기를 가속시킬 수 있다.(오늘날에 와서 볼 때, 1917년의 러시아, 1918년, 1923년 그리고 1930~1933년의 독일, 1925~1927년의 중국, 1934~1937년의 프랑스, 1936~1937년의 스페인에 트로츠키가 이 개념을 적용했던 것이 실로 올바른 일이었음은 아무도 부정할 수 없을 것이다). 그리고 둘째로, 어떤 한 나라가 혁명적 변혁이 이루어질 정도로 성숙할 수 있는 상황은 그 나라의 일국적 특수성뿐 아니라 그 나라가 세계경제 및 정치에 편입되는 특수한 방식에 따라서 결정된다는 것이다.

다시 말해서, 세계혁명의 전개 과정은 폭발점에 도달한 "일국적" 계급투쟁들의 총합일 뿐 아니라 그와 동시에 그 자체로 고유한 하나의 유기적 통일성을 지니고 있다는 것이다. 그리고 이것은 다름 아니라 바로 자본주의 세계시장의 유기적 통일성의 또 다른 일면이다. 이러한 통일성으로부터 생산력과 자본의 활동 그리고 계급투쟁의 점진적인 국제화가 이루어진다.(이것은 결코 기계적 단일화나 완벽한 동시화를 의미하는 것이 아니다). 따라서 일국에서의 계급투쟁이 국제적인 전쟁뿐 아니라 국제적인 혁명으로 나아가거나(즉, 혁명이 급속히 다른 나라로 확산되거나) 아니면 반혁명과 국제적 내전으로 귀결될 수도 있는 것이다.

트로츠키의 일관된 국제주의는 민족주의와 그것의 필연적 귀결인 계급간의 타협에 대한 그의 도덕적·정치적 혐오에 그 뿌리를 두고 있다. 그러나 그것은 또한 논리적으로 생산력과 계급투쟁의 국제화 경향에 대한 그의 통찰로부터 기인한다. 트로츠키는 국민국가의 존속과 생산력의 국제적 동력간의 모순이 — 이것은 세계대전과 파시즘 그리고 현대 문명의 모든 파괴적 위험들의 근본 원인들 가운데 하나이다 — 오직 세계혁명을 위한 프롤레타리아트의 투쟁과 사회주의 공화국들 간의 세계연합에 의해서만 극복될 수 있다는 깊은 신념을 가지고 있었다. 확실히 그 같은 세계연합은 자신의 기득권 보호를 위한 경쟁과 탐욕으로 가득 찬 부르주아지에 의해서는 창설될 수 없다.

파르부스를 따라, 그리고 로자 룩셈부르크보다는 약간 앞서서, 다가올 러시아 혁명은 서쪽으로, 특히 독일로 확산될 것이라고 트로츠키가 예견했을 때, 그의 이러한 예언은 직관에 의한 것이 아니라 바로 사회주의 혁명의 승리가 노동계급에게 미칠 충격에 관한 분석에 의거한 것이었다. 그 당시 독일의 노동계급은 평균적으로 가장 높은 수준의 의식을 가지고 있었으며 가장 경직된 — 왜냐하면 아직 '완전히' 부르주아적이지 못했으므로 — 부르주아 국가기구에 맞서고 있었다. 양대 제국주의 진영 사이의 적대감이 무르익어감에 따라 세계의 많은 모순들이 독일에 집중되고 있었다. 이 나라는 비록 조직된 노동운동이라는 면에서는 최선두에 있었을지라도 국제 무대에 너무 늦게 등장한 까닭에 주도적인 제국주의 강대국이 될 수 없었다.

우리는 트로츠키가 고찰한 세계혁명의 구체적 전개 과정이 일련의 "일국적" 혁명들인 동시에 또한 그 기원과 반향이 일종의 국제적인 연쇄반응이라는 것을 입증해 줄 많은 예들을 찾아볼 수 있다. 트로츠키의 생각이 지니고 있는 현실성을(그리고 그것의 현실주의를!) 의심하는 사람이라면 1905년의 러시아 혁명 이후 실제로 발생한 혁명적 위기들을 고찰해 보라고 충고하고 싶다. 그러한 위기들을 여기서 열거하면 아마도 다음과 같은 것들이 될 것이다. 1906~1909년 페르시아, 1910~1917년 멕시코, 1911년 중국, 1916년 아일랜드 봉기, 1917년 러시아, 1918년 독일, 1918년 오스트리아, 1918년 핀란드, 1919년 독일의 바이에른, 1919~1920년 이탈리아, 1923년 독일, 1925~1927년 중국, 1929년 인도네시아, 1930년 인도차이나, 1931~1934년과 1936~1937년 스페인, 1936년 프랑스, 1941~1945년 유고슬라비아, 1943~1948년 이탈리아, 1944~1945년 그리스, 1945~1948년 인도네시아, 1945~1954년 인도차이나, 1947~1949년 중국, 1952년 볼리비아, 1954~1962년 알제리, 1956~1962년 쿠바, 1962~1976년 앙골라, 1968년 5월 프랑스, 1969년 이탈리아, 1970~1973년 칠레, 1973~1975년 모잠비크, 1974~1975년 포르투갈, 1976년의 이디오피아, 1978년 이란, 1979년 니카라과 … . 이상의 목록은 결코 완전한 것이 아니며 적어도 다음과 같은 소위 '사회주의' 국가들의 노동자 혁명의 시작들도 추가되어야 할 것이다. 1953년 동독, 1956년 폴란드, 1956년 헝가리, 1967~1969년 체코, 1980~81년 폴란드, 1989년 4~6월 중국 천안문, 1989년 9~12월 동유럽, 1991년 소련 등등. 세계혁명이 금세기의 근본적인 현실이라는 것을, 우리가 연속혁명의 시대에 살고 있다는 것을 한순간이라도 의심할 수 있겠는가?

빗나간 연속혁명

이 논문의 문제의식은 "제3세계" 나라들의 혁명들 가운데 가장 완전하고 철저한 혁명들, 즉 1949년 중국과 1959년 쿠바에서 일어난 혁명들에서 비롯했다. 이 논문은 그 혁명들이나 같은 시기에 이집트와 알제리 같은 데서 일어난 군소 혁명들이 어찌 되었든 "사회주의 혁명"들이었다는 신화를 깨부수려고 쓴 것이었다.

이 논문은 몇 년 전까지만 해도 그토록 유행했던, 이런 혁명들에 대한 이상화된 묘사와 설명들과 대조되는 냉철하고 비판적인 분석을 제시하고 있다. 그러나 이 논문의 요지는 그보다 더 깊이 들어간다.

1945년 이후 제3세계 혁명들이 따른 궤도는 프롤레타리아 혁명만

이 논문은 Tony Cliff 의 "Deflected Permenant Revolution"을 번역한 것으로, *ISJ* 12호(1963년 봄)에 실린 마르크스주의에 대한 레온 트로츠키의 "가장 위대하고 가장 독창적인 공헌", 즉 1905년 러시아 혁명 중에 트로츠키 자신이 행한 관찰과 경험의 결실인 연속혁명 이론을 재검토한 것이다. 1백 개에 가까운 각주는 생략했다.

이 제3세계에 대한 제국주의의 속박을 깨뜨릴 수 있다고 시사한 트로츠키 이론의 주요 전제를 반박한 것처럼 보인다. 만약 쿠바·중국 등지의 혁명들이 노동자 혁명은 아니었지만 민족독립을 성취하면서 부르주아 혁명의 많은 과업들을 완수할 수 있었다면, 이것은 트로츠키의 기본 전제가 잘못되었다는 것을 뜻하는 것이 아닌가?

트로츠키는 첫째로 새로 출현하는 부르주아들은 영국·프랑스·독일과 그 밖의 다른 초기 자본주의 강국들의 부르주아들이 그 당시 자신들에게 떠맡겨진 과업들을 이럭저럭 수행해 냈듯이 제국주의와 봉건제의 철폐, 노동력의 사회화와 도시화, 그리고 정치적 민주주의의 창출과 같은 것들을 완수할 수 없다고 주장했다. 그는 이것에 대한 주된 이유로서, 새로 등장하는 부르주아들은 봉건적·제국주의적 질서보다 부상하는 노동자 계급을 더 두려워할 것이고 어떤 위기에서도 부르주아는 전자에 대항하기보다는 오히려 그것을 지지할 것이라고 지적했다.

그러므로 이러한 과업은 아무리 갓 성장했고 소규모라 해도 프롤레타리아에게 주어질 것이라고 트로츠키는 주장했다. 이러한 혁명을 수행할 때 노동자 계급은 부르주아 사유재산의 한계를 뛰어넘어 사회주의 혁명을 창출하지 않을 수 없을 것이라고 트로츠키는 말했다. 마지막으로, 그는 이것이 사회주의 혁명을 세계의 선진국으로 확산시킬 것이라고 주장했다.

이제 이 논문에서 우리가 펼 주장의 요지는 이러한 진행 과정에서 필연적인 것은 아무것도 없다는 것을 보여주는 것이다. 1917년 러시아에서 그러한 시나리오를 맞아떨어지게 했던 주된 요소는 노동자 계급의 생활에 뿌리를 박고 있고 그들의 투쟁에서 지도부로서 행동할 수 있었던 혁명정당 — 볼셰비키 — 의 존재였다. 처음에 자신의 연속혁명 이론을 정식화했을 당시 혁명정당의 역할을 무시하고 있던 트로츠키는 자연히 연속혁명을 노동자들의 불가피한 반응으로서 묘사하는 — 단지 함축적으로만 그러긴 했지만 — 쪽으로 논조를 밀고 나갔다.

그러나, 이 논문에서 클리프의 목적은 왜 사회주의 혁명이 중국과 쿠바에서 일어나지 않았는가를 설명하는 것이라기보다는 무슨 일이 그 나라들에서 일어났는가를 정확히 규정짓는 것이다. 클리프가 주장하는 바는 그 나라들에서 일어난 것은 '빗나간 연속혁명', 즉 이 혁명을 통해 인텔리 계층이 국가기관을 사용해 나라 경제의 대부분을 국가의 직접적인 통제 아래 두는 **국가자본주의** 체제를 창출해 낼 수 있었다는 것이다. 이 체제는 농민과 노동자의 소극적이지만 폭넓은 지지를 받았고 부르주아 혁명의 과업들을 완성하는 데 어느 정도 성공을 거두었다.

제국주의 및 봉건제와 싸우는 수단으로서 이 대안은 당시에는 성공적으로 운영될 수 있는 것이었으므로 지식인 계층은 노동자 운동을 사회주의로부터 단지 이름만 "사회주의"일 뿐인 국가자본주의 쪽으로 '납치'해 버릴 수 있었다.

클리프가 이 글에서 언급한 많은 체제들이 그 동안에 급격한 방향 전환을 해왔다. 이집트와 알제리처럼 국가자본주의를 강화하는 기나긴 길을 가고 있던 나라들이 이제는 거의 완전히 그 길을 포기하고, 서구 자본주의 국가들과 '정상적인' 교역과 재정 관계를 맺는 것으로 되돌아왔다. 그 변화가 덜 갑작스러운 것이기는 했지만, 인도와 가나 같은 다른 나라들에 대해서도 많은 공통점을 말할 수 있다.

훨씬 더 주목할 만한 것은 클리프가 분석하는 사건들 이후에 일어났던, 특히 1974년 세계경제 체제에 들이닥쳤던 주요 공황들에 뒤따랐던 민족혁명들의 운명이다.

아프리카의 세 나라, 즉 모잠비크·앙골라·짐바브웨에서, 국가자본주의 강화로 향하는 길은 감히 엄두도 낼 수 없는 것이었거나 또는 새로운 정권이 권력을 잡은 지 몇 달 만에 재빨리 내던져 버릴 수 있는 것이었다. 그리고 이 나라들을 해방시켰던 세력들이 쿠바의 카스트로나 중국의 마오쩌둥처럼 모든 면에서 급진적으로 보였다는 사실에도 불구하고 그러했다. 그 가운데 가장 극단적인 사례는 모잠비크였다. 한때 프렐리모(Frelimo) 해방운동은 국정의 운영을 하나의 단일하고 거대한 국유 협동조합으로 보았다. 그러나 프렐리모는 1984년에 남아프리카와 화해를 하고 남아프리카의 트란스볼 주의 백인 농부들을 불러들여 모잠비크의 대규모 농업 경제를 그 백인들이 운영해 사적 이윤을 취하도록 했다.

니카라과 역시 쿠바와 분명한 유사성이 있었는데도 국가자본주의 강화의 길을 따르지 않았다. 전국야당연합(UNO)이 선거에서 산디니스타를 패퇴시키기 전에도 사적 소유가 니카라과 경제의 60%를 차지하고 있었는데, UNO가 정부를 이루고 있는 한 여전히 그런 상태일 것으로 보인다.

이러한 사실은 우리에게 쿠바와 중국을 문제거리로 남겨 놓는다.

물론 중국은 여러 해 전부터 국가 경제 내에 사유재산의 복원을 기정사실화하려고 각고의 노력을 기울여 왔다. 단지 중국의 무역수지가 중국이 좀더 완전히 세계경제로 통합할 수 없도록 제약을 가했다. 그러나 쿠바의 경우는 어떤가? 북한의 경우처럼, 그런 방향으로의 움직임은 무시해도 좋을 만한 것이었다. 그러나 여기에는 그럴 만한 이유가 있었다. 바로 몇 년 전까지만 해도 쿠바는 매년 소련으로부터 40억 불 이상 — 평균적인 중앙아프리카 국가의 연간 총소득보다 많은 — 의 원조를 받아 왔다. 니카라과가 쓴맛을 보고 깨달은 바대로 소련이 이러한 거액의 원조를 다른 어떤 정부까지 기꺼이 확대시키지 않을 뿐더러 또 그럴 수도 없다는 통례를 입증하는 데 쿠바는 예외였던 것이다. 그러나, '내 코가 석 자'라고 소련이 더 이상 원조를 제공할 수 없었으므로 더 이상 예외로 남아 있지 못하게 되었다.

이 모든 것이 뜻하는 바는 세계경제 내에서 일어난 발전들이 카스트로와 마오쩌둥에 의해 주창된 대체 수단(국가자본주의)의 성공 가능성을 근본적으로 제한했다는 것이다. 클리프가 다룬 '빗나간 연속혁명'들은 25년 전에 그렇게 보였던 것처럼 오늘날에도 쉽고 매력적인 선택방안인 것은 결코 아니다.

물론, 클리프와 트로츠키의 주장의 정수는 계속 유효하다. 세계 자본주의 체제는 그 가장 약한 고리에서 부러질 수밖에 없는 하나의 사슬을 이루고 있다. 세계 자본주의 체제의 가장 약한 고리는 세계 시장의 중심부가 아닌 오히려 그 주변부에 있는 후진적이고 부패한 나라들인 경우가 흔하다. 그리고 변화의 결정적인 행위주체는 여전히 이러한 나라들의 노동자 계급일 것이다. '빗나간 연속혁명'이 점점 성공 가능성이 없는 대안이 되어 갈수록 이러한 근본 원리를 다시금 천명하는 것이 그 어느 때보다도 더욱 필요하다.

마르크스주의에 대한 트로츠키의 가장 위대하고 독창적인 기여는 그의 연속혁명 이론이었다. 클리프 논문의 처음에는 그 이론이 재서술된다. 그러고는 중국과 쿠바의 민족 혁명에 비추어 고찰되고 발전되고 확대된다. 클리프는 그 이론의 상당 부분을 거부하지 않을 수 없었다. 그러나 그 결과가 트로츠키의 것과는 사뭇 다른 일련의 개념들로 판명된다 해도, 그럼에도 불구하고 그 일련의 개념들은 트로츠키의 이론에 의존하고 있다.

러시아혁명에 대한 세 가지 개념

트로츠키는 자신의 이론을 1905년 혁명을 배경으로 발전시켰다. 실제로 카우츠키로부터 플레하노프, 그리고 레닌에 이르기까지 당시의 모든 마르크스주의자들은 선진 공업국들만이 사회주의 혁명의 준비가 되어 있다고 믿었다. 좀더 조야하게 말한다면, 그들은 한 나라에서 엄격히 그 나라가 기술적으로 진보한 단계에 따라서 노동자들이 힘을 획득할 것이라고 주장했다. 후진국은 자기의 미래상(像)이 선진국에 투영되는 것을 볼 수 있을 것이다. 장기간의 공업발전 과정과 부르주아 대의제도를 통한 이행 후에야 비로소 노동자 계급이 사회주의 혁명이라는 문제를 제기할 수 있을 정도로 성숙할 수 있다는 것이다.

러시아의 모든 사회민주주의자들 — 볼셰비키뿐 아니라 멘셰비키도 — 은 러시아가 한편으로는 자본주의 생산력과 다른 한편으로는 전제정치, 지주제, 여타 잔존하는 봉건 구조들 사이의 갈등에서 비롯하는 부르주아 혁명에 다가가고 있다고 생각했다. 멘셰비키는 부르주아지가 자연히 혁명을 주도할 것이고 정치권력은 그들의 손아귀에 쥐어지게 될 것이라고 결론지었다. 그들은 사회민주주의자들이 혁명에서 자유주의 부르주아지를 지지해야 하는 동시에 8시간 노동제와 그 밖의 다른 사회개혁을 위해 투쟁함으로써 자본주의의 틀 안에서 노동자들의 특수한 이익을 옹호해야 한다고 생각했다.

멘셰비키 대변인 마르티노프는 1905년 혁명 직전에 다음과 같이 썼다. "다가올 혁명은 부르주아지의 혁명이 될 것이다. 그리고 그것은 정도의 차이는 있겠으나 부르주아 계급의 전부 또는 일부의 지배를 보증할 수밖에 없음을 뜻한다. … 만일 이것이 사실이라면, 부르주아지가 내일의 주인이 될 것이기 때문에, 다가올 혁명은 부르주아지 전체 의사에 반대되는 정치형태를 결코 취할 수 없다는 것이 명백하다. 그래서 다수의 부르주아 분자들을 놀라게 할 뿐인 길을 따른다는 것은 프롤레타리아의 혁명적 투쟁이 절대주의의 그 원래 형태로의 부활이라는 결과만을 초래할 뿐일 것이다." 마르티노프가 암시하고 있는 결론은 노동자 계급은 부르주아지에게 "겁을 주지" 않도록 자제력을 발휘해야 하는 동시에 부르주아지가 혁명을 이끌도록 부단히 밀어붙여야 한다는 것이다. 다시 말해 "부르주아지의 과정과 성과에 영향을 주는 투쟁은 자유주의적이고 급진적인 부르주아지의 의

지에 프롤레타리아가 혁명적 압력을 가하는, 즉 사회의 좀더 민주적인 '하층' 계층이 '상층' 계급으로 하여금 부르주아 혁명을 그 필연적 결말로 이끄는 데 동조하지 않을 수 없게 하는 것으로 간단히 설명될 수 있다."

마찬가지로 멘셰비키 신문 〈이스크라〉는 당시에 다음과 같이 썼다. "러시아 투쟁의 장(場)을 바라볼 때 우리는 무엇을 보는가? 단 두 세력이다. 즉, 차르의 전제주의자들과 자유주의 부르주아지인데 후자는 조직력이 있고 굉장하고도 특별한 비중을 지니고 있다. 노동대중은 분열되어 있어 아무것도 할 수 없다. 우리는 독립된 세력으로서 존재하지 않고, 그러므로 우리의 과업은 자유주의 부르주아지라는 둘째 세력을 지지하는 데 있다. 우리는 그들을 격려하고, 어떠한 이유로도 프롤레타리아의 독자적 요구를 내세움으로써 그들을 위협하지 말아야 한다."

레닌과 볼셰비키는 러시아혁명은 성격상 부르주아적이고 그 목표는 부르주아 혁명의 한계를 넘지 않을 것이라는 멘셰비키의 견해에 동의했다. 레닌은 "민주주의 혁명이 부르주아적 사회·경제 관계의 범위를 넘어서 확대되지는 않을 것이다"고 썼다. 그는 다시 "러시아의 이러한 민주주의 혁명은 부르주아의 지배를 약화시키기는커녕 오히려 강화시킬 것이다"고 썼으며, 그는 몇 번이고 되풀이해서 이 생각으로 돌아왔다.

1917년 2월혁명 이후에야 비로소 레닌은 이러한 견해를 버리게 되었다. 예를 들어, 1914년 9월에 그는 여전히 다음과 같이 쓰고 있었다. 러시아 혁명은 세 가지 근본적인 과업, 즉 "민주공화국의 건설(그

안에서 평등권과 자결(自決)의 완전한 자유가 모든 민족에게 보장될 것이다), 대지주 토지의 몰수, 그리고 하루 8시간 노동제 적용"에 국한되어야 한다는 것이다.

하지만 레닌이 근본적으로 멘셰비키와 달랐던 점은 자유주의 부르주아지로부터 노동운동의 독립성, 즉 부르주아 혁명을 끝까지 밀고 나가 자유주의자들의 저항에 맞싸워 결국 승리로 이끌기 위한 필요성을 주장했다는 것이다. 멘셰비키가 추구한 노동자 계급과 자유주의 부르주아지 사이의 동맹 대신에 레닌은 노동자 계급과 농민의 동맹을 요구했다. 멘셰비키는 혁명 후에 자유주의 부르주아 장관들로 구성된 정부를 기대했던 반면, 레닌은 노동자 당과 농민 당으로 이루어진 연립정부, 즉 농민 당이 다수를 차지할 '노동자와 농민의 민주주의 독재'를 구상했다. '민주주의 독재'는 공화국을 건설하고 대지주들의 토지를 수용하고 하루 8시간 노동제를 실시할 것이다. 그 후 농민은 계속 혁명적 세력이 되지 못하고 재산과 현상(現狀)의 옹호자가 될 것이고 결국 부르주아지와 연합하게 될 것이다. 그러면 산업 프롤레타리아는 농촌의 프롤레타리아 및 반(半)프롤레타리아와 동맹을 맺고 혁명적 야당이 될 것이고, '민주주의 독재'라는 일시적 국면은 부르주아 공화국의 틀 안에서 보수 부르주아 정부에 길을 내주게 될 것이다.

레닌처럼 트로츠키도 자유주의 부르주아지는 어떠한 혁명 과업도 한결같이 수행할 수 없고 부르주아 혁명의 근본적 요소인 농업 혁명도 노동자 계급과 농민의 연합에 의해서만 성취될 수 있다고 확신했다. 그러나 트로츠키는 농민들이 자신들 내부에서 빈부가 너무 뚜

렷이 구분되어 있어서 자기들 자신의 통일되고 독자적인 당을 형성할 수 없다고 주장하면서 독자적인 농민 당의 가능성에 대해 레닌과 의견을 달리했다.

그는 "역사의 모든 경험은 농민이 완전히 독자적인 역할을 할 수 없다는 것을 보여준다"고 썼다. 독일 종교개혁 이래의 모든 혁명에서 농민이 부르주아지의 이러저러한 분파를 지지했다면, 러시아에서는 노동자 계급의 힘과 부르주아지의 보수주의 때문에 농민은 혁명적 프롤레타리아를 지지할 수밖에 없을 것이다. 혁명 자체는 부르주아 민주주의 과업들을 성취하는 데 국한되지 않고 즉각 프롤레타리아 사회주의적 조치를 실행하도록 진행될 것이다.

프롤레타리아는 자본주의의 성장과 함께 자라고 강해진다. 이러한 의미에서 자본주의의 발전은 프롤레타리아의 독재로 향하는 발전을 뜻한다. 그러나 권력이 프롤레타리아의 손으로 옮겨지는 정확한 시간은 생산력의 상태가 아니라, 계급투쟁의 조건들, 국제적 상황, 그리고 궁극적으로는 전통, 이니셔티브, 투쟁을 위한 준비와 같은 일련의 주관적 요소들에 직접적으로 달려 있다.

경제적 후진국의 프롤레타리아는 경제적 선진국의 동지들보다 더 빨리 권력을 잡을 수 있다. 1871년 프롤레타리아는 프티부르주아적인 파리에서 사회적 과제들의 취급을 의식적으로 자신들의 통제 아래 두었지만 — 사실 단 두 달 동안만 — 영국과 미국 같은 자본주의의 군건한 중심부에서는 단 한 시간도 권력을 잡지 못했다. 프롤레타리아 독재가 그 나라의 기술력과 자원에 어떠한 방식으로든 자동적으로 의존한다는 생각은 극단적으로 지나치게 단순화된 '경제적' 유물론에서 비롯한 편견이다. 이러한 견해는 마르크스주의와 아무런 공통점도 없다.

우리 의견으로는, 러시아 혁명은 부르주아 자유주의 정책이 그 국가의 진수를 완전히 펼쳐보일 가능성을 얻기 전에라도 권력이 프롤레타리아에게 넘어갈 수 있는(그리고 승리를 거둔 혁명에서는 당연히 그래야 하는), 그런 조건들을 만들어 낸다.

트로츠키의 이론에서 또 다른 중요한 요소는 앞으로 올 러시아 혁명의 국제적 성격이었다. 그 혁명은 일국 차원에서 시작될 것이지만, 더욱 발전한 나라들에서 일어날 혁명의 승리에 의해서만 완성될 수 있다.

그러나, 러시아의 경제 상황에서 노동자 계급의 사회주의 정책이 어디까지 갈 수 있는가? 단 한 가지만은 우리가 확신 있게 말할 수 있다. 즉, 그것은 나라의 기술적 후진성 때문에 저지되기 훨씬 전에 이미 정치적 장애물에 부딪힐 것이다. 유럽 프롤레타리아로부터의 직접적인 국가적 지원 없이는 러시아 노동자 계급은 권력을 유지할 수도 없고 자신들의 일시적인 지배를 지속적인 사회주의 독재로 전환할 수도 없다.

트로츠키의 이론은 1848년 혁명에 대한 마르크스의 분석을 발전·적용·확장시킨 것이었다. 그 혁명 이전에도 《공산당 선언》은 독일의 "진보한 상황"과 "발전한 프롤레타리아"로 인해 독일의 부르주아 혁명은 "곧 잇따를 프롤레타리아 혁명의 전조일 따름"이라고 예언했다. 그리고 반(反)봉건제 혁명을 수행하기에는 무능력한 부르주아지에 맞서 노동자 계급은 부르주아 혁명을 프롤레타리아 혁명으로, 일국 혁명을 국제 혁명으로 성장시키기 위해 투쟁해야 한다고 마르크스는 1848년 패배 후 언급했다. 공산주의자동맹 중앙위원회 연설(1850년 3월)에서 "민주적 소부르주아지는 위에서 말한 요구들을 최대한 성취하면서 가능한 한 빨리 혁명을 매듭짓기를 희망하는 반면, 모든 소유 계급들이 지배적 지위에서 물러날 때까지, 즉 프롤레타리아가 국가권력을 장악하고 한 나라에서뿐 아니라 전세계 모든 세력 있는 국가들에서도 프롤레타리아 연합이 충분히 진척되어 이러한 나라들의 프롤레타리아들 사이의 경쟁이 사라지고 적어도 결정적 생산력이 프롤레타리아 손에 집중될 때까지 혁명을 영구화하는 것이 우리의 관심이고 사명이다"라고 마르크스는 말했다. 그리고 "그들의[노동자들의] 표어는 연속혁명이어야 한다"는 구절로 마르크스는 그의 연설을 끝냈다.

트로츠키 이론의 기본 요소들을 다음의 여섯 가지 점으로 요약할 수 있겠다.

(1) 역사의 현장에 늦게 도착한 부르주아지는 1~2세기 전의 자기 선조들과 근본적으로 다르다. 그들은 봉건제와 제국주의의 억압 때문에 생긴 문제들에 대해 일관성 있고 민주적이며 혁명적인 해결책을 내놓을 수 없다. 그들은 봉건제를 철저히 파괴하지도 못하고 진정한 국가 독립을 성취하지도 못하며 진정한 정치적 민주주의를 확립하지도 못한다. 그들은 선진국이건 후진국이건 간에 더 이상 혁명적이지 못하다. 그들은 절대적으로 보수적인 세력이다.

(2) 결정적인 혁명적 역할은 아무리 신생 계급이고 수적으로 적다

해도 프롤레타리아에게 맡겨진다.

(3) 독립적 행동을 하지 못하는 농민은 도시를 따를 것이고, 처음 다섯 가지 점에 비추어 보면, 산업 프롤레타리아의 지도력을 따를 것이다.

(4) 농업 문제와 민족 문제의 철저한 해결, 말하자면 **빠른** 경제적 진보를 방해하는 사회적·제국주의적 족쇄를 부수려면 부르주아 사유재산의 한계를 뛰어넘을 필요가 있게 될 것이다. "민주주의 혁명은 즉시 사회주의 혁명으로 성장·전화함으로써 **연속혁명**이 된다."

(5) 일국적 한계 안에서 사회주의 혁명의 완성은 생각할 수 없다. 그래서 사회주의 혁명은 "좀더 새롭고 좀더 넓은 의미에서 연속혁명이 되는 것이다. 즉, 그것은 우리 전지구상에서 새로운 사회의 최종적 승리로써만 완성에 도달하는 것이다." '일국사회주의'를 이룩하고자 하는 것은 반동적이고 편협한 몽상이다.

(6) 결국, 후진국의 혁명은 선진국에서 격동을 일으킬 것이다.

1917년 러시아 혁명은 트로츠키의 **모든** 가정들이 옳았다는 것을 입증했다. 부르주아지는 반혁명적이었고, 산업 프롤레타리아는 단연 혁명적 계급이었으며, 농민은 노동자 계급을 따랐다. 그리고 반봉건 민주주의 혁명은 즉시 사회주의 혁명으로 성장·전화하였고, 러시아 혁명은 다른 곳(독일·오스트리아·헝가리 등등)에서 혁명적 동요를 일으켰다. 그리고 마침내, 통탄스럽게도, 러시아에서 사회주의 혁명의 고립은 그것의 타락과 몰락을 가져왔다.

트로츠키 이론의 또 다른 고전적 확증은 1925년에서 1927년 사이의 중국혁명이었다. 불행히도 그 확증은 러시아혁명보다 훨씬 더 큰 규모에서 부정적인 실례였다. 첫째부터 넷째까지의 점들이 확증되었는데도 스탈린주의자들의 배반 때문에 혁명은 프롤레타리아의 승리로 끝나지 않고 패배로 끝나게 되었다. 결국 농민도 패배했고, 사회주의 혁명이 일어나지 않았을 뿐 아니라 민주주의 혁명도 마찬가지였다. 뿐만 아니라 농업 혁명, 나라의 통일, 제국주의로부터의 나라의 독립도 이루어지지 못했다. 그래서 다섯째와 여섯째의 점들은 경험으로 검증될 기회가 없었다. 그러나 그 이후 세계적 중요성을 띤 두 가지 사건, 즉 중국에서 마오쩌둥과 쿠바에서 카스트로의 권력 장악은 연속혁명론의 거의 모든 가정들에 도전하는 것처럼 보인다.

중국 혁명

마오쩌둥의 승리에서 산업 노동자 계급은 아무런 역할도 하지 못했다. 심지어 중국공산당(CCP)의 사회적 구성조차 완전히 비(非)노동자 계급이었다. 당에서 마오쩌둥의 부상은 당이 노동자 계급의 당으로부터 변화한 것과 일치했다. 1926년말경에는 당원의 적어도 66%가 노동자들이었고, 나머지 22%는 지식인이었으며, 단지 5%만이 농민이었다. 1928년 11월에는 노동자들의 비율이 5분의 4 이상 떨어졌고, 공식 보고서는 당이 "산업 노동자들 속에서 단 하나의 건전한 당 중핵도 갖고 있지 못하다"고 솔직히 인정했다. 당은 노동자 당원이 1928년에는 겨우 10%를 이루었고, 1929년에는 3%, 1930년 3월에는 2.5%, 같은 해 9월에는 1.6%, 그리고 그 해말에는 거의 아무도 없었다고 시인했다. 그때부터 마오쩌둥의 최후 승리까지 당은 이렇다 할 산업 노동자들이 아무도 없었다.

여러 해 동안 당은 중국 소비에트 공화국이 건설되었던 중국 중부 오지(奧地)의 농민반란 운동에 국한되어 있었는데, 후에 중부 지방에서 군사적 패배를 겪은(1934년) 후 북서쪽에 있는 셴시 지방 북부로 옮겨갔다. 이 두 지역 모두 일컬을 만한 산업 노동자 계급이 없었다. 코민테른 기관지가 "국경 지역은 사회적으로나 경제적으로 중국에서 가장 후진적인 지역들 가운데 하나이다"고 쓴 바 있는데, 이것은 과장이 아니었다. 주더(朱德)도 "공산당의 지도를 받는 지역들은 나라 전체에서 경제적으로 가장 뒤처진 곳이다"고 되풀이했다. 도시다운 도시들 가운데 어느 하나도 중화인민공화국 수립 2년 전까지는 공산당의 통제를 받지 않았다.

당이 1929년에 전국노동조합협의회를 개최한 이래 19년 동안 그 모임이 필요하지 않다고 생각할 정도로 마오쩌둥의 공산당 전략에서 노동자 계급은 하찮은 비중만을 차지했을 뿐이다. 또한, 1937년에서 1945년 사이의 그 중요한 기간에 국민당이 지배하는 지역에서 공산당 조직을 유지할 의도를 갖고 있지 않다고 한 공식 언명에서 볼 수 있듯이, 당은 노동자들의 지지를 얻으려고 애쓰지도 않았다. 1937년 12월에 국민당이 전시에 파업을 선동하는 노동자나 심지어 파업 노동자에게도 사형을 선고했을 때, 공산당 대변인은 기자회견에서 당은 국민당 정부의 그러한 전시 지시에 "충분히 만족하고 있다"고 말했다. 심지어 공산당과 국민당 사이의 내전이 발발한 후에도, 나라의 모든 산업 중심지를 포함하고 있던 국민당 통제 지역에서는 공산당 조직이 거의 없었다.

마오의 도시 정복은 그 어떤 것보다도 산업 노동자 계급과 공산당의 완전한 괴리를 잘 보여주었다. 공산당 지도자들은 공산당이 도시들을 점령하기 직전, 그곳에서 어떤 노동자 봉기도 일어나는 것을 저지하기 위해 최선을 다했다. 예를 들어, 톈진과 베이징 함락 전에 전선 지휘관 린뱌오는 사람들에게 다음과 같은 것을 요구하는 포고문을 공표했다. "질서 유지를 위해, 그리고 국민들이 현재의 작업을 계속해 나갈 수 있도록 국민당 간부나 주(州), 시, 군 또는 구·읍·면 같은 다른 차원의 정부기관에 속한 경찰직원들은 전원 자신들의 현직에 남아 있을 것을 명한다."

중국 중부와 남부의 대도시들(상하이·한커우·광둥)이 공산당에 넘어오기 전 양쯔강을 건널 당시 마오쩌둥과 주더는 다시 포고령을 내렸다.

모든 생업에 종사하는 노동자들과 종업원들은 작업을 계속하고 영업은 평상시처럼 돌아가고 … 국민당 중앙, 주(州), 시, 읍 등 여러 수준의 정부기관의 관리들, '국민의회'의 국회의원들, 입법 및 원(元)화 통제 위원들, 즉 인민정치평의회 의원들과 경찰 직원들은 … 맡은 부서를 지키고 인민해방군과 인민 정부의 명령에 따르기를 요망한다.

노동자 계급은 복종하여 아무런 움직임도 없이 묵묵히 있었다. 인민해방군이 난징을 점령하기 이틀 전인 1949년 4월 22일에 그곳에서 인민해방군에게 전달된 보고서는 그때의 상황을 다음과 같이 묘사했다. "난징의 시민들은 아무런 동요의 움직임도 보이지 않고 있다. 호기심에 찬 군중들이 강 저편에서 벌어지는 총싸움을 보기 위해 강둑에 모여든 것이 오늘 아침 보인다. 영업은 평상시처럼 이루어지고 있다. 몇몇 상점들이 문을 닫았지만, 이것은 일거리가 없기 때문이다. … 영화관들은 여전히 사람들로 꽉 차 있다."

한 달 뒤 상하이로부터는 다음과 같은 보고가 전해졌다. "인민해방군이 시민들에게 자제할 것을 알리고 아무것도 두려워할 것이 없다고 그들을 안심시키는 벽보를 붙이기 시작했다." 광둥에서는 "공산당은 입성한 뒤 경찰서와 접촉하고 나서 경찰간부들과 순경들로 하여금 질서 유지를 위해 각기 부서를 지킬 것을 당부했다."

쿠바 혁명

노동자 계급이나 농민이 중대한 역할을 하지는 못했으나 중간계급 지식인들이 전체 투쟁의 장(場)을 채웠던 경우가 피델 카스트로의 권력 장악이다. 쿠바 지도자들이 말한 거의 믿을 만한 독백이라 할 수 있는 《들어라 양키들아》(아침)는 무엇보다도 혁명은 다음과 같은 것이 아니다라는 것을 말하고 있다.

혁명 자체는 임금 노동자들과 자본가들 사이의 … 싸움이 아니었다. … 우리의 혁명은 도시의 노동조합이나 임금 노동자들, 또는 노동당이나 그와 비슷한 어떤 집단에 의해 이루어진 혁명이 아니었다. … 도시 임금 노동자들은 어떠한 혁명적 방식으로도 의식적이지 못했다. 즉, 그들의 조합들은 더 많은 임금과 보다 나은 작업 조건들을 위해 기를 쓰는 당신네 북미의 조합들과 다를 바 없었다. 그런 것이 실제로 이들 조합들을 움직였던 모든 것이었다. 그리고 어떤 조합들은 당신네들의 그 어떤 것보다도 더욱 부패했다.

카스트로의 무비판적 지지자들은 혁명에서 산업 프롤레타리아의 무시해도 좋을 만큼 쓸모 없고 하찮은 역할에 대해 다음과 같이 말하기도 했다.

산업 노동자 계급이라는 고용직 부분은 전체적으로 혁명 기간 내내 수동적으로 남아 있었다고 보였을 것이다. 쿠바 프롤레타리아의 '귀족적' 계층을 형성하는, 독점 기업 — 국외와 국내의 — 의 이윤을 같이 나누어 먹는 이러한 노동자들은 라틴 아메리카 수준에서 보면 보수가 좋았고, 일반 쿠바 대중보다 상당히 높은 생활 수준을 향유했다. 꽤 강력한 노동조합 운동이 미국식 '황색 노동조합주의'에 의해 주도되었고, 전적으로 부정한 수단과 집단 폭력 행위가 깊이 스며들었다.

산업 프롤레타리아가 무관심했기 때문에, 쿠바의 독재자였던 바티스타에 대항하는 봉기가 시작된 지 16개월 뒤이자 바티스타가 몰락하기 8달 전인 1958년 4월 9일에 카스트로가 외친 총파업 호소는 완전히 실패로 돌아가게 되었다. 노동자들은 냉담했고 공산당은 파업을 사보타주하는 행위를 했다.(그들은 나중에서야 비로소 카스트로에 합류했다.) 쿠바의 공산당인 인민사회당(PSP)은 과거의 치욕을 씻어 버려야 할 운명을 지니고 있었다. 그들은 1939년과 1946년 사이에 바티스타의 지배를 지지했다. 바티스타의 첫 내각에 입각한 후 안 마리네요와 카를로스 라파엘 로드리게스 같은 두 명의 장관이 이당 출신이었다. 1944년 공산당지 《오늘》(Hoy)은 바티스타를 "인민의 우상, 우리 국가 정책의 위대한 인물, 새로운 쿠바의 신성한 방침을 구현하는 인물"이라고 평했고, 카스트로에게는 소부르주아 모험가라는 딱지를 붙여 주었다.(위에서 말한 바와 같이 공산당은 1958년 4월 파업에 협력하지 않았다. 뒤늦게 1958년 6월 28일에야 비로소 그들은 바티스타를 퇴진시키기 위한 "깨끗한 민주 선거"를 조심스럽게 옹호했다.)

카스트로의 권력 부상에서 농민의 역할은 좀더 긍정적으로 해석되어 왔다. 《들어라 양키들아》의 저자는 반란이 일어난 동안에 "농민은 커다란 역할을 했다. 젊은 지식인들과 함께 그들은 봉기를 승리로 이끈 반란군이 되었다. 결정적 역할을 한 사람들은 지식인들과 농민들이었다. … 반란 군인들은 농민들로 이루어져 있었고 젊은 지식인들에 의해 이끌어졌다"고 주장한다.

이러한 농민들은 누구인가? 《들어라 양키들아》의 저자는 "일 년 중 대부분 일자리가 없는 실제로 일종의 농업 임금 노동자"였다고 주장한다. 비슷한 투로 카스트로의 무비판적 지지자들도 "혁명을 일으킨 계급은 농촌의 농민이었다"고 주장한다. 그리고 이러한 농민들은 영세 소유주들이 아니라 농업 임금 소득자들이었으며 소농 소유자들이라는 프티부르주아가 살고 있지 않은 쿠바의 시골은 결코 "부르주아 이데올로기의 양식장이 되지 않았다"는 것이다.

그러나 이 서술은 두 가지 점에서 잘못되었다. 첫째, 농민은 카스트로 군대에 거의 포함되지 않았다. 1958년 4월말경에 카스트로 휘하 무장 군인들의 전체 숫자는 단 180명에 불과했고 바티스타가 몰락했던 당시에도 고작 803명으로 늘어났을 뿐이었는데, 이들은 대부분 지식인들이었다. 그리고 정말로 참여했던 농민들은 카스트로나 카스트로의 무비판적 지지자들이 말하는 것처럼 집산주의에 영감을 받은 농업 임금 소득자가 아니었다. 시에라 마에스트라에서 카스트로 부대의 일원이었던 농민들에 대한 체 게바라의 증언을 들어보자.

우리의 최초 농민 게릴라군을 이루었던 군인들은 그 정신을 프티부르주아적이라고 가장 완벽하게 표현할 수 있는, 토지 소유에 대해 가장 적극적으로 애착을 보이는 그런 사회 계급 출신이었다.

카스트로 운동은 중간계급적이었다. 1956년 12월 멕시코에서 쿠바를 공략했던 카스트로 지휘 하에 있는 82명과 시에라 마에스트라 전투에서 살아 남았던 12명 모두가 이 계급 출신이었다. 주로 중간계급에 의해 이루어진 도시의 저항 운동은 가장 심한 손실들을 겪긴 했지만, 어쨌든 바티스타의 전투력을 먹어들어 갔던 신랄한 정치적 폭로와 예리한 심리전을 수행했다.

체 게바라는 농민의 역할을 과대평가하면서 미래의 모든 사회주의 혁명들의 중심 요소인 산업 노동자 계급의 허약함 및 무능함과 대조시킨다.

그들 자신이 구성한 군대를 통해 주로 토지의 공정한 분배 같은 자신들의 위대한 목적들을 위해 싸우는 농민은 도시를 점령하기 위해 시골에서 몰려올 것이다. … 권력 탈취를 위한 주관적 조건들이 무르익은 농촌에서 만들어진 이러한 군대가 외부로부터 도시를 정복하기 위해 앞으로 전진해 나간다.

그리고 그는 산업의 진보를 사회주의 혁명에 대한 장애로 묘사한다. "대(大)중심지로 인구가 집중되어 있고 효율적 공업화는 아니라 해도 좀더 발전된 경공업과 중간적인 공업을 가지고 있는 나라에서 게릴라 부대를 준비하는 것은 더욱 어렵다. 도시의 이데올로기적 영향이 게릴라 투쟁을 방해한다. … 도시들이 대단히 우세한 나라에서 조차도 중심 되는 투쟁의 정치적 구심은 농촌에서 발전할 수 있다."

산업 프롤레타리아의 역할에 대해 입에 발린 말을 하는 체 게바라는 농민 게릴라들이 "마르크스주의라는 노동자 계급의 이념적 기초"를 수용해야 할 것이라고 말하는데, 그는 마르크스주의의 핵심인 사회주의 혁명은 노동자 계급 자신의 행위의 결과로서 프롤레타리아 계급이 역사의 대상이 아니라 주체가 된다는 사실을 망각하고 있다.

처음부터 카스트로의 계획은 중간계급에게 받아들여질 수 있는 폭넓은 자유주의적 개혁의 수준을 넘지 못했다. 1958년 2월 카스트로는 외국인의 투자를 몰수하거나 국유화할 계획을 갖고 있지 않다고 천명했다.

나는 개인적으로 국유화라는 것이 기껏해야 성가신 수단에 불과하다고 느끼게 되었다. 그것은 국가를 좀더 강력하게 만들지도 못하는 것 같고 또한 사(私)기업을 약화시킨다. 더욱더 중요한 것은 대규모 국유화의 어떠한 시도도 가능한 한 가장 빠르게 공업화를 이루려는 우리 경제 강령의 주된 목표를 확실히 방해할 것이라는 것이다. 이러한 목적을 위해서 외국인의 투자는 이곳에서 항상 환영 받을 것이고 안전을 보장받을 것이다.

1958년 5월에 그는 다음과 같이 확언했다. "7·26 운동은 기업의 사회화나 국유화에 대해 한 번도 얘기한 적이 없다. 이러한 것은 단순히 우리 혁명에 대한 어리석은 두려움에 불과하다. 생산에서 한몫을 차지하고 있는 모든 요소들의 보증과 그 권리 및 의무를 관련 규정들이 확증해 주고 있는 1940년 헌법의 완전한 실행을 위해 우리는 싸운다고 첫날부터 공언했다. 다른 많은 경제적·공민적·정치적 권리뿐 아니라 자유 기업과 투자 자본 등에 관한 보장 규정들도 거기에 포함되어 있다."

1959년 5월 2일쯤에도 카스트로는 다음과 같이 밝혔다. "우리들은 개인 투자에 반대하지 않는다. … 우리들은 개인 투자가들의 유용성, 그들의 경험과 열정을 신뢰한다. 외국인 투자 회사들도 국내 회사들과 똑같은 보증과 권한을 가지게 될 것이다."

노동자와 자본가, 농민과 지주같이 서로 다투는 사회계급들의 무능함, 역사적으로 타고난 중간계급의 허약함, 그리고 어떠한 일련의 일관되고 조직화된 이해관계에도 얽매이지 않았던 카스트로의 새로운 엘리트층의 무한한 힘 — 이런 것들이 1953년부터 1958년 사이의 카스트로의 온건한 계획이 내동댕이쳐지고 국가 소유와 계획이라는 급진적 정책으로 탈바꿈하는 것이 그리 어렵지 않았음을 설명해 준다. 1961년 4월 16일 이전까지 카스트로는 혁명이 사회주의적이었다고 선언하지 않았다. 공화국의 대통령인 오스발도 도르티코스 토라도(Osvaldo Dorticós Torrado) 박사 말에서 알 수 있듯이, 사람들은 "자신들을 위해 좋은 것이라고 갈채를 보내왔던 것이 바로 사회주의 혁명이라는 것을 … 어느 화창한 날 … 발견하고 확인했다." 이것이 역사의 의식적 주체가 아닌, 대상으로서의 인민들을 미혹하는 보나파르트식 조작의 훌륭한 정식화가 아니고 무엇인가?

연속혁명론의 문제점은 무엇인가?

나중에 발달한 부르주아지의 보수적이고 겁 많은 성격(트로츠키의 첫째 요점)이 절대적 법칙인 반면에, 신생 노동자 계급의 혁명적 성격(둘째 요점)은 절대적이거나 불가피한 것이 아니다. 그 이유를 이해하기란 어렵지 않다. 노동자 계급이 그 한 부분을 이루는 사회에서 주도적 이데올로기는 지배계급의 이데올로기이다. 많은 경우에 한 발은 시골에 두고 다른 한 발은 떠돌아다니고 일정한 형태가 없는 새로운 노동자들이 다수라는 사실은 프롤레타리아의 자율적인 조직화를 어렵게 만든다. 그리고 경험 부족과 문맹이 그들의 허약함을 더해 준다. 그리고 또한 이것은 비(非)노동자들의 지도력에 의존한다는 또 다른 난점을 일으킨다. 후진국의 노동조합들은 거의 항상 "외부 사람들", 즉 "제3자"에 의해서 지도되어 왔다. 그리하여 거의 모든 노동조합은 산업 부문에 배경을 갖고 있지 않은 사람들, 즉 '외부인'들이 지도해 왔다. 많은 외부인들은 한 개 이상의 조합들과 연관을 맺고 있다. 상당한 영향력을 가지고 있는 전국적 지도자는 몇십 개씩이나 되는 조합들에 결정적인 영향력을 행사하기도 한다.

허약함과 외부인에 대한 의존은 개인 숭배를 가져온다. 많은 조합들이 여전히 인물 중심으로 돌아가고 있다. 한 사람의 강력한 인물이 조합을 지배한다. 그는 조합의 모든 정책과 행동을 결정한다. 조합은 결국 그 자신의 조합으로 알려지게 된다. 노동자들은 그들의 모든 어려움을 해결하거나 요구를 확보하기 위해 그를 찾아간다. 노동자들은 자신들의 보호자와 지지자로서 그에게 의존하고 그가 그들을 어디로 이끌건 따를 준비가 되어 있다. 이러한 태도에는 영웅 숭배라는 커다란 요소가 있다. 운동에는 그러한 영웅들이 상당히 많이 있다. 그런 영웅들은 노동자들이 자신들의 몇몇 요구들을 관철시키는 데는 도움이 되나, 자주적인 민주적 조직체를 발전시키는 데는 별로 도움이 되지 못한다. 노동자들이 자신들의 다리로 서는 것을 배우고 뛰어난 인물에게 감성적으로 의존하지 않고 스스로의 힘으로 그들의 모든 문제들을 해결하게 될 때만 그러한 조직체가 성장하게 될 것이다.

많은 후진국에서 노동운동의 또 다른 허약함은 국가에 의존하는 것이다. 서방 사회라면 노동조합에 속해 있는 것이 정상인 많은 기능들이 이미 국가에 의해 수행되고 있다. 현재 상황에서 임금과 그 밖의 근로조건들을 결정하는 데 고용주와 종업원 사이의 단체교섭이 아니라 근본적으로는 국가가 주요 역할을 담당하고 있다. 경제의 배경이 되는 조건 때문에, 그리고 노동자들과 노동조합의 허약성 때문에 그러한 것은 어느 정도 불가피했다.

그리고 조합이 고용주들에 대항해 기울인 직접적 노력은 노동자들에게 실질임금의 인상을 별로 가져오지 못했다. 최근 대부분의 실질임금 증가는 오히려 노동운동의 정치적 영향력 때문이었다. 그리고 때때로 노동조합 집행부는 정부의 간섭과 지시를 통해 성과를 획득하려 애쓰기도 한다.

국가에 대한 의존에서 비롯하는 불리한 점은 정부 정책에의 예속화, 정치 통치자에 적대적인 정책의 회피, 그리고 편협한 '경제주의적' 요구에, 즉 레닌의 용어를 사용하자면 '노동조합적' 정책에 노동조합 활동을 제한하는 것 등을 들 수 있다.

이번에는 이것은 농업 근로자들의 투쟁으로부터 노동조합이 소외당하는 결과를 가져온다. 도시와 농촌의 생활 수준 차이는 일반적으로 후진국에서 매우 크고, 선진국에 비해 훨씬 더 그러하다. 그러한 상황에서, 그리고 다수의 농촌 실업과 불완전 고용 하에서, 산업체 평균 임금과 근로조건을 성취하는 것은 주로 클로즈드 숍의 유지, 즉 조합을 통해 산업체의 노동자를 고용하는 것에 의존하고 있다. 농촌 근로자들을 무시하고 이루어지는 노동조합과 정부의 긴밀한 협조라는 정부측의 지원이 없다면 이것은 거의 불가능할 것이다. 이것이 페론의 아르헨티나, 바르가스의 브라질, 바티스타의 쿠바에서 형성된 시스템이었다. 그 결과는 보수적이고 편협하며 이상을 잃어버린 노동운동이었다. 후진국에서 노동자 계급이 **정말로 혁명적이**

냐 아니냐를 결정하는 마지막의, 그러나 결코 소홀히 할 수 없는 요인은 주관적인 것, 즉 당, 특별히 노동자 계급에 영향을 주는 공산당의 활동이다. 후진국에서 스탈린주의의 반(反)혁명적 역할은 이 논문의 범위를 벗어나는 것이므로 지금 다룰 필요는 없겠다.

요약하자면, 지금까지의 역사적 경험을 통해서, 상대적 후진국의 산업 노동자들에게서는 강렬한 혁명적 충동과 더불어 그들의 허약함도 볼 수 있다. 경제적 후진성과 혁명적 정치의 전투성 사이에 자동적인 상관관계는 존재하지 않는다.

트로츠키 이론의 중심 기둥인 노동자 계급의 언제나 혁명적인 성격에 일단 의심이 가면, 전체 구조는 산산조각이 난다. 농민이 비혁명적 노동자 계급을 따를 수는 없을 터이므로 트로츠키의 세 번째 논점은 실현되지 못할 것이고 다른 논점들 역시 성립하지 않을 것이다. 그러나 이것이 아무 일도 발생하지 않는다는 것을 뜻하지는 않는다. 일련의 국내적·국제적 조건들 때문에 생산력은 봉건제와 제국주의의 족쇄를 깨부수지 않을 수 없게 된다. 농민 반란이 어느 때보다 더욱 깊이 스며들고 폭넓게 퍼지는 양상을 보였다. 그 속에는 또한 제국주의가 몰고온 경제 파멸에 반대하며 제국주의가 뻐겨대는 더 높은 생활수준을 이루고자 하는 민족적 반항이 자리잡고 있었다.

농민의 반항성뿐 아니라 생산력의 필요성만으로도 지주제와 제국주의의 멍에를 벗어 버리기에는 충분치 못했을 텐데 다른 세 가지 요소들이 도움을 주었다.

첫째, 강대국들 간의 반목이 점차 벌어진 결과로서 세계 제국주의의 약화, 그리고 핵폭탄의 존재 때문에 생긴 강국들 상호간의 개입

마비였다.

둘째, 후진국에서 국가가 점차 중요성을 더하게 되었다는 것이다. 사회가 역사적 과업에 직면해 있지만 전통적으로 그것을 수행해 온 계급이 그 사회에는 부재할 때, 어떤 다른 집단, 그것도 흔히 국가가 그 역할을 대행한다. 그런 상황에서 국가권력은 매우 중요한 역할을 한다. 그것은 자신이 발판으로 딛고 있는 일국적 경제 기반을 반영할 뿐 아니라 — 심지어는 주로 그런 것만도 아니다 — 현대 세계경제의 초국가적 성격도 반영하고 있다.

셋째, 국민의 지도자와 통합자로서, 그리고 무엇보다도 대중 선동자로서 지식인이 점차 중요성을 갖게 되었다는 것이다. 이 마지막 요점은 특별히 세심한 고려가 필요할 것이다.

지식인

혁명 운동에서 인텔리겐챠의 중요성은 그들을 배출한 대중의 경제·사회·문화에 걸친 일반적 후진성에 정비례한다. 다른 어떤 것보다도, 사회의 가장 후진적 요소, 즉 농민을 혁명화할 필요를 강조했던 러시아 민중주의(나로드니키) 운동은 또한 '비판적 사고'의 대가인 인텔리겐챠를 가장 소중히 생각한 집단이었다는 것이 특징이었다.

러시아의 모든 혁명 운동은 농민의 주장을 지지하는 민중주의 지식인들과 산업 노동자들의 주장을 지지하는 마르크스주의 지식인들처럼 주로 지식인들로 이루어졌지만 그들이 '지도자'와 '대중' 사이의 관계를 보는 방식에는 근본적 차이점이 있었다. 적어도 투쟁이 한창 이었을 때 노동자 운동은 조직화되어 있었고, 따라서 지식인들은 노동자 단체에 대해 책임을 지고 있었다. 그리고 그들 스스로 대중으로부터 떨어져나와 그 위에 일어서려는 타고난 경향에도 불구하고, 지식인들은 바로 대중 단체의 견제를 받았다. 민중주의 지식인들의 세계는 대중 단체보다 제약이 더 적으므로, 그들은 동요와 분열의 경향 못지않게 더욱 확연하고 훨씬 더 극단적인 엘리트 의식과 독단으로의 경향을 보여주었다. 당시 레닌이 말했던 것처럼, "일반적으로 인텔리겐챠를 근대 자본주의 사회에서 독립된 계층으로 구별시켰던 것은 정확히 그들이 규율과 조직화를 체현할 수 없다는 점과 그들의 개인주의였다는 사실을 부정할 사람은 아무도 없을 것이다."

혁명적 인텔리겐챠는 차르 제정 러시아보다 오늘날의 신생 국가들에서 훨씬 더 응집력 있는 요소라는 사실이 입증되었다. 상당히 눈에 띄게 부르주아 사유재산이 파산하고 있고, 제국주의는 참을 수 없는 것이 되어 버렸으며, 제국주의의 약화, 소련의 실례와 더불어 국가 통제의 중요성 증대, 그리고 공산당들의 조직되고 훈련된 활동들을 통해서 국가자본주의는 인텔리들에게 새로운 연대 의식을 심어 주게 된다. 유일하게 비(非)특화한 사회계층인 인텔리겐챠는 분명히 계층·계급간의 이해 갈등에 거슬러 '민족'의 이익을 대변해 줄 것으로 보이는 '직업 혁명가 엘리트'의 원천이다. 게다가 농민과 노동자는 여가를 누리거나 나라의 문화를 배우지 못하는 반면, 인텔리들은 그것을 가장 많이 흡수한 사회계층이다.

또한 인텔리겐챠는 그들 나라의 기술적 후진성에 민감하다. 20세기의 과학기술계에 동참했는데도 인텔리들은 자기 나라의 후진성으로 인해 숨이 막힐 지경이다. 이러한 느낌은 이러한 나라들에 만연되어 있는 '지식인 실업'으로 두드러지게 된다. 일반적인 경제적 후진성으로 인해 대다수 학생들에게 유일한 희망은 정부의 일자리 — 각종 고시 — 지만, 골고루 돌아갈 만큼 이런 것들이 충분하지는 않다.

또한 지식인들의 정신 생활은 위기에 처해 있다. 전통적 양식이 붕괴되어 가고 있는 무너진 질서 속에서 그들은 확고한 가치관이 없이 불안하고 뿌리가 없다고 느낀다. 와해된 문화 때문에, 종교적 열정과 전투적인 민족주의를 결합함으로써 사회적·정신적 공허를 채우려면 총체적이고 역동적이어야 하는 새로운 통합에의 강력한 욕구가 생겨난다.

자신들의 나라가 정치적 자유를 얻기 전에는, 지식인들은 자신이 속한 민족의 다수보다는 나은 특권을 누리나 외국 지배자들에게는 종속된 이중 압박에 눌려 지낸다. 이것이 민족 운동에서 그들이 수행하는 역할에 그토록 특징적이었던 망설임과 동요를 설명해 준다. 그러나 그 이후로 커다란 변화들이 그들의 태도에 새로운 요소들을 도입해 왔다. 즉, '우매한' 대중에게 '빚'을 졌다는 죄책감과 동시에 그들로부터의 유리감과 그들에 대한 우월감 같은 것들이다. 인텔리겐차는 동화되지 않고 계속 떨어져서 위에 군림하기를 갈망한다. 그들은 민족을 통합하고 민족을 위해 새롭고 폭넓은 국면을 열어 놓을, 그러나 동시에 그들 자신에게 권력을 부여할 그런 역동적인 운동을 추구한다.

그들은 사회공학에서의 효율성을 포함해서, 효율성의 대단한 신봉자들이다. 그들은 위로부터의 개혁을 희망하며, 자의식적이고 자유롭게 연합한 사람들의 해방 투쟁이 그들 자신에게 새로운 세계를 안겨주는 것을 보기보다는 오히려 고맙게 여기는 사람들에게 그 새로운 세계를 넘겨주기를 절실히 바란다. 그들은 자기네 나라를 정체에서 끌어내는 방도에는 많은 관심을 보이나 민주주의에는 진정한 관심이 없다. 그들은 공업화, 자본축적, 국가 부흥을 위한 추진을 구체화한다. 그들의 권력은 다른 계급들의 허약함과 정치적 무력함에 직결되어 있다.

이 모든 것 때문에 전체주의적 국가자본주의가 지식인들에게는 매우 매력적인 목표가 되곤 한다. 그리고 정말로 인텔리들은 신생 국가들에서 "공산주의"의 깃발을 치켜드는 주요 기수들이다. 라틴 아메리카에서 스탈린주의는 학생과 중간계급에게 가장 큰 환영을 받아 왔다. 인도에서는, 1958년 3~4월에 열린 공산당 대회에서 대략 대의원 중 67%가 프롤레타리아와 농민이 아닌 중간계급, 소상인, 심지어 지주 계급 같은 타(他)계급 출신들이었다. 72%는 어느 정도의 대학 교육을 받았다.(1943년에는 전체 당원 중 16%가 상근직 당원들이었다고 한다.)

빗나간 연속혁명

트로츠키 이론에 따르면 사회주의적 혁명을 일으키는 것으로 되어 있는 세력, 즉 혁명 주체인 프롤레타리아가 부재할 경우에는 그와 정반대인 국가자본주의를 낳을 수 있었다. 그 이론에서 보편적 타당성을 갖는 것은 무엇이고, 어떤 것은 프롤레타리아의 주체적 활동을 전제조건으로 하는가를 살펴보면, 더 적절한 이름이 없기에, '빗나간 국가자본주의적 연속혁명'으로 부를 수 있는 변종을 확인할 수 있다.

1905년과 1917년의 러시아혁명과 1925~27년의 중국혁명이 트로츠키 이론의 고전적 실례가 되었던 바로 그 방식대로, 마오쩌둥과 카스트로의 권력 장악은 '빗나간 연속혁명'의 고전적이고 가장 순수하며 가장 극단적인 실례이다. 가나·인도·이집트·인도네시아·알제리 같은 다른 민족혁명들은 표준에서 벗어난 것들이다. 이러한 나라들에서는, 꽤 자주 자본가 계급의 핵심 부분을 포함해서 지배계급들의 재정 지원과 소련에 의한 그 나라 공산당들의 무력화와 더불어 제국주의의 정치적·군사적 후퇴 때문에 새로운 스탈린주의 관료가 단독으로 지배하는 진짜 국가자본주의 체제가 성립하지 못했다. 그러나, 네루의 인도, 엥크루마의 가나, 또는 벤 벨라의 알제리가 표준적인 '빗나간 연속혁명'에서 크게 또는 작게 벗어난 것이라 해도 그 표준과 비교되고 또 그런 관점으로부터 접근할 때 그 나라들을 가장 잘 이해할 수 있다. '빗나간 연속혁명'을 순수한 형태로건 또는 혼성적 형태로건 어느 쪽으로든 적용시켜 보면 국제 노동운동에 대해서 다소 미묘한 결론들이 나온다. 첫째로, 신생 국가들의 노동자들에 대한 것이다. 연속혁명을 수행하지 못했지만, 즉 민주주의 혁명을 사회주의적 궤도 위로 이끌지 못하고 민족적 투쟁을 사회적 투쟁과 결합시키지 못했지만, 그들은 이제는 그들 '자신'의 지배계급에 대항해서 싸워야 할 것이다.(네루는 파업 노동자들을 투옥시킬 때 영국의 총독 못지않게 가혹함을 입증했다.) 산업 노동자들은 사회주의 혁명을 위해 갈수록 더 각오를 다지게 될 것이다. 새로운 국가체제 하에서 그들의 수는 증가하고 있고 그리하여 마침내 응집력과 특수한 사회적 비중도 증대하고 있다.

공업국의 혁명적 사회주의자들에게 전략상의 변경은 다음과 같은 것을 뜻한다. 즉, 우리들은 계속해서 반식민지 인민에 대한 어떠한 민족적 억압에도 조건 없이 — 그러나 비판은 하면서 — 반대하면서도, 그 나라들의 미래 지배계급들의 민족적 주체성에 대해 논하는 것을 그만두고 대신에 계급투쟁과 사회구조를 탐구해야 한다. '계급 대(對) 계급'이라는 슬로건은 더욱더 현실이 될 것이다. 트로츠키 이론의 중심 주제는 언제나처럼 근거 있는 타당한 것으로 남아 있다. 다시 말해, 프롤레타리아는 전세계에서 승리를 거둘 때까지 혁명적 투쟁을 계속해야 한다. 이 목표에 못 미치고서는 그들이 자유를 성취할 수 없다.

국제주의 전통 자료집
I-3. 마르크스주의의 기초와 그 고전적 전통

지은이 | 알렉스 캘리니코스, 크리스 하먼 외 지음
엮은이 | 이정구

펴낸곳 | 도서출판 책갈피
등록 | 1992년 2월 14일(제2014-000019호)
주소 | 서울 성동구 무학봉15길 12 2층
전화 | 02) 2265-6354
팩스 | 02) 2265-6395
이메일 | bookmarx@naver.com
홈페이지 | http://chaekgalpi.com

첫 번째 찍은 날 2018년 8월 27일
네 번째 찍은 날 2019년 9월 20일

값 13,000원
ISBN 978-89-7966-141-5 04300
ISBN 978-89-7966-155-2 (세트)

잘못된 책은 바꿔 드립니다.